演讲与口才

22堂自我训练课

臧宝飞——著

中国国际广播出版社

图书在版编目（CIP）数据

演讲与口才22堂自我训练课 / 臧宝飞著. -- 北京：
中国国际广播出版社, 2018.1（2023.9重印）
ISBN 978-7-5078-4117-6

Ⅰ. ①演… Ⅱ. ①臧… Ⅲ. ①演讲 ②口才学 Ⅳ. ①H019

中国版本图书馆CIP数据核字(2017)第279391号

演讲与口才22堂自我训练课

著　　者　臧宝飞
责任编辑　郭广
校　　对　徐秀英
设　　计　华阅时代

出版发行　中国国际广播出版社有限公司［010-89508207（传真）］
社　　址　北京市丰台区榴乡路88号石榴中心2号楼1701
　　　　　邮编：100079
印　　刷　三河市宏顺兴印刷有限公司

开　　本　710×1000　1/16
字　　数　230千字
印　　张　17
版　　次　2018年1月　北京第一版
印　　次　2023年9月　第十二次印刷
定　　价　39.80元

PREFACE

序

没有良好的口才，才华就会打折扣

人的嘴巴有两大功能：第一是吃饭，第二是说话。但要吃好饭，那就得先说好话。你请人帮助，应酬场面，参加会议，自我辩解……你总得张嘴吧，更不用说你赞美人、批评人，应对一些更难缠的局面了。

一定程度上讲，在现代社会，话说得好不好，决定了你的前程好不好。毫不夸张地说，没有良好的口才，才华就会打折扣。二战时的美国人将“舌头”、原子弹和金钱称为赖以生存和竞争的三大战略武器；如今，又把“舌头”、美元和电脑看作是竞争和发展的三大战略武器。“舌头”，当然是指口才，独冠于三大战略武器之首，可见其威力之强大。

在这个快节奏的时代，人才不一定有口才，但有口才的人一定是人才。良好的演讲口才是职场生存发展的一项必备技能。很简单，演讲是表达人思想的一种方式，也是人与人交流的重要利器。擅长演讲的人往往人缘好，人缘好，升职加薪就比较容易，这是有一定关系的。再深一个层次，会说话的人，容易得到领导的赏识与同事敬佩，工作上如鱼得水，这样的人获得的会平台更大、资源更多。商界奇才马云的口才令人称道，他用一张嘴说服了无数投资者，让他们把钱毫不犹豫地投给了阿里巴巴，从而成就了他的电子商务帝国。

好口才不是天生的，是后天自我训练的结果。正如美国久负盛名的演讲家戴尔·卡耐基所说：“演讲绝不是上帝给予少数人的特别的才能。”世界上没有什么天生的演讲家，如果有的话，一定是因为他付出了常人难以想象的努力与训练的结果。

甩着膀子吃着大排档，喝着啤酒，海阔天空地“演讲”，那不叫口才，那叫吹牛皮！真正的口才不是吹出来的，而是需要长期科学、有序的自我训练，要遵循一整套严格的方法与技巧，才能水到渠成，练就一副好口才的。

CONTENTS
目录

上篇 演讲与口才基本技能篇

下篇　演讲与口才实战历练篇

上篇

演讲与口才基本技能篇

第 1 课　做好演讲前的准备工作

——成功的演讲是准备出来的

优秀的演讲都是准备出来的！如果你缺少一定的口才训练，没有出色的演讲功底，就永远不要相信所谓的临场发挥。台上 3 分钟的精彩演讲，往往意味着台下 3 个小时，甚至 3 天、3 个月的准备——如果一场演讲的准备工作做不到 90 分，只做到 60 分，那么上了台一定不及格。

如何给演讲起个好名字

演讲不能没有主题。主题，是演讲的灵魂！确定演讲的题目，是演讲者给整个演讲树起一面旗帜，它不仅与演讲的形式有关，而且直接关系着演讲的内容、风格、情调。

只有明确了演讲的题目，才能知道应该准备什么资料，应该采取什么样的说话风格，应该运用哪些技巧。所以，在准备一次讲演时，要先定好自己的题目，这就像老师给学生讲课，登上讲台之前要明确这节课要讲什么。否则，讲课不针对某些具体的问题，讲得再努力，学生也难以受用。

平时，我们最常接触的演讲主要有两类：一类是事先给出明确题目的，一类是事先没有确定题目的。如果在演讲之前，就规定了明确的题目，那我们围绕这个题目准备就可以了。如果让演讲者自己确定主题，那一定要起一个好的题目。

在演讲之前，该如何确定演讲的题目呢？

1. 从自己擅长的领域找题目

简单来说，就是自己擅长什么，就讲什么。因为你在某些方面擅长，所以懂得就多，有一些实实在在的经验、方法可以分享，听众得到的干货就多。

有一个程序员，设计过不少APP，有一次他应邀参加一个IT圈内的交流会。本来，他没有打算上台发言的，结果，主办方要随机挑几个人上台分享一下自己的经验，他成了其中之一。他平时不善于演讲，人多了说话都紧张，一想到上台给大家分享经验，脑袋都大了，他实在不知道该讲什么？见他很紧张，一位老程序员提醒他：刚才听你说，你做过不少APP，其中肯定有你的得意之作，你从中挑一个最牛的，然后给大家讲讲你是怎么做的，以及你在开发这个软件过程中的经验与心得。他一听这个建议，觉得特别好，于是一下就来了思路。而且，他上台后，讲话也不那么紧张了。

许多时候说话紧张，或是没有话可说，那是因为你在相关领域不擅长。你让做保洁的阿姨谈谈什么是互联网思维，她就没有思路，你让她讲做家务的一些小技巧与方法，她会讲得头头是道，因为那是她擅长的领域。

2. 题目要体现自己的爱好

有时候，如果你想了一圈，发现自己没什么擅长的，或者说没有什么特别的才艺，也没取得过过人的成绩。这时，可以考虑把自己喜欢的事情作为演讲主题。

虽说你感兴趣的事情，不代表你一定擅长，但至少是你熟悉的，是你有话可讲的。而且，讲自己感兴趣的事情，我们的神态、举止也会传递给别人一种信号：我很乐意与大家分享自己的感受。如果你注意观察会发现：在许多场合，那些当众很会说话的人，有一个共性，即他们绝大多数时间都在讲与自己有关的事情。如，某讲师在给学员授课时，他不讲这个老板如何，那个总裁如何，而是常说我和这个老板如何，我和那个总裁如何。再如，大家在聊天的时候，喜欢足球的，会时不时提起自己喜欢的这个球星，那个球队，而喜欢影视的，会提及这部电影，那个明星。

人都喜欢聊自己感兴趣的事情。尤其是脱稿演讲，要想让自己有话说，而且能说好话，可以选择自己感兴趣的主题。

3. 题目要照顾听众的喜好和需要

演讲不是自说自话，是要说给别人听的，如果只考虑自己的兴趣，肯定是不行的。试想，如果你很喜欢某个话题，而且讲得绘声绘色，结果听众不感兴趣，那你该怎么办？或者说，你挑了一个自己擅长的主题去演讲，但听众根本不了解这方面的东西，你还要不要讲？

可见，在定演讲主题的时候，除了要考虑自己的对某个主题的熟悉、了解及喜好程度，还要考虑到听众的喜好和需求！这一点，不只是在定主题的时候需要重视，在做演讲的各个环节当中都要重视。否则，完全不考虑听众的喜好和需要，自己想讲什么就讲什么，听众不关心，也不想听，你讲得再精彩又有什么用？

演讲不是自娱自乐。优秀的演讲，应该考虑听众的喜好和需要，应该是一种价值的输出——演讲者运用一定的技术技巧向听众传递价值的一个过程。很多人之所以费了九牛二虎之力，也搞不定一场演讲，是因为主题跑偏了。

所以，演讲一定要有一个好名字。名字决定了内容，一个新颖、生动、恰当而富有吸引力的题目，不仅能在演讲前吊足听众的胃口，而且演讲结束之后，也会给人留下长久的记忆，甚至成为一个警句。

听众分析你知道多少

美国总统林肯说过："当我准备发言时总会花三分之二的时间考虑听众想听什么，而只用三分之一的时间考虑我想说什么。"

任何一种演讲，其成败的关键在于听众对演讲的接受程度，因为他们才是这个场合的中心人物，而不是演讲者。演讲虽然由台上的人是主导，但是听众买不买单才是决定演讲好与坏的关键。所以，在演讲之前，进行听众分析非常必要。

如果把演讲比作一次晚宴，那你邀请人们参加晚宴，肯定不会等到他们来了之后才打开冰箱，看里面有什么东西。如果你是一位好客的主人，那么，你会花些时间思考客人的情况：谁会来？什么时候来？准备哪些菜合适？你不只是准备一顿饭而已，你还要为客人提供一种体验。为了这次晚宴，你需要考虑下列因素：有多少人来？要做多少道菜？准备什么酒？在晚宴中要安排哪些活动？这些都需要提前做好准备。

在演讲之前，进行听众分析也是这个道理。如果对听众分析得不够到位，不掌握听众的人数、年龄、学历层次、认知水平等信息，那演讲就缺少针对性，就很难引起听众的共鸣。

那如何在演讲前进行听众分析呢？可以从以下四个方面入手。

1. 分析听众人数

在一场演讲中，听众可能是几个人，也可能是成千上万人。需要牢记的是：听众越多，演讲就越正式。而且，听众人数还会影响到演讲者的语言使用、诉求的选择，以及视觉辅助物的选用。对几个人，十几个人演讲，穿着、表达方式可以随意一点，放得开一点。如果是面对上千人、万人，演讲就要正式一些，像雷军在小米产品发布会上做演讲时，他从穿着到表达方式，再到PPT的应用，都是很讲究的。

2. 分析听众的人文特征

这些特征包括年龄、性别、受教育程度、经济状况、文化背景、民族背景等，而且有相同人文背景的人也可能会呈现多元化需求现象。分析听众的人文特征，可以帮助演讲者预测听众对演讲可能做出的反应。也就是说，在你提出某个观点前，要考虑具有不同人文特征的人，他们都会做出怎样的反应。

3. 分析听众对话题的兴趣

确定听众对话题是否感兴趣，先要知道他们是否了解你的话题。如果你讲的东西太专业，大家听不懂，那就谈不上兴趣了，这时要调整自己的话题。如果你讲的东西大家都不关心，甚至有些反感，那也不要继续讲下去。如果听众对某个话题感兴趣，那要清楚他们为什么感兴趣。比如，听众是大四学生，那么讲一些初入社会的处世技巧，或怎么进行职业规划等方面的问题，可能比较合适。因为他们有这方面的需求，而且对这方面的知识比较感兴趣。

4. 分析听众心理层面

有人说过，没有任何东西比人们对自身的关心更重要了。的确，我们做每一件事，首先想到的大多是自己，包括去听某个演讲，心里也会有个疑问：

为什么这个演讲对我很重要啊？作为演讲者，也要考虑这个问题：自己的演讲为什么对听众重要。

只有分析听众的心理，才能知道他们内心最需要什么、关心什么，然后尽量主动去满足、适应他们的这种心理，而不是让他们来适应自己。在演讲中，其中每个听众都是以自我为中心的，他们都希望听到对自己有意义的话，比如一些影响自己的价值观、信仰、幸福的内容。听众不仅会听，而且会判断你所说的内容。

所以，演讲准备之前，搜集听众信息，并进行认真仔细地分析，可以给演讲带来不小的帮助。

登台演讲衣服有啥讲究

演讲是一种展示，演讲者在开口之前，首先展示给听众的是自己的仪表着装。穿着干净利索，有品位，有修养，会为自己的演讲加分。在多数人的观念里，一个人的仪表着装、举止、体态等一定程度上体现了他的思想、品德、性格、气质。

有些人的演讲有思想，有品位，也有性格，但就是不愿意花心思考虑该穿什么，而且固执地认为，只要在台上讲得好，穿什么无所谓，追究“服装秀”，反而显得华而不实。其实不然，在什么场合演讲穿什么衣服，既是礼仪，也是修养，而且它本身也是演讲的一部分。

莫言在获得诺贝尔文学奖之后，应邀到斯德哥尔摩受奖，他应该穿什么？一时间网民们展开了热烈的争论。按照诺贝尔奖颁奖典礼的传统，男士应该穿燕尾服或者本民族服装。莫言本人打算入乡随俗穿燕尾服，但是很多读者不答应。有人提出莫言应该穿民族服装，比如唐装、长衫、中山装或者汉服，因为“我们实在无法想象，莫言穿着燕尾服会是怎样一个不伦不类的形象”。也有网友建议，“莫言以民族文学获奖，当以汉服领奖，示不忘本也；以西服宴乐，示融众也，如此则中西兼顾，皆大欢喜”。在这个问题上，莫言也是很纠结，真是“老革命遇到新问题”。

在世界著名的演讲者中，着装风格最简单的要数史蒂夫·乔布斯了。他那一身标配——黑色套头衫、褪色牛仔裤、白运动鞋，连续13年“没换衣服”。其实乔布斯在创业阶段还是换衣服的。他曾经从威尔克斯·巴士福德专卖店买来了昂贵的布莱奥尼西装，他刻意打扮得比较保守，为的是吸引投资者和公众的眼球。1984年他在介绍Macintosh电脑时，穿的是棕色细条纹西装和白色衬衫，配着同系列的棕色领带。在他早期的其他演讲大会上，他还穿过深蓝色的双排扣西装外套、白色衬衫、灰色宽松长裤，并且打着绿色的领结。在他确立了行业地位之后，这位13年没有换过行头的总裁就像他的产品一样，注重品牌的维系。

有些人觉得乔布斯的穿着如此简单、醒目，也想学一学，结果照搬乔布斯的行头往那一站，就不是那么一回事了。为什么？因为你不是乔布斯。

可见，穿着要因人而异，这个东西模仿不来的，你今天模仿马云，明天模仿牛云，到头来会四不像。马云的演讲精彩，不是因为他穿了什么，即使穿十几块的地摊货，人们也不会太在意。你就不行了，你不是马云，你没有那么大的名气，你就得“装”一点。所以，登台演讲穿着不能模仿，一定要讲究一点，要穿出自己的风格，不只为了形象，也是为了礼貌。

在面对公众演讲时，穿着除了要干净、大方、整洁、朴素外，穿正装时还要遵循以下原则：

1. 三色原则

简单说来，就是身上的色系不应超过三种，很接近的色彩视为同一种。颜色太多则给人一种花里胡哨的感觉。一般来说，鞋一个色，裤子一个色，上衣一个色，这三个颜色的色调接近，看起来较协调，这是较为理想的。如果反差太大，就显得不庄重、协调。如果是较正式的演讲，穿红色的衬衣，黑色的上衣，黄色的裤子，脚穿白色运动鞋，就有些不得体，很容易让人联想到演讲者的品位。

2. 有领原则

有领原则说的是，正装必须是有领的，无领的服装，比如T恤、运动衫一类不能称为正装。男士正装中的“领”通常可理解为有领衬衫。有领，意味着正式，也是对听众的尊重。如果你不是很牛，最好不要穿着大裤衩与拖鞋、无领T恤，站在那儿一本正经地给人讲你的梦想与故事，那样很滑稽。

3. 纽扣原则

正装应当是带有纽扣式的服装，拉链服装通常不能称为正装，某些比较庄重的夹克事实上也不能成为正装。很多人都会忽视这个着装细节，认为衣服有没有纽扣都不是事儿，其实，在比较正式的场合，最好穿西装，夏天天热，可以穿衬衣，这种带纽扣的衣服显得庄重、严肃，也能反应你对待演讲的态度。

4. 皮鞋原则

没有皮鞋的正装绝对算不上正装，运动鞋和布鞋、拖鞋是不属正装之列。男士最为经典的正装皮鞋是系带式的，不过随着潮流的改变，方便实用的懒式无带皮鞋也逐渐成为主流。女士鞋子的颜色不能太艳丽，像大红大紫就不太适合，在正式场合建议女士不要穿凉鞋或者露趾的鞋，如果穿高跟鞋，鞋跟高度3到4厘米为宜。

仪表着装打扮直接影响听众的视觉审美，从演讲者起身走上讲台那一刻起，听众就已经在进行视觉审美了。如果视觉上给听众留下了不好的印象，就算你有两排伶牙俐齿、三寸不烂之舌，就算你口吐莲花、倒挂长江，也难以提升演讲的吸引力。

所以，在演讲前需要认真进行着装准备，根据自己的年龄、性格、职业、涵养，以及演讲的性质、场合等因素，选择适合的着装，尽可能让自己看上去得体、大方、端庄。

如何写篇漂亮的演讲稿

提到写文章，很多人就头大了：哎呀，最怕写稿子了，话都说不利索，怎么写演讲稿？如果你有超强的临场发挥能力，有满腹的才华，可以不用演讲稿，凭一张嘴征服现场的听众，那是牛人。现实中这样的人真不多见，即使是一些明星、商业大腕，在聚光灯下讲话，也得先打个腹稿，做个彩排。

更何况，演讲不是坐在那儿拉家常，也不是平淡地讲故事，演讲必须要有内容，有思想，有一定的深度，当然还要有一定的逻辑，如果不事先准备，靠临场发挥很难体现出这几点要求。撰写演讲稿的目的，就是为了使语言更生动，使演讲更流畅，更有料、有趣，有深度与思想。一句话，就是为了让自己说话有水平。

有些人可能会说：这个道理我清楚，但怎么下笔呢？自己不会写，便会到网上去搜模板，然后再进行改动。其实，网上的演讲稿辞藻华丽，不一定适合自己，且光靠背稿子，也讲不出真情实感，再者，还容易撞稿，那不是自找尴尬？

所以，演讲稿最好是自己亲手写，开始写不好，可以多练几次，熟能生巧。一般来说，写演讲稿有这么几个技巧。

1. 先打草稿，定大方向

这是第一步，非常简单。就是先把你要讲的方向定下来，如，你要讲关于“敬业”这个主题，那先把自己在这个方面的特别经历、典型事例、个人感悟等罗列出来。这是框架，也是干货，否则，没有这些东西支撑，演讲会很空洞。当然，主题可大可小，但一定要有血有肉，为此，可以多想想自己的经历，以及所见所闻。

2. 标题定要抓眼球

不是只有文章有标题党，演讲也有“标题党”，但是要拒绝俗气。那标题如何才能抓眼球？除了标题名字新颖别致外，要能引起听众的好奇心：为什么这样说，这个怎么理解？比如，某公司内部举办了一次演讲比赛，主题是“服务”，很多人的演讲题目是“如何做好服务工作”“我们该如何服务客户”“服务即责任”，听上去就没一点新意，或者说，看了这个题目，就不想听他们往下讲了。其中有一个年轻人的题目很特别，叫“最狠的服务，最大的收获”，一听这个题目，大家就来了兴趣，所以他演讲的时候，眼睛都瞪得大大的：到底是怎么个狠法？！其实他的演讲也并不怎么出彩，但这个题目抓人心，所以能吸引听众的注意力。

3. 以一个小故事开头

不管是什么样的演讲，不要一上来就噼里啪啦讲一顿大道理，演讲毕竟不是学术报告。最好的方法是，以一个小故事开头——这也是演讲的一个套路。既然是套路，肯定有它合理的地方——以故事开头，代入感非常强，能增加演讲的感染力。你上来就讲，“我今天要演讲的题目是……”然后平铺直叙，首先听众的胃口没有被吊起来，如果你的演讲又不特别出彩，接下来，那真是进入了“垃圾时间”。

以故事开头，最好是自己切身经历的事情，有自己的体会，有故事体现出来的哲理。以此为索引，进而牵出演讲的主旨，一步步展开自己的演讲。如果实在想不起在自己身上发生过什么特别的故事，也可以编一个小故事。

4. 观点要鲜明、独特

讲故事不是目的，讲故事是为了印证自己的观点。有些观点，听众可能不太容易理解，这时借助故事来阐述一下，观点就一目了然了。当然，针对故事的评述，不能太泛泛，一定要有较深刻、具体的点评。即你从中发现了什么，明白了什么，有什么感触，或者引发了你怎样的思考，进而做深入的总结或挖掘。

观点要鲜明、独特，就是要尽可能追求新、奇、特，少讲大家都知道的观点，否则没有新意，也显得俗气。在写演讲稿时，这方面要多花些心思。可以说，这是演讲的精华，也是最能体现演讲者思想、认识水平的地方。

5. 体现和观众的互动

演讲，不是一个人唱独角戏。在写演讲稿的时候，除了要构思故事情节、总结观点，还要在和听众互动方面动些心思。如何体现互动呢？在写作时，可以多设计一些疑问句，或是反问句？如“这个问题大家怎么想”，“你们敢说自己没有这种习惯么”等。当然，也可以根据演讲稿的内容，设计一到两个现场提问：在现场询问观众的不同看法。增加现场的趣味性，让观众更有兴致，使演讲的带入感更强。

6. 收尾要简洁有力

在需要结束的时候，要做简洁有力的总结，不要拖泥带水，不要有太多承上启下的过渡。最常见的收尾方式是：对前面自己的说辞做一个简短的总结，然后加上名人的名言名句，或诗句，或自己撰写的排比句，提出倡议，或是激励，最后是祝福语。

与普通写作不同，演讲稿并不要求通篇都字词优美，因为它不需要让听众看到，是需要自己讲出来给大家听。所以，它要强调逻辑性、条理性，以及感情和力量的传达。

⊶ 演讲稿到底背还是不背

很多人都有个习惯，私下是话唠，不拿稿子能给人上一天课。一到台上就哑火，见不了大场面。但许多时候，碍于情势又不得不站到台上去讲，为了应付场面，只能选择背稿子，光从神情上看，让你不分清是在做报告，还是做检查。

有个搞技术的职员，被公司晋升为部门经理，这本是一件高兴的事，但他一想到要经常主持一些会议，就浑身不自在。开始，他在会上就讲三句话：第一句是简单说明会议目的；第二句是让大家自由发言；第三句是“会议到此结束”。每次都开不出什么效果。老板说：你这样不行啊，开会你得引导大家说，最后达成共识，哪有像你这样主持会议的，会上只说三句话？！

后来，每次开会前，他事先把要说的话记下来，然后背诵。但是，在别人看来，只不过是多了几句话，三句变成了五句、七句。这让他头疼：我真的不善于自由发挥，不背稿子没话说，背稿子又掌控不了会议。

演讲稿背还是不背，这是好多人都纠结的一个问题。背吧，演讲干涩、呆板。比如，有人在演讲前，要把稿子通篇背下来，结果上台后，脑子里总想下一句“台词”是什么，所以，神情很呆板，演讲缺少感情，更没有与观众的互动。不背吧，话都说不利索，卡壳、跑题是常有的事儿。

那演讲稿到底该不该背呢？背，还是不背，这要从三个方面来看：

1. 演讲稿只是思路，不必逐字逐句背

演讲稿只是一个思路，一个提纲，让你知道该说什么，先说什么，后说什么，防止跑题。

有些很少上台演讲的人，他们缺少实战经验，上台容易紧张，不写演讲稿没办法演讲。这时，可以先写演讲稿，理顺一下思路，清楚从哪几个方面去讲，都讲什么，而不要一字一句去背。

为什么？

首先，背的难度很大；其次，没有必要。演讲是为了传达你的观点，目的是使大家听明白，这跟背诗词不是一回事。

演讲稿只是帮你整理了一遍演讲思路，通过写演讲稿，让你对自己演讲的内容及顺序更加熟悉。接下来要做的事，不是去背，而是按着写好的稿子为基本参照，用自己的话来反复演练。“用自己的话”指的是讲出的意思跟稿子上大体一致就可以了，不需要一字一句一模一样。多反复演练，你自然会找到感觉，而且你会不断找到更好的表述方式。

2. 少用提示器，它会影响演讲效果

既然背稿子有那么多问题，那我用提示器不是更好么？好多人是这么想的，也是这么做的：在演讲的时候，照着提示器读。

提词器离自己通常会有一段距离，人们会知道你在照着读。并且他们一旦发现你在读提示器，注意力马上会转移：这家伙在读提示器。这样，一种很消极的情绪就会在听众中传递，即使你的演讲很精彩，他们也不会给你高分。

3. 精彩的语句最好背下来

有人说，要是不背下来，自由发挥的话，好多精彩的演讲词就讲不出来。在演讲中，有些精彩的话语可能是你独到的观点，也有可能是你引用的名人名言，还有可能是你专门设计出来的排比句，等等。这是演讲语言的亮点所在。类似这种语句，可以把它们背下来，而且必须滚瓜烂熟——这些话语占总的演讲话语量的比例还是比较少的，所以负担也不会太重。

所以，演讲稿要有所“背”，有所不“背”，关键是要练，要放弃对演讲稿的依赖。提纲列好了，按着提纲去模拟演练。这是首选方案，可能一开始会有些不习惯，但这个习惯养成后，对你提升演讲能力大有帮助。次选方案就是把写演讲稿当作理清思路，熟悉演讲内容和顺序的一种方法，之后用“自己的话”来模拟演练，同时背下那些“精彩的话语”。再经过一段时间训练，让自己在听众面前变得自然、大方，能够适当临场发挥，这样，就不用背稿子，也能根据演讲提纲顺利完成自己的演讲了。

第2课　消除恐惧心理

——说话的勇气是锻炼出来的

演讲也不是什么害羞的事情！掩饰不如展示，不管你是第几次登台，面对观众要学会克服对演讲的恐惧，充分释放自己。这样，你才能逐渐引爆自己的口才潜力，让演讲将成为自己的一种竞争优势。

上台演讲你究竟怕什么

每个人都有恐惧心理，这是天性，但每个人恐惧的表现方式各不相同。在演讲台上，有人会手抖，特别是拿稿子的手，一直抖动想停都停不下来；还有人会腿抖，最严重时，双腿一起抖；还有人上台就摔跤，还有人上台就觉得口渴，一直想喝水，等等，这些都是恐惧的表现。

其实，说一千道一万，还是自己接受的锻炼少，经见的场面少。如，有些人在人际交往方面没有问题，往往朋友遍天下，通讯录上的人比谁都多，跟谁都混得很熟，跟谁都能聊得来。但是关键时刻却像戏台后头的锣鼓，见不得大场面。轮到他上台给大家讲话时，脚是哆嗦的，嘴是打战的，心是发慌的，在朋友圈中那股如鱼得水的劲儿全都没有了。

他们最常用的借口，就是“我还没有准备好”，而世界上的许多事，都是在你没有准备的时候就开始了，等你准备好的时候，就结束了。所以，平时他们上课不坐第一排，开会不坐领导旁，遇有表现自己的机会，也是能推就推。

据统计，大约40%的人会因为在人多的场合中讲话而紧张不安。甚至很多名人在第一次当众讲话时，也遇到过和我们一样的问题。著名的人际关系学大师戴尔·卡耐基在谈到他第一次失败的演说时，曾笑着说：“当时我没有信心，上台时很紧张，认为自己很差劲，甚至想到过自杀……”马克·吐温是美国著名的作家和演说家，不过，他第一次在公开场合演说时，由于紧张，差点说不出一个字，后来，他和朋友谈起自己这次失败的演讲，说当时自己的嘴里仿佛塞满了棉花，脉搏快得像在争夺赛跑奖杯一样。英国前首相丘吉尔曾经形容自己刚开始演讲时的感受，他说自己刚开始在面对众人演讲时，心里仿佛塞着冰块。

这样的事例不胜枚举。由此可见，名人尚且有当众讲话的“畏惧”心理，更何况你我这样的普通人呢？所以，我们大可不必因此而自卑。面对演讲恐惧，我们首先要清楚，自己的恐惧来自哪里？

大多数人的演讲恐惧来自这么几个方面：

看到台下无数双盯着自己的眼睛，就会很恐怖；

一上台，就会忘词，忘词一瞬间，像被遗弃在台上一样，尴尬、无助；

天生见不了大场面，一上台就脸红心跳腿发抖；

记性天生不好，背不下来不敢上台；

怕别人起哄，担心会冷场，外界给的期望值太高；

担心自己出了丑，会被人嘲笑；

看到下面的人在窃窃私语，就更紧张。

上面提到的几个方面，其中是不是有一个或多个方面也是你所害怕的？你想过没有，自己为什么这样？

可以说人生处处都是演讲的舞台，你因为害怕，而固步不前，那永远也没有表现自己的机会，永远也没法突破自己。战胜演讲恐惧的最好方法，就是多练，多登台，多当众讲话。

把注意力集中在演讲上

一只羊遇见一只老虎的时候，第一反应是逃跑，为什么？因为羊会感到恐惧，它意识到危险。当我们演讲时，面对很多陌生人，我们也会像羊一样“本能”地害怕。这是一种正常的心理反应，任何人在面对大场面时，都或多或少会怯场。

面对同样的问题，不同的人会采用不同的处理方式，有的人总是想着如何克服恐惧，结果，注意力越是集中在恐惧上，恐惧越会变本加厉。另一种人是忽视恐惧，把注意力集中在演讲中，结果随着演讲的进行，自己会变得越来越轻松。

很多演讲者都有类似的体会：刚登台时紧张得不得了，当他们专注于自己的演讲时，几分钟后就完全放松下来，感觉不到任何压力了。所以，把注意力集中到演讲中，是战胜演讲恐惧的有效方法。那具体该怎么做呢？

1. 进行心理减压，放松自己

有句话叫：要做最坏的打算，向最好的方向努力。在演讲之前，不要给自己太大的压力，不要定太高的期望，要允许自己犯错误，允许自己失败。如，心中可以默念：如果演砸了，大不了重来。这样，可以放松自己，让自己树立信心。

2. 要放得开手脚，专注演讲

演讲的时候，眼中、心中只有演讲这件事，不要有任何心理负担，不要想成功了怎么样，失败了怎么样，尽自己的努力去做就好。只把每一次演讲当作一次经历。俞敏洪在一次演讲中，讲了自己的一个故事。

他刚从北大辞职出来以后，穿着破军大衣，拎着糨糊桶，经常到北大校园去贴广告，刚开始，他内心充满了恐惧，只怕学生看到他。后来，果真被自己的学生撞见了。有学生问："哎，俞老师，你在这贴广告啊。"他说："嘿嘿，是，我从北大出去后，自己办了个培训班，自己贴广告。"学生说："俞老师别着急，我来帮你贴。"那时，他突然发现，原来学生并没有用一种贬低的眼神在看他。加上后来经历的许多事让他逐渐意识到，这个世界上，只有你克服了恐惧和别人的眼光，你才能成长。

这个故事也说明，恐惧，是因为想法太多，是自己吓唬自己。你能放得开手脚，放得下面子，放得下身段，一心想着如何把事情做好，就没有什么会像你想象的那么恐惧。

3. "忽视"听众反应，避免失态

正常情况下，当许多目光齐刷刷地盯过来，演讲者再怎么放松，多少还是会有心理压力的。如果自己再出点什么状况，或听众有什么异样反应，肯定会更加紧张，甚至心跳急速、喉咙干涩、全身冒汗。这就从紧张、恐惧变成失态了。为了避免失态，对听众做出的种种异常反应，要视而不见。这不是说真的看不见，而是要把它们视为“正常反应”，即，你不可能让所有人都满意，一部分人做出某些反应，要给予理解，不要觉得：瞧，听众起哄了，弄得我下不了台。大可不必，不要在意听众的反应，把注意力集中到演讲中，别乱了方寸，是对他们最好的回应。

4. 进行眼神交流，缓减紧张

即使你讲得不精彩，也还是会有一部分人认真听，在他们看来，这是对演讲者的尊重。对这部分人，要多和其进行眼神交流。眼神交流，不是始终和看着几个人讲，而是在演讲过程中，扫视下面的听众，其间，可以和个别听众进行三到五秒眼神交流。一般，这种眼神交流都会得到礼貌的回应，或是点头，或是微笑，这会缓减你的紧张感。

所以，专注于你的演讲，本身也是缓减紧张与恐惧的有效方法之一。许多年轻老师刚开始给学生上课时，不但紧张，而且课还讲不好，因为他们的注意力全在自己身上。时间久了，当他们把注意力全部集中到所讲的课程上，会发现自己的紧张感没了，课讲得也越来越好，学生也越来越喜欢听课了。演讲也是如此，如果你不能把注意力集中到演讲中，那你的注意力在哪里，恐惧就在哪里，如影随形。

演练，演练，还是演练

想一想，在你的工作场所，有没有认识哪个人是优秀的演说者？你首先想到的一定是你的上司，你的老板，抑或是单位的某位领导。不是说所有的领导与老板都是优秀的演说者，但他们绝大多数是！

为什么？

因为他们大部分时间都在演讲，开会是演讲，布置工作是演讲，连批评人都是演讲。见的人多，说的话多，时间久了，不管什么场合，该讲话时张口就来，根本不用打草稿。

在公众面前讲话你会感到紧张，甚至连报告工作都得提前组织好语言，说白了，就是缺少锻炼。提升一个人在公共面前讲话水平的最直接、有效途径就是练习。没有谁是天生的演说家，没有谁天生就具有领导的口才。

职牛网创始人兼CEO蒋裕华先生在演讲中总能做到从容不迫、游刃有余。不少人认为他天生具有演讲的才能。其实不然，他的演讲之所以精彩，完全是归功于一个“练”字。在每次演讲之前，他都要反复演练，当有重要的演讲时，他至少要演练18遍。

第1至5遍，对着自己的电脑讲，反复熟记演讲的内容。

第6至10遍，在会议室结合PPT投影练习，主要熟悉登台的感觉，以及演讲的连贯性。

第11至17遍，让家人、同事，或者专业的培训专家来听，让他们给自己挑毛病。

第18遍，就可以自信满满地，从容不迫地登台演讲了。

现实生活中，那些口才不好的人都希望自己读几本书，看几段视频，就能一鸣惊人。而那些口才非常优秀的人都清楚：自己的口才是练出来的。希特勒是个演讲能力超人的魔头，很少人知道他在台上会为一个手势反复排练；乔布斯是商业演讲牛人，很少人知道他会为一个演讲细节反复纠结。即使是电视台的大牌主播，上台也会紧张，但他们之所以能妙语连珠，口才一流，就是一个字“练”。王小丫做开心辞典时，上节目前喜欢喝啤酒壮胆，胆大了，硬着头皮上，真刀真枪地磨炼几回就也就放开了。

在平时，我们没有机会像蒋裕华先生到会议室练，也没有机会像乔布斯在商业演讲的舞台上练，更没有机会像主持人一样在电视上练，甚至连个专业的教练都没有，那我们怎么演练自己的演讲水平呢？方法其实很简单。

1. 对着镜子练习演讲

对着镜子练习演讲非常简单，但效果非常好。通过对着镜子练习，你会注意到自己的身体是否在不断地前后摇摆，是否在做一些不易被察觉的，但是影响形象的细微动作。通过镜子观察自己，纠正自己的一些小动作，会提升自己在讲台上的形象与感染力。

2. 对着墙壁练习演讲

这个动作也是超级简单。对着墙壁练习演讲，这与对着镜子演讲相比，是完全相反的方案。对着墙壁演讲可以使你将注意力都集中在演说的内容上。刚开始你可能会觉得不适应，但是，你逐渐会发现，这样有助于你把注意力集中在演讲中，如认真推敲演讲中的用词、语气等。

3. 对着朋友、同事练习

对着朋友发表演讲，你会感到轻松，而且朋友还可以从观众的视角给你提出一些意见与建议。如果一个朋友对演讲没感觉，那可以再换一个人。每次，对着朋友演讲完毕后，可以多征询下他的意见，听听他的评价与感觉。

与对着朋友讲不同，对着同事练习，你的压力会增加一些，这也好比是一个压力测试。在同事面前，尤其是多个同事面前练习演讲，其实就是你的预演，你表现得是否自如得体，演讲是否连贯、生动，从同事的评价中基本就可以看出来。

4. 录下演说并纠错

做好这一步也不难，可以用手机或录音机全程录下自己的演讲。录完之后，先播放一遍，总体感觉一下演讲的节奏、语感，有觉得不妥的地方，可以先记下来。再播放一遍，听听其中的用词是否规范，是否存在语病，或是常识性的错误。也就是说，每播放一遍，都要有针对性地去寻找问题。

5. 演讲前正式排练

如果有可能，可以在正式演讲前的几天到演讲地点进行排练。上台后，要把自己置身于正式演讲的情景中，想象下面都是听众。另外穿着打扮要讲究一点，不一定穿正式演讲时的服装，但也不能太随便。再就是要尽可能使用正式演讲中用到的设备，如麦克风、音响等。从而营造一种较为逼真的演讲效果，检验自己的水平的同时，也让自己提前适应一下演讲的环境，缓减正式演讲登台时的压力。

只有熟练，才能生巧。虽然以上这些演讲练习很枯燥、无趣，但是，它能快速帮你提高演讲水平，减轻你在正式演讲中的焦虑与不安。

⊶ 一开场就抖掉压力包袱

许多人都有这样一种体会：如果开场很顺利，那自己的焦虑情绪会快速降低，在接下来的演讲中会逐渐放开自己。也就是说，良好的开场有助于缓减演讲者的怯场心理。

如果开场心里绷得很紧，神情拧巴，也缺少自信，传递给听众的信息就是：这个家伙害怕演讲，这又怎么能讲好呢？所以，大家对你也没有多少信心。

年终的时候，有个员工被评为公司优秀员工，上台领奖时，领导让他讲几句话，他没有心理准备，非常紧张，一开口就结巴起来："今天非常高兴能获得这个奖，嗯，啊，我现在最想说的是，嗯，最想说的是……嗯，是……"他的大脑一片空白，下面的人齐刷刷地盯着他看，他更六神无主。话总不能说半句吧，于是顿了片刻说："我最想说的是谢谢。"下面的人都被他的获奖感言雷得不轻，你看我，我看你，甚至是惊讶。下了台，他如释重负，觉得自己终于算是把"任务"完成了。

在这个案例中，这位员工的紧张完全是由自己造成的。他一开口就结巴，反而给自己施加了更大的精神压力。如果自己实在不知讲什么好，可以这样说："今天非常高兴能获得这个奖，现在站在这里，我要特别感谢公司对我的肯定，领导对我的栽培，以及同事们无私的帮助。在这里，我非常感谢大家。"短短一句话，肯定会赢得台下的掌声。这样，不但场面氛场会好起来，自己也不会因没话可说变得尴尬。否则，你一个优秀员工，连话都说不好，领导会怎么看？其他员工会服么？

所以，说好开头两句话对减缓自己的紧张情绪很重要。尤其是新人，登上演讲台后如何开口呢？

1. 再紧张也不要在台上说出来

在演讲的时候，不少人会步入一个误区，喜欢一登台就向听众坦白：说实话，登上这个讲台我很紧张。接下来，他用自己的表现印证自己是多么的紧张。不要以为这样可以缓减自己的压力，你这样讲，等于告诉听众：我不自信。这会在听众中产生一种“首因效应”，就像我们看一个人，第一次见面，对他没有什么好印象，这种印象一旦形成，再想改变就比较困难了，而且，它也会左右你对他的言行的评价。演讲也一样，你说自己不自信，那听众就想了，你都不自信，那你为什么要讲，我为什么要听，这不是在浪费大家时间么？

有些情况下，是需要老老实实交代的。如，你上台后哆嗦、忘词、咳嗽、滴汗……别人一看就知道是怎么回事，这时，你可以提一下“我有些小紧张”，以求得听众的谅解。如果你讲得比较顺畅、自然，就没有必要强调自己紧张。

2. 把握好开头 30 秒

著名演讲学家卡耐基说：“登上讲台，不管你准备了多少演讲内容，最初的30秒都是最重要的。”30秒，很短！按正常的语速，大概能讲六七十个字，也就是三五句话。可别小看了这30秒，它往往是演讲者最紧张，最难应付的30秒，也是最容易被恐惧占据的30秒。

有些人台下侃侃而谈，上了台，就哑火，需要适应一段时间，才能镇静下来，这个时间大概也是30秒。通常演讲者上台后，在正式开讲前，都要先自我介绍一番，这个时间也是30秒左右。有些演讲者，主持人可能介绍过了，不需要再自我介绍，那他上台后，最容易忘词的时间也是在开场后30秒左右。

所以说，一定要掌握好开头30秒，如果这段时间你能得体地表现自己，那接下来就会顺畅很多，也会为自己的演讲开个好头，会给听众留下一个好的印象。

3. 学会委婉地要掌声

掌声即是鼓励，可以消除紧张感。许多小品演员一上台，总喜欢先无厘头似地吼一嗓子，紧随其后的便是观众席的掌声，即使稀稀拉拉，也会调动气氛，会让演员和观众间消除生疏感。这可以理解为是要掌声的套路。比如，小品演员冯巩的招牌见面礼“我想死你们了”，就显得很有情怀，每次都会调动现场的气氛，赢来阵阵掌声。在这样的氛围中，更有助于自己减压与发挥。

演讲的时候，也可以借鉴这种开场方式。如，可以说：“大家好，我叫侯文，今天第一次登台，给点掌声鼓励一下。”这个面子大家肯定是会给的。掌声对演讲者的心理影响是巨大的。没有掌声，你面对的是沉寂的场面，无数双看似冷冰冰的眼睛的聚焦，这都是无形的压力。有掌声，你感受到的是另一种氛围：大家热情的期待，自己释放激情的冲动。这无形中会冲淡你心头的压力。当然，要掌声的时候，要委婉巧妙，不要没有理由地来一句“给点掌声好不好”，或者“我没有听到，掌声能再大点么”，再就是，不能频繁要掌声，刚上场的时候，大家鼓过掌了，结果你往那里一站，又来一句：“再来点掌声，好不好？”这就尴尬了。

所以，登台后要学会甩掉压力包袱，自如地表现自己。这样，才能把握好开场，并有效地控场，进而赢得观众良好评价。

多给自己一点积极暗示

什么是心理暗示？《心理学大词典》是这样描述的：“用含蓄、间接的方式，对人们的心理和行为产生影响。暗示作用往往会使别人不自觉地按照一定的方式行动，或者不加批判地接受一定的意见或信念。”可见，心理暗示在本质上，是把一种思想强加给另一个人的大脑的行为。

按照施加对象进行分类，心理暗示分为自我暗示与他人暗示两种。自我暗示是指一个人对自身进行的思想灌输。这样，自己的心理可以给自己的潜意识施加某种影响，改变自己的个性与人格。

很早的时候，先人就明白了这个道理。《庄子》中有一个故事说，一位博弈者用瓦盆做赌注时，他的技艺可以发挥得淋漓尽致；一旦他用黄金做赌注，则大失水准；庄子对此现象下的定义是：“外重者内拙。”意思是说做事过度用力和意念过度集中，反而将平时可以轻松完成的事情搞砸了。

现在，心理学界把它称之为“目的颤抖”。太想纫好针的手会颤抖；太想踢进球的脚会颤抖；太想做大创意的脑会颤抖……也就是说，我们越是过分关注某个目标，产生心理压力越大，表现越会失常。

那在演讲中如何给自己一些积极的暗示呢？

1. 顺其自然，保持平常心

有些人经常说，“一紧张就不能把想说的说出口，所以我害怕自己演讲前变得紧张”。结果，他越想如何不紧张，就越紧张，因为他的注意力都集中在“紧张”上了。

如果我们给自己来一个积极的暗示：紧张就紧张吧，这也不是什么大不了的事情。就像对待天气的变化一样——顺其自然，该做什么就做什么，想怎么表达就怎么表达，只要你别太在意它，不去管演讲的结果和他人的评价，也不为此烦恼，那么“害怕”也就自然而然地消失了。

有位年轻人，演讲口才不错，大大小小的演讲活动也参加了不少。有一次，他参加单位的竞职演讲，却大失水准。那次，在准备的时候，他没感到什么压力，加上同事朋友的鼓励与帮助，他都有点期待这场演讲了。但是登台那天，面对台下数面同事，他表现得一塌糊涂，不是语句背得颠三倒四，就是卡壳，乱了方寸。结果，演讲到一半就草草收场。事后，他说“我太过想表现自己，反而发挥失常”。

一个人之所以会焦虑，是因为有得失心，即过分看重结果，对结果有了太多的期望。案例中的这位年轻人就是太想好好表现自己，结果发挥失常。可见，保持平常心，多给自己一些积极的暗示非常重要。

2. 正视内心的感受，并接纳这种感受

你可以这样进行自我暗示：

“在这么多人面前讲话，有点小紧张是正常的。”

“我不用去在乎别人的眼光，只需要顺其自然，像平时和家人、朋友说话那样，把自己心里想要说的话说出来就好了。”

甚至，你站上演讲台前，内心可以对着底下的听众咆哮：“开玩笑，我会害怕你们吗？接下来的时间是属于我的，你们都得乖得像小绵羊一样听我讲！”

演讲前，你可以用各种各样的方式来催眠自己，越是在乎自己的面子和别人的目光，在众人面前越会感到紧张，越紧张就越讲不出话。相反，正确面对自己内心的紧张情绪，接纳这种感受，顺其自然，在众人面前讲话就会变得容易很多。

3. 清楚自己的优点，且要适当扩大

有一个小老板，与一些大公司谈合作，多少有些不自信，为了鼓励自己，他经常这样暗示自己：我有2个亿，一直在银行存着呢。其实，他的资本只有几百万，但是他总是以拥有2亿资产的老板身份与人谈生意，所以与大老板谈生意很少会紧张，“不差钱”的范儿也拿捏得很到位。

演讲中，也可以酌情使用这种方法。如，你的声音很有磁性，那可以暗示自己：即使我讲得不精彩，至少我的声音会征服一半的听众。如果自己的形象很出众，可以这样暗示自己：站在这个舞台上，我就是万众瞩目的焦点，我就是舞台的主宰。所以，紧张的时候，可以从自己身上多找点优点，并适当放大，这样，会提升自己的自信，克服紧张情绪。

在演讲的时候，要多进行积极的心理暗示：我能行，我能做得更好。这种积极正向的自我暗示往往能够帮助你战胜恐惧感。相反，如果你在演讲之前总是对自己说：怎么办？我不行的！真的不行！结果你就真的不行。所以，自我暗示的力量很强大，正确使用积极暗示，可以让你有更出彩的表现。

第3课　如何一开口就俘获听众

——精彩的开场白是设计出来的

一场演讲，精彩的开场白往往能像磁铁一样紧紧地吸引住听众，提高整个演讲的基调和节拍，增强听众对演讲内容的兴趣。也可以说，独具匠心的开场白，以其新颖、奇趣、敏慧之美，能给听众留下深刻印象，能立即控制住场上气氛，在瞬间集中听众注意力，让听众在不知不觉中进入你精心设计的“圈套”。

⊶ 开场白开不好，等于白开场

每一个讲演者都不希望自己精心准备的演讲被平庸、失败的开场白搅黄，但并不是每一位讲演者都会讲一段精彩的开场白。

开场白的主要目的就是赢得听众的注意，并为接下来顺利演讲搭梯架桥。如果开场白不能吸引听众，那么其他部分的内容也很难给听众留下深刻的印象。所以，演讲的时候要设计好自己的开场白，要认真体会听众的水平和心态，不要过分追求语言生动，而忽视了内容，否则就难以产生应有的效果。

像下面几种开场白方式，要极力避免。

1. 告诉听众你是被迫的

我们都有这样的感受：当你被迫做一件事情的时候，你往往做不好它。演讲也是一样，本来你不想讲话，却又不得不出来讲，那你肯定讲不好，如果你再告诉听众“我是实在没办法才出现应付一下”，那就更没人听了。如，“大家好，我是王小海，和主办方刘总是好朋友，今天本来还有更重要的事，但刘总盛情难却，非要让我来给大家来讲几句话。”

观众听了这个开场白，会是什么反应？肯定会想：既然不想讲就不要勉强，讲了我们也不想听。演讲者本意是，想通过这种表白求得听众的原谅，因为自己“的确没有准备充分”，但上面的开场白却是在自我否定：自己不想来，是刘总硬拉来的，既然来了，就只好应付一下了。如此，也就表现出演讲者对被迫演讲感觉很无奈、消极。在这种情况下，让听众对他演讲的内容也就没什么兴趣了。所以，切忌这样的开场白。

2. 强调这个主题“忒难讲”

在有些演讲中，演讲者会随机抽取演讲主题，或是主办方会指定相应的主题。不管自己有没有充分的准备，不管主题对自己来说是否存在困难，都不要强调这个主题如何棘手，而要想办法把它讲好。

如，某个演讲主题对你来说有些难度，你说：“哎哟，这个主题可真是难倒了我，我还真不知道该从哪里说起……”

演讲，就是让你现场发挥，演得不好，要讲得好，讲得不好，也适当地演一演，你这种开场白只会让演讲的说服力打折扣。无论是主动，还是被动，既然你选择了一个主题，就应信心百倍地告诉你的听众，我要尽自己的努力完成演讲，把自己的观点呈观给大家。

3. 上来就是一顿道歉

做了不恰当的事，表示歉意是礼貌，是修养，但是上台演讲，开口就表示歉意，是再糟糕不过的开场白。有人一上台，就向听众表达歉意：“实在抱歉啊，因为时间紧，我只能简单讲几句。”你觉得是在求得谅解，是尊重大家，其实，听众却会觉得你这个人有些自私，且自以为重要。你现在就走，不讲也可以，难道大家一定要听你讲么！

再如，“很抱歉，小王今天有事没有过来，我就替他讲几句吧。”

有没有搞错？应该道歉的是小王。听众坐在那里，才不关心什么小王、小李，甚至谁在上面讲都不重要，他们可能是来开会的，是来混场面的，才不关心你是谁，你要说什么。所以，你没有必要急匆匆地道歉。否则，一开口就表示歉意，等于把不好的消息带给了听众，把自己的不安传递给了他们。

4. 故弄玄虚，让人不知所云

在开始的时候，不要用那些古怪、陌生的词语来吓唬听众，他们的兴趣会被你那些“高深”的专业言论吓跑。例如：“我们工厂生产运动鞋已有 7 年之久。鞋模是所有流程中最重要的一环。我们工厂生产所用的材质一般有：RB（橡胶）、RS（发泡橡胶）、TPR（热塑性弹性体）、EVA（乙烯－醋酸乙烯共聚物，含 IMEVA 射出一次成型 EVA 和 CMEVA 传统二次成型 EVA）、PU、TR、BR、TPU、PVC 等。大部分鞋模属于注塑模，也有一些例外，如 CMEVA 的制作过程是注射和冷压结合，还有部分是利用吹塑成型的……”

上面是一个比较极端的例子，如果观众不是业内人士，不会知道这些专业用语的含义，相信不出 30 秒，他们就会对你的演讲失去兴趣。所以，除非出于演讲的需要，否则没有必要一开始就故弄玄虚。

演讲中的第一句话应该怎么讲，并没有什么固定的模式，演讲者需要掌握听众的心理，懂得听众需要听什么，想要听什么，然后投其所好。假如演讲者一开始就陷入上述四大误区，那么后面的演讲即使再精彩，也很难俘获人心。

开头必须交代哪三个问题

关于开场白的重要性，许多名人给出过很好的忠告。其中俄国大文学家高尔基就说过：“最难的是开场白，就是第一句话，如同在音乐上一样，全曲的音调，都是它给予的。平常却又得花好长时间去寻找。”

高尔基的这段话包含两层意思：第一，演讲的第一句话至关重要，它的作用如同音乐的“定调”，规定着“全曲”的基本面貌和基本风格。第二，适当的第一句话不是那么容易找到的，它是长期积累和斟酌钻研的结果。

1957 年，毛主席访问苏联，看望莫斯科大学的中国留学生。他在莫斯科大学发表一段演讲。一开场他问到三个问题，第一个，他问：“在座有没有湖北人？”同学们大声说“有”。他说：“我游过你们的长江。”第二个，他问：“在座有没有湖南人？”同学们大声说“有”。他说：“我游过你们的湘江。”第三个，他又问：“在座的有没有广东人？”同学们大声说“有”他又说：“我游过你们的珠江。”现场又是一片雷鸣般的掌声！

通过三个问题，毛主席和在座的各位留学生的距离大大缩短了！

解决三个问题，实现三个目的，为下面的演讲做好准备，就能让听众接下来会全力以赴地听你演讲，而不是在怀疑、忧虑和担心中听演讲。

可见，好的开场白，不是语言多精彩，说话多有气势，而是一开口，就能从心理层面与听众产生共鸣，这种共鸣表现在听众最关心的三个问题上。

问题一：你主要讲什么

在开始演讲的一两分钟内，应该让听众对你要演讲的内容有一个大致的了解。不要为了讲笑话而讲笑话，或为了活跃气氛而离题万里。“场面话”说完，必须转到正题上，如可以这样说：“今天我来回答三个问题，这三个问题有助于你理财。第一，你如何挣钱？第二，你如何投资？第三，小钱如何生大钱？”这就简洁明了地交代了“你主要讲什么”这个问题。

有些演讲者忽略了这一点，上来就以一个小故事开头，也不点明要讲什么，结果故事讲完了，听众还是一头雾水，在演讲将要结束时，突然点题：“这就是我今天演讲的内容——如何做一个称职的妈妈。”你看，这个圈子是不是绕得有点大。

问题二：我为什么要听你讲

说白了，就是你有什么资格跟大家讲，你所讲的内容是否权威、专业和有效，怎么表现你的实力呢？这也是听众在演讲开始后，最关心的问题之一。为了打消听众的疑虑，在开场时候，可以委婉地告诉他们自己的特长所在。

比如说，“我在这方面认真研究了十几年”；

比如说，“许多客户因为我而成长、改变，提升效率，提高收入”；

比如说，“我接受过一些权威媒体采访”；

……

这样，可以间接说明你有经验、学识，听众首先能从心里服你。好多专家做讲座，不用讲这些，因为大家都清楚，都是慕名而来的。如果你是一个普通演讲者，别人凭什么服你？就得凭你的资历，你的学识，你新颖的观点……所以，这些东西一开场就要交代清楚。小张是一个普通职员，被其他企业邀请去做员工培训，第一次上课，他这样说：“我从事了八年的计算机网络编程工作，今天想把我的一些经验与工作方法同大家做一个交流。”这样，台下的员工就会服他：噢，别看相貌平平，人家可有八年的经验哦，厉害，厉害。只有下面的人服你了，他们才会认真去听。

问题三：你讲的对我有什么好处

因为每个人都关注自己，所以，不论是谈一个话题，还是做一件工作，大家首先想到的往往是自己。如，你拿一张集体照让某个人看，他首先会看谁？肯定是他自己，除非照片中没有他。演讲也是这个道理。他们总是在想：你讲得好不好，与我有什么关系，能给我带来什么益处？

开场的时候，这个问题不回答清楚，听众很难全身心投入到你的演讲中。如，你可以这样讲：我想通过这次演讲，分享一下我的谈判经验，帮助大家提升一下与客户打交道的技巧。有些听众一听：哦，这正是我的短板，到要好好听听你都能讲出什么技巧。所以，演讲开始后，要告诉大家，你听我的演讲，听我的专题，跟你有什么关系。

综上所述，开场白的一个重要功能，就是要解答听众关心的三个问题，从而与听众拉近距离、建立信赖和引起兴趣。

依次做好五件事，开场不冷场

演讲者留给听众的第一印象好还是差，主要取决于其开场的表现。而第一印象会在很大程度上影响听众在接下来的时间里对这个演讲者的评价。李敖曾经说过，你去做一个演讲，一定要在开头 5 分钟就抓住听众的心。如果在演讲开头 5 分钟里抓不到听众，那你的演讲就是失败的。

现实中，这样例子也不少。在一些综艺选秀节目中，有些选手一上台，让人眼前一亮，评委也对他们寄予很高的期待，而有些选手往那里一站，形象尚可，但一开口，评委就紧锁眉头，一脸的不僻与疑惑。为什么？因为他们的开场白就像白开水。

所以，演讲的开头很重要。一次精彩的演讲，开头必须要依次做好如下几件事。

1. 跟大家打个招呼

上台之后，你可以简要地跟大家打个招呼，一般你可以这么说：“今天很高兴能到这里来，与大家分享我的一些心得。”

打完招呼之后，如果你觉得现场有槽点的话，可以借机小吐一两句。比如主持人介绍你出场的时候，给你冠了很多头衔和名头，很多其实是让你愧不敢当的。你上来跟大家打招呼之后，就可以调侃一下主持人或现场观众："刚才听主持人在介绍我，我一边听一边想，这主持人是在说我么？"

当然，吐槽一定要简短，要有趣！如果你做不到，那干脆别讲，直接进入下一步——自我介绍。

2. 简要地自我介绍

如果你是在在公司内部做演讲，台下的都是同事、领导，那就不用介绍自己了。如果到外面参加讲比寒，或是汇报演出，那可以做一下自我介绍。自我介绍也是讲究技巧的，不是告诉大家你姓甚名谁，干什么职业的就行了。

如，有五个人要轮流做自我介绍，有的自我介绍让你印象深刻，而有的介绍你听都不想听，为什么？就是因为介绍技巧。有位讲师，给新学员上课时，他是这么介绍自己的："首先，做一下简单的自我介绍。我叫周行，江湖上的一些朋友都喜欢叫我周大白，因为我特别爱讲大白话。我是一名培训师，主要的培训课程就是 PPT 设计与演示。我的主要工作说白了，就是教人怎么做漂亮的 PPT，以及教人怎么用 PPT 把不容易讲清楚的事情讲清楚。"

3. 戳听众痛点，调动其听课兴趣

做完自我介绍之后，接下来要做的就是点明演讲主题，告诉听众今天主要讲什么。这个环节有一个非常重要的任务，就是得吸引听众的听讲兴趣！

这要如何做呢？有一个实用的方法，戳听众的痛点——通过摆事实或者现场提问的方式，让听众意识到自己在某些方面的不足，这恰恰也是自己演讲的主要内容。比如，好多听众都不懂酒桌礼仪，因此经常弄出笑话，或是发生尴尬的事，而你演讲的内容就是酒桌礼仪，那你可以问听众："请客喝酒，你有没有遇到过最尴尬的事？"这样，就能调动听众的听课兴趣。

4. 阐明演讲的目标

当戳完听众的痛点之后，应该立刻告诉他们：你这里有药方。也就是自信满满地告诉他们，你可以帮他们解决这个困惑，而且今天你就是为了这个而来的。表达完这层意思之后，再自然地提出演讲的目标，简明扼要地告诉听众你这个演讲可以给他们带来什么价值！

5. 简述演讲的结构

宣布完演讲的目标之后，接下来简要地介绍一下整个演讲的大致内容和结构，让听众提前概览性地了解一下会听到哪些内容，这样，他们心里就会有个底。

一个好的开场白，基本都会涵盖上述五个方面。做到这几点，演讲者会在短时间内有效地吸引听众，引出话题，并和听众建立信任。

⊶ 知识储备不够，怎么快速入题

开场白的重要性无需冗述，一个非常现实的问题是，当我们要面对一场突如其来的当众讲话或发言时，开场讲什么就变成了一个非常巨大的障碍。特别是平时知识储备不够的人，再加上自己不善言辞，那整个演讲就会困难重重。

那知识储备不够的人如何简单有效地说好开场白呢？世界著名沟通大师哈维·麦凯表示：“一个人如果感觉自身的知识积累不够而不懂得怎样开场，最好的方式就是通过‘转移’的办法开场，这是让演讲顺利进行下去行之有效的方法。”

那大家可能就要问了，什么叫“转移”？怎么“转移”？所谓“转移”，就是将自身知识积累不够的事实进行淡化，或者进行“掩藏”。下面给大家推荐几种具体的操作方法：

方法一：从听众都知道的事情入手

讲听众都知道的事情，可以快速拉近和听众之间的心理距离，还容易形成一种有效互动的氛围。听众都知道的事情有哪些呢？当然是最近的时政、社会热点等问题。

举个例子：“大家好，相信大家都知道一件事情，就是美国的大选最终特朗普胜利了，出乎很多人的意料，我也很意外，因为我个人还是蛮喜欢希拉里的，在座的人当中有喜欢希拉里的吗？嗯，也有不少，但这就是现实，现实就会有很多的意外出现，不管你喜不喜欢……”然后继续讲下去，进而再转到你真正要讲的主题。

方法二：从现场的“特色点”入手

什么叫“特色点”呢？就是现场让你觉得比较独特的人、物、事。比如说某个人的穿着打扮，某个人的发言，现场的某个布置或装饰细节，现场或现场附近发生过的某件事等。

举个例子：“大家好，刚才 ×× 先生的演讲讲得非常好，让我印象深刻，他讲到的 ×××××× 的观点我非常认同……”就这样再转移到自己所讲的主题上去。

方法三：从听众最关心的话题入手

从听众最关心的话题入手，是比较能调动起听众的兴趣的，进而可以使他们更加乐于倾听你的讲话。那么，哪些是听众最关心的话题呢？答案非常多，比如家庭中的婚恋、夫妻关系、婆媳关系、子女教育等，再比如职场中的人际关系、升职加薪、快速成长等，还比如投资理财，等等。

当自己在某些方面的知识储备不足，但又不得不面对一次演讲时，为了稳妥起见，避免直入主题，可以先做一些预热活动，然后再切入相关主题。通过这种方式，先转移听众的注意力，缓冲一下自己上场后的压力，同时，也可避免自己太过仓促，或因知识储备不足，一上台就说错话。

小心客套话把演讲拖入冷场

在演讲中，不管你之前准备了多少演讲内容，最初的几十秒钟都是最重要的。只有独具匠心的开场白，以其新颖、奇趣、敏慧之美，才能给听众留下深刻印象，才能立即控制住场上气氛，在瞬间集中听众注意力，从而为接下来顺利演讲搭梯架桥。

李琳所在的学校要竞选一名学生会干部，为了公平，学校组织了一场竞选演讲，李琳也报名参加。她为这次演讲做了充分准备，除了反复修改演讲稿，还提前在朋友面前进行了试讲。

在正式演讲的那天，李琳一脸严肃地走上台，然后对着台下的人说：“尊敬的各位领导，亲爱的同学们，大家好。站在这里我感到很荣幸，首先我要感谢……”

感谢的话说完，时间已过3分钟。这时，她把话题切入演讲的主题，却发现台下的学生大多在玩手机，有人在窃窃私语，李琳的心一下子沉到了谷底……

可以说，不管李琳接下来的演讲多精彩，这个开场白肯定是俗气的。你想想，当听众听到“很高兴来到这里”，以及感谢这个，感谢那个之类的客套话，他们会作何感想？一定是“没新意”“太老套”“缺少真情实感”，如此，他们怎么会专注于你接下来的演讲？

所以，开场白不要让人觉得太俗套、太无聊，否则，那些陈词滥调，以及不痛不痒的客套话会把你的演讲拖入冷场。那么，怎样让你的开场白赢得众人的喝彩而不是让听众昏昏欲睡呢？下面介绍新颖的开场白方式。

1. 奇论妙语式

听众对平庸的论调都不屑一顾，置若罔闻。倘若用别人意想不到的见解引出话题，造成“此言一出，举座皆惊”的艺术效果，会立即震撼听众，使他们急不可耐地听下去，这样就能达到吸引听众的目的。

美国一家广播公司在宣传无线电作用的科普演讲中这样开头：

“各位可知道，一只苍蝇在纽约的一扇玻璃窗上行走的细微的声音，可以用无线电传播到中非洲，而且还能使它扩大成像尼亚加拉大瀑布般惊人的巨响。”这则广播演讲选择普通人难以想象也不会去付诸实践的角度宣传无线电的特殊效能，构成了独特的开场白。

需要注意的是，运用这种方式应掌握分寸，弄不好会变为哗众取宠，故作惊人之语。因此，应结合听众心理、理解层次出奇制胜。再有，不能为了追求怪异而大发谬论、怪论，也不能生拉硬扯，胡乱升华。否则，极易引起听众的反感和厌倦。须知，无论多么新鲜的认识始终是围绕着演讲主旨进行的。

2. 自嘲幽默式

演讲者在开场白里，也可以调侃自己，这同样是一种较快实现与听众心理沟通的方法。不过，调侃自己时，不可与调侃听众使用同一种口吻。调侃自己可以用揶揄的、自我解嘲的口吻，当然也不必过分，必须让人感到这种自我解嘲中的乐观情绪和幽默感。

胡适在一次演讲时这样开头：“我今天不是来向诸君作报告的，我是来‘胡说’的，因为我姓胡。”话音刚落，听众大笑。这个开场白既巧妙地介绍了自己，又体现了演讲者谦逊的修养，而且活跃了场上气氛，沟通了演讲者与听众的心理，一石三鸟，堪称一绝。

使用这种方法主要出于这种考虑：听众普遍认为能与他人随便谈论自己的人通常是透明度较高、平易近人的人。同时，由于你的自我评论多少带有揶揄自己的味道，听众就会不自觉地产生某种优越感。所以，不少演讲者是以几句谦恭、风趣的自我评论开场，来实现与听众感情的沟通。在使用自嘲式幽默开场白时，切忌使用低级庸俗的笑话或粗俗的语言。

3. 借景生题式

一上台就开始正正经经地演讲，会给人生硬突兀的感觉，让听众难以接受。演讲者不妨以眼前人、事、景为话题，引申开去，把听众不知不觉地带入演讲之中。如可以先谈会场布置，谈当时天气，谈此时心情，谈某个与会者……

你可以说：“我刚才发现在座的一位同志非常面熟，好像我的一位朋友。走近一看，又不是。但我想这没关系，我们在此已经相识，今后不就可以称为朋友了吗？我今天要讲的，是如何与陌生人交朋友。”

借景生题不是故意绕圈子，不能离题万里、漫无边际地东拉西扯。否则会冲淡主题，也使听众感到倦怠和不耐烦。借景生题时，演讲者必须心中有数，还应注意渲染的内容必须与主题互相辉映，浑然一体。

开场的方法其实有很多种，诸如还有通过讲笑话开场，讲故事开场等，方法各异，不一而足。大家需要根据身份、场合、主题的需要，选择适合自己的方法。总之，在演讲开始后，成功地利用开场白吸引听众的注意力，促使听众更有耐心地听完演讲，是一场演讲能否成功的关键所在。

第 4 课　演讲与口才必备的逻辑性原则

——说话的逻辑性是布列出来的

每天我们随时随地都在做的一件事情，就是说话。演讲中不懂说话的技巧、说话的逻辑，东一榔头西一棒子，既是白费口舌，也是在浪费他人的时间。演讲必须要有逻辑，即要分清轻重、缓急、主次，先讲什么，后讲什么，讲的篇幅大小，用的时间长短，都要精确计算。

什么是演讲的逻辑

我们经常会遇到这样的尴尬，你说了一堆话，对方听不懂你在讲什么，一脸的茫然，或者对方跟你说了很多话，你也抓不住对方的重点，不知怎么回应。这极有可能是因为逻辑出了问题。

在《金字塔原理》这本书当中，有这样一个案例：

A 对 B 说："上个星期，我去了趟苏黎世。你知道，苏黎世是一个比较保守的城市。我们到一家露天餐馆吃饭，你知道么？在 15 分钟的时间里，我至少见到了 15 个留长胡子的人。而且，如果你在纽约的任何一座写字楼周围转一转，你就会发现几乎没有不留长胡子或长头发的人。同样，在伦敦，留长胡子在多年以前就已经是伦敦街头的一景了。"

读完这则故事，你能感觉到什么吗？

你不妨问自己一个问题：A 究竟想表达什么？如果从他的描述中，你找不到准确答案，或者说，你只能主观猜测他要表达什么，那他的这种表达对你来说肯定是有问题的，同时，对他来说，表达也是失败的。

为什么？

因为逻辑混乱！如果B的理解能力没有问题，却不知道A要表达什么，一定是表达出了问题。如果A换一种表达方式呢？他这样说：

“你知道么？我简直难以相信，男人留长胡子或长头发已经这样普遍，这样被广泛接受：上个星期，我去了趟苏黎世。你知道，苏黎世是一个比较保守的城市。我们到一家露天餐馆吃饭，你知道么？在15分钟时间里，我至少见到了15个留长胡子的人。在纽约的任何一座写字楼周围转一转，你就会发现几乎没有不留长胡子或长头发的人。在伦敦，留长胡子在多年以前就已经是伦敦街头的一景了。”

这样B就明白了，A是想表达“男人留长胡子或者长头发这么普遍，这么被广泛接受”这样一层意思。后面表达的苏黎世、纽约、伦敦只是想证明他的观点。A的逻辑是：先告诉B他想表达的观点，再用事实证明他的观点。如果你还听不懂A在表达什么，你就有必要训练你的倾听能力和理解能力了。

由此可见，逻辑，可以通俗易懂地理解为“顺序”和“规律”，先什么后什么，就是一种顺序和规律，比如汇报工作，先结果后过程，这就是一种逻辑。所以你的演讲表达要有一定的顺序和规律，否则，别人不知道你到底要表达什么。

清晰地亮明你的观点

沟通，最重要的是清楚、准确地传达信息，避免让人产生误解。在演讲时，要将一些观点表达清晰，不能含糊不清，或是模棱两可，或者任由听众怎么理解。观点，也是逻辑的一部分，观点不明，逻辑必然混乱。尤其是一些涉及操作性的方法，或是要落地的一些方案，太笼统，就没有可操作性，就没有价值，说了白讲。

有人说，同样一件事，我写文章可以把它描述得很清楚，但是讲出来就很难让人理解，为什么？还是逻辑问题。写文章与说话是两码事。文章写出来后可以反复琢磨、修改，但说出的话句句都是“直播”，逻辑不清晰，会增加别人的理解难度。

所以说，要想让听众听清楚你的观点，光靠练习写文章是不够的，在平时的演讲中，要有针对性地在以下三个方面下些功夫。

1. 重要信息要从多个角度复述

演讲不是写文章，不能像倒录音带一样，一句话翻来覆去讲。但是，有些重要的信息，不可以一次过，否则，可能会让人误解。

如，我们和人约了见面时间，“晚上九点一刻见”，如果表达不清，对方很容易听成“九点立刻见”，或是理解成“八点四十五分见”（差一刻九点）。为了避免出现这样的误解，所以在确定见面时间时，可以重复一遍，或换个角度讲“九点十五分见”。

再比如，有人在演讲中提出了一个论点，接下来肯定要进行论证，一番讲道理、摆事实下来，他却发现，听众已经忘记他最开始的论点是什么了。这种情况还不算是最差的，有的人讲到一半，人们就不记得他讲的主题了。如果演讲的时间较长，在演讲过程中，一定要反复强调自己的主线，最后再进行总结。

在这个问题上，不要过高地估计听众的理解能力。有人做过一个实验：把一句话从 A 传到 B，再从 B 传到 C……等传到 E、F 时，已经完全变了味儿。这个实验有一个规则：只准传一遍，不许重复。所以重复，特别是多角度地重复，是避免歧义与误解提取好方法。

2. 难以理解的内容要留空白

什么叫留空白？

简单来说，就在演讲过程中，有意拉大语句的间隔。最常见的例子就是，有些领导上台讲话时，喜欢“嗯”“啊”“这个”“那个”，许多时候，不是他们特意留空白，而是无话可说，又不得不说，脑子一时反应不过来，只好用这些词来填充。这是被动留空白，听起来有些拖沓。

下面要讲的留空白，是主动留空白。所谓主动留空白，就是演讲者脑子要比听众反应快，但在讲完一段话后，会有意识地“等一等”，等大家明白了，再按之前的节奏往下讲。比如，有经验的老师在给学生授课时，经常会留空白，他在讲完一个原理后，会观察大家的面部表情，从中分析哪些人还没有听懂，哪些人一知半解，再根据情况决定是继续讲新内容，还是重新再讲一遍之前的内容。

有些演讲者，经常会说“对不对啊”“是不是啊”，其实，没什么对不对，是不是，而是在给听众留反应时间，让他们想一想这话是什么意思。

所以，一段话“听起来清楚”和“读起来清楚”是不一样的。如果不留下反应时间，读起来清楚，听起来可能就糊涂了。

3. 抽象的东西要形象化描述

可操作性，很好理解，就是怎么去做。有些人的演讲为什么听上去慷慨激昂，仔细一想，却很空洞，没什么内容？就是因为抽象的东西太多，能落地的，可操作的东西太少。比如，你向一个人问路，对方回答说：“你往前走，左拐，然后右拐，再往前，左拐，再左拐，就到了。”你是不是听得一头雾水？尤其当你的头脑中对这个地方没有任何概念时，你还是不知道具体怎么走。如果对方这样回答你：“往前走，过了红绿灯，向左拐，再走 200 米右拐，就可以看到那个大楼。”这样，你的头脑中就会有个线路图，大概知道在什么方位，距离有多远。

想让大家领悟你的意思，按照你的说法去做，就不能太“假大空”，讲什么“多加练习”“努力付出”“全面深入”，最好讲“一天练八次”“每天进行 4 小时学习”“错误率控制在 1% 以下”等。这样，大家更能准确领悟你的意思。

所以，演讲的时候，不但要把话说对了，说清楚了，还要准确无误地表达自己的观点，减少听众的误解，让演讲更有逻辑，更清晰、流畅。

把握好演讲中的时间逻辑

对演讲来说，什么是时间逻辑？时间逻辑就是按照时间顺序来计划和组织你的几个分论点。由于时间顺序容易察觉，也便于听众理解和记忆，所以它是演讲中常被使用的一种逻辑顺序，几乎所有的演讲都可以依据时间顺序来展开。

以下节选白岩松在耶鲁大学做的题为“我的故乡以及背后的中国梦”的演讲稿的一部分，来体会一下在演讲中如何使用时间逻辑来组织分论点。

“过去的20年，中国一直在跟美国的三任总统打交道，但是今天到了耶鲁大学我才知道，其实中国在只跟一所学校打交道……我要讲五个年份，第一要讲的年份是1968年，那一年我出生了。”

“……很显然，我的出生非常不是时候，不仅对于当时的中国来说，对于世界来说，似乎都有些问题。1978年，10年之后。我10岁，我依然生活在我出生的时候那个只有20万人的，你要知道在中国的话他是一个非常非常小的城市里……

“接下来的年份该讲1988年了，那一年我20岁……当然，我知道那一年1988年对于耶鲁大学来说也格外重要，因为你们的校友又一次成为美国的总统。

“好，接下来又是一个新的年份，1998年，那一年我三十岁。我已经成为中央电视台的一个新闻节目主持人。更重要的是，我已经成为一个1岁孩子的父亲……

“接下来我要讲述的是2008年这一年，这一年我40岁。很多年大家不再谈论的“我有一个梦想”这句话在这一年我听到太多的美国人在讲……”

从白岩松的这篇演讲中，我们可以清晰地看到其中的时间逻辑。

在演讲的一开始，白岩松就直接告诉听众他演讲的逻辑是什么，他将会讲几点，这样听众就心中有数，知道他的演讲是怎么展开的。

在演讲中，分论点之间的时间逻辑，一般都是按照时间发生的先后顺序排列的，这既符合事物发展的规律，也便于听众的理解和记忆。只有在特殊情况下，我们可以使用倒叙甚至是跳跃式的方法来组织演讲内容，因为那样不利于听众接受演讲中的信息。

按时间顺序展开的成功演讲不胜枚举，有时可以用它来组织整个演讲的分论点，有时也可以用在某个部分的论述上。史蒂夫·乔布斯在苹果手机发布会上的经典演讲中也使用了时间逻辑，即采用了“1984年革命性的Macintosh——今天三款革命性产品（实际上是一个三合一的革命性产品iphone）”这样的顺序。

总之，时间逻辑是最符合事物发展的自然规律的逻辑，最容易识别、理解和记忆的逻辑，也是演讲中最普遍使用的逻辑。如果你不知道如何展开你的演讲主题，不妨从时间逻辑的角度试一试。

高效逻辑训练，重在看读写辩

在演讲舞台上，说话更要讲究逻辑。说话不讲究逻辑，就是不会说话。同样一件事，会说话的，三五句就把事情交代清楚了，不会说话的，啰唆一大堆，还是让人不知所云。

在公司的年度会议上，有位主管要向领导汇报工作，他拿着讲稿上台后，清了清嗓子说："嗯，我现在向公司汇报我们部门这一年来的工作情况，噢，对了，领导刚才说，公司去年给我们定的任务是3000万的销售额。当时我们觉得有点高，员工意见也很大，我记得当时有个员工……现在来看，真的不多。但是，我要感谢我的员工，我们圆满地完成了公司下达的任务。"

领导向他做个了手势，说："说正事，说正事，快点。"

见状，他说："好，我们今年完成了4000万的销售额，这是一个什么概念呢？相当于去年的两倍，去年是多少？2000万。今年为什么能完成这么多？主要是公司领导有方，当然，这一年，我们的困难也很多，不过，这不是最重要的，重要的是，我们的客户工作做得到位，不过，有些客户真的让人头疼。"

领导打住他，说："你们今年的任务完成得不错，超额33%。好了，下面运营部上来汇报。"

这位主管说话没有逻辑，东拉西扯，想起什么说什么，让人抓不住重点，领导怎么能有耐心听他讲完。即使平时闲聊，说话的逻辑也是很重要的，在正式场合，语言必须要逻辑性，要经过组织，一就是一，二就是二，重点突出，条理分明，这样说话才受听。

或者如何培养自己说话的逻辑性呢？可以在以下几个方面多做一些训练。

1. 拓宽自己的视野

说话缺少逻辑的人，往往视野比较狭窄。听一段话，读一篇文章，经常只注意到某一句话，某一个词，并且在回应的时候也只是死抠这些细节。说话要有逻辑，你需要学会拓宽自己视野，学会联想，不要只关注眼前的事物，或是只看到大家都看到的部分。比如，读一段话，听一个故事，要清楚它的内涵与外延，不要孤立地理解。

2. 阅读，最好是慢读

阅读，要有取舍，有甄别，不是拿来一本书就读，而是要多读一些哲学、推理方面的书。相比文学作品而言，哲学著作要求你运用抽象思维，而文学作品不需要抽象思维。读这类书时，一定要慢慢读，精读，甚至时不时地回顾已读过的章节，重新整理自己的逻辑。有逻辑地阅读，可以让自己阅读的同时，整理出作者的逻辑框架。过一段时间，如果忘记了一些细节，仍然能根据作者的逻辑框架，清楚地阐述作者要表达的意思。那说明你之前的书没有白读。

3. 多练习写作

人的表达能力也是一个需要训练的过程。如果自己的表达能力有限，说话时思维也经常出现混乱，那平时可以多练习一下书面表达。书面表达可以给予你足够的时间思考，让你仔细琢磨用词和逻辑严密性。书面表达可以是有目的性地写作，比如读书笔记类的评论，也可以是对问题的分析，或者对自己生活体验和见闻的总结。

写完之后，一定要记得校对修改。这部分工作很锻炼人的逻辑思维。因为，你在改错字错句的过程中，大部分时间会用在观察、分析、完善、修改自己的逻辑上面。这样一个过程，不仅可以提升你的写作水平，还能培养自己的逻辑思维能力。

4. 参加辩论活动

与前几种方式相比，辩论属于进阶的提升方式。如果有条件，可以尝试参加一些辩论比赛。在辩论中，最能体现和锻炼一个人的逻辑思难与逻辑表达能力。一方面，赛前的准备工作就是一个梳理自己逻辑和组织语言的过程，另一方面临场的时间压力也可以提升你的反应速度和信心。除了正式辩论比赛，平时也可以利用论坛等互动平台和他人辩论，不过记得保持礼貌、尊重和理性。

没有人天生就善于有逻辑地表达。一个很少说话的人即使很有逻辑，也未必能表达得很清楚。一个经常说话的人，就算没什么逻辑，听上去也相对比较顺畅流利。所以，提升说话的逻辑性，关键在练习，在于经验的积累。

⊶ 说话要有层次，会“一二三”排开

逻辑，意味着层次。高人说话总是“一二三”排开，不是为了模仿领导做派，而是为了表达更清晰——先说主干思想，再展开论述。同时，说话严谨，有逻辑，能经得起推敲，可以自圆其说的，不会给人胡言乱语的感觉。

层次分明，条理清楚，能让对话者更快速地理解你要表达的想法，让对话的效率更高。所以说，从一个人讲话内容的层次方面，可以看出他的逻辑，同样，从他说话的逻辑性，也能判断出他的社会层次。

这里的“层次”，有以下三层意思：

第一层：指说话条理清楚，分层次。

会说话的人，一句话说清楚的，不用两句，很少讲空话、废话，而是言之有物，有始有终，有重点。因为他们有意识地运用简单化表达顺序，比如第一，第二，第三；过去，现在，未来；昨天，今天，明天；最重要，次重要，等等。再就是，他们能够掌握说话的“语言框架”，如时间关系、空间关系、因果关系、递进关系、并列关系、对比关系、总分关系。

比如，在演讲中，大家经常采用“1–3–3–3–1”模式。即在演讲的开头使用一个总起句，结尾使用一个小结句，中间分三个分论点，每个分论点由三个句子组成的演讲结构。通过这种结构组织起来的演讲，思路清晰，结构完整，比重均衡，重点突出，与商务环境下的简短陈述非常接近，可以给听众留下非常好的印象。由于总起句和小结句的句式一般都大同小异，可以通过提前的准备熟练掌握。因此，采取“1–3–3–3–1”结构时，演讲者只需对中间的分论点部分有的放矢地进行准备，更易于从整体上宏观把握演讲的布局，不致头重脚轻。

在平时，要让自己的讲话有层次，最好在开口前先打好腹稿，按一二三规律讲，第一点是，第二点是……注意不把第三点和第一点说重复。有时为了

强调可重复。

第二层：指说话有水平，上层次。

演讲水平分为三个层级，按层级来理解，来训练，来提升，来展示，便可以掌握演讲的基本规律和基本内涵。

第一个层级：基础层。掌握眼口手三个技巧，掌握演讲内容的基本框架。前三分钟尽量慢，才能稳住阵脚，压住全场。这几个技巧在前面都已经讲到过。

第二个层级：语言层。也就是展现个人的语言魅力，通俗地说，就是表达能力，这方面的技巧在前面也谈到了。

第三个层级：目标层。这个目标就是说服听众，或者感染到听众，达到预期的演讲目的。要达这个层次，需要掌握高超的语言艺术，演讲要充满激情，要善于煽情。

如果你能达到第一个层级，可以叫做演讲人，你基本上可以应付日常的一些演讲，说话基本不会跑调，如汇报工作、开会讨论题等。

如果你能达到第二层级，可以叫做演讲专业户，你的演讲会充满趣味性，会让人爱听，你基本上可以应付各种大大小小的演讲。

如果你能达到第三层级，可以叫做演讲家，你的演讲会有煽动性，会让观众产生强烈的认同和共鸣。

第三层：指社会地位高，有层次。

说话最能反应一个人的能力、水平，以及社会层次。有些人看着很端庄，形象也不赖，但是一开口，就叫人大跌眼镜。因为他说出的话与他的形象、身份、气质不符，这个时候，对方宁愿相信他的话更能代表他的个性与能力。相反，有些人其貌不扬，但说话很有水平，那别人就会高看一眼。

不同社会层次的人，想在一起愉快交流，那双方要懂得“迎合”对方。像一些专业性的讲座，讲师可以用专业术语，但面对小学生时，那就多些童趣；如果面对的是普通的听众，那就通俗一点；如果面对的是业内人士，那就专业一点。

所以说，说话逻辑体现为说话层次，说话次层反映出说话逻辑。想要让演讲出彩，必须注重说话逻辑与层次。说话没有逻辑，就谈不上层次，显不出水平。

⊶ 巧妙地进行话题转换与过渡

话题转换是从原有话题到新话题的一种过渡，是口语表达的技巧，也是说话的艺术，它不同于交谈中的“乱打岔”，而是一种积极能动的言语行为。

话题的转换有一定的技巧和方法，适时而巧妙地转换话题，可以促使交谈连续进行，增强谈话效果，增进友谊和情感。恰当的话题转换是交谈双方共同期盼的心灵效果，也是言语表达的精神追求。

在谈话或演讲过程中，有时需要根据情况临场发挥，这时需要转换话题。因为话题转换带有即时性特征，是瞬间产生的一种思维反应。所以，为了避免太唐突，转换话题一定要巧妙、自然。

一般有这么几种话题转换方式：

1. 自然转换话题

用叹词、语气词、象声词等转换话题。这是最为简单直接的转换话题的方式。如：

李先生：“天哪，那个路口又堵车了！”

张先生：“唉，我下班回家必须经过那，今天真是倒霉！”

运用感叹词，交谈者将话题自然过渡到今天的堵车这件事。这种转换技巧的优点是直触主题，较为简洁。它的不足是较为单调，显得缺少铺垫，突兀而呆板。

2. 承上启下转换话题

这种技巧也叫“话赶话”，一般用于两个话题之间，或用于上下两个话题互相衔接。如：

“刚才你说了商场的处理意见，那么顾客是什么态度呢？”由关注商场的意见转为关注顾客的态度。

“你总是说我这不对那不对的，你有啥能耐让大家伙儿见识见识”，话题由“我的缺点”转为“你的能耐”。

这种转换方法衔接紧凑，适用于不太复杂的两个或几个话题之间，显得转换自然，同时也具有直触主题、简洁明了的特点。它的不足之处在于，对于一些人物较多、身份又较为复杂的话题就不太适用了。

3. 举例法转换话题

这是一种较为有效而常用的话题转换方式，充满生活的趣味儿，它往往是以自己或是身边人的事例，以及对方较为熟悉的事情作为话题转换的契机。如：

A：“哎，哥们儿，我想换一部手机，你能介绍个好牌子吗？”

B：“你现在的这个手机买了不是没多久么？”

A：“现在物价涨得这么快，存钱也不值，还不如买点儿喜欢的东西呢。”

B：“你说的也是，物价真是一日三涨啊！”

话题自然由“手机牌子”转入“物价飞涨”。这种方式显得自然随意，不足之处是有时候容易跑题。

4. 回顾往事转换话题

用对方比较熟悉的过去的人或事来转换话题，容易让人产生亲近感，缩短双方的心理或情感距离。如：

“十几年前，我们真是太穷了……”

“记得我们小时候……”

“想当年……”

这是有一定阅历的中老年人常用的一种话题转换方式，轻松自然，但是就像长跑中的助跑，转换时间长，进入新话题的速度比较慢。

5. 礼貌回避转换话题

有些话题让人不快或让人尴尬，可以利用对方话语中的某些信息礼貌避让，从而引出新的话题。每个人在谈话时都喜欢以自己为中心，说自己快乐的事，因此如果想避开某个不愿继续的话题，就有意识地以对方的开心事为话端，话题就能得以转换，而且不伤感情。

6. 借用外因转换话题

交谈总是有特定的环境因素的，眼前的景色、物品，耳畔的雷声、风声，乃至身体能感受到的气温等，都是转换话题可利用的外在要素。比如：

甲：“没想到你家书架上有这么多的线装书，看来你古文功底不浅哪！”

乙：“天气好闷，你觉得会下雨吗？”

这样转换话题虽说是故意的，但显得自然合理。要注意的是不能频频转换，以免思维过度跳跃，给交谈对象带来疲惫感，也容易让对方怀疑你谈话的真诚度。

实际上，在话题转换的过程中，以上各种方法和技巧绝不是孤立使用的，往往应该综合起来运用。当然，在话题转换与衔接的过程中，也要慎重地选取新话题，要尽量选取双方感兴趣的、新颖独特的、谈得来的话题。恰当的话题转换是交流的基础和前提，能够给双方带来心灵的默契和精神的愉悦。

第5课 “演”得到位才能“讲”得精彩

——肢体动作的表现力是彩排出来的

优秀的演讲，多以有声语言为主要手段，以体态语言为辅助手段，如果把演讲内容看为红花，那么体态语言就是绿叶。体态具有传情达意的作用，是人体内在情感的外露。在演讲中恰当运用体态语言，是演讲者必须掌握的一项基本功。

如何与听众进行眼神交流

对演讲者而言，上台穿什么衣服固然重要，但在你说话的时候，听众更多地会注视你的眼睛。优秀的演讲者，在说话的时候，眼睛是有神的，有灵气的。如果你上台后，不知讲什么，很慌乱，你再怎么故作镇静，眼神还是会出卖你。所以，演讲时的眼神很重要。

有人说，我最怕上台后被许多人盯着，浑身不自在，眼睛不知往哪里看好。有些培训课程，或是专家给出的建议是：你目空一切。言外之意，就是无视，假装看不见。这无异于掩耳盗铃，台下黑压压一片人，你非要说看不见，就是睁眼说瞎话了。这种方法没有多少用，完全是自我蒙蔽。

演讲的目的在于交流，你都不看大家了，怎么交流？换位思考，你和别人说话的时候，对方总是不看你，你会怎么想？

如果你不敢看别人的眼睛，一对视就马上转移，这都是慌乱的表现。解决这个问题其实并不难。我们还是要追本溯源，回想一下，你平时和朋友讲话的时候为什么不紧张？你可能会讲，因为是一对一的沟通啊，不是一个人面对多个人。

问题的破解之道就在这里。演讲也好，会议发言也好，演示也好，主持也好，其实和我们平时讲话并没有本质的不同，唯一的不同就在于人数的差异。

你需要做的就是，将原本面向20个人的演讲，转换成你和20个不同的朋友的一对一沟通。你的眼睛从盯着第一个人开始，当你讲完一段之后，移到第二个人身上，如此循环往复。当你面对一个人讲话的时候，可以完全忽略其他人。你也可以跳跃性地在人群中选择不同的人，仿佛就像是弹钢琴一般，这就是艺术！

所以演讲时，不管台下坐了多少人，你要做的事很简单：先随意找一个人进行眼神交流，不要闪躲，然后再找第二个……当你盯着一个人看的时候，他会下意识地不好意思，为了回应你，他会点头或者微笑，这就是肯定的回应。当你完成一场演讲，你几乎与全场的听众都实现了眼神的接触，完成了肢体语言的交流，进而与观众产生了共鸣。

“眼睛是心灵的窗户”，演讲者要学会用眼睛说话，把自己真实的感情流露在眼睛里，随时运用眼睛与听众交流感情。那在演讲中，该如何与听众进行眼神交流呢？

1. 平直向前看

即演讲者的视线平直向前流动、统摄全场。一般来说，视线的落点应放在全场中间部位，听众的脸上。在此基础上适当地变幻视线，照顾到全场听众，并用弧形的视线在全场流转，不可忘掉任何一个角落的听众。

这样，可使每个听众都感到表演者在关注自己，从而引起听众的注意。同时也有利于演讲者保持端正良好的姿态，随时注意会场的气氛和听众的情绪。

2.180 度扫视台下

即用眼睛环视听众的方法，要求演讲者的视线，从会场的左右前后迅速来回扫动，不断地观察全场，与全体听众保持眼光接触，增强双方的情感交流，将前视法与环视法结合起来，即可观察到听众的心理变化，还可检验表演效果，控制全场的情绪。

3. 专注于局部

即把视线集中到某一点或某一方面的方法，要求演讲者有重点地观察个别听众或会场的某一个角落，并与一些听众进行目光接触。这种目光接触可以传递自己的一些意思，如既可启发、引导听众，也可以批评、制止不守纪律的听众。

4. 似看非看

这种方法也叫虚视，即光散成一片，不集中在某一点上，“视”而不“见”。这种方法可减轻演讲者的心理压力，还可表示思考，把听众带入想象的境界。

总的来说，眼神交流要灵活，要在不同的时间看不同的地方，以达到一种自然、放松的效果，即使你只是装出来的自然，那也比不自然好。演讲者学会“用眼神说话”，就很容易撩拨人的心弦，让听众信服你讲的观点。

⊶ 表情活了，场面就亮了

有人曾问古希腊最伟大的演说家德摩斯梯尼：“对于一个演讲家，最重要的才能是什么？”

德摩斯梯尼回答：“表情。”

又问：“其次呢？”

“表情。”

“再其次呢？”

“还是表情。”

可见，在德摩斯梯尼眼中，表情在演讲中是多么重要。

人的面部表情，是人的思想感情在外貌上的显示，是人的思想感情最灵敏、最复杂、最准确、最微妙的“晴雨表。”面部表情丰富多彩，可以说是另一种深刻、直观的表达方式，甚至比语言、手势等更能使观点入木三分。有句话叫“只可意会不可言传”，这或许就是在说表情的力量吧！法国作家、社会活动家罗曼·罗兰说：“面部表情是多少世纪培养成功的语言，比嘴里讲得更复杂到千倍的语言。”

演讲者在台上，如何通过面部各个部位的特征变化，来丰富演讲表情，增加演讲的感染力呢？

1. 嘴唇

嘴角微微上翘，可以展现出微笑的面容，这也是演讲中运用比较多的表情，无论是上台还是退场，都需要演讲者向观众报以微笑，通过微笑还可以表达出喜悦、亲切、肯定、满意、赞扬的态度。运用到我们的演讲中，能够展现演讲者的内心情感，又能强化所要表达的观点。

2. 眼睛

"眼睛是心灵的窗户"，不同的眼神能展现出不同的演讲效果。比如，仰视：表示崇敬或傲慢。俯视：表示关心或忧伤。正视：表现庄重、诚恳。环视：表示交流或号召。点视：表示具有针对性和示意性。虚视：可以消除紧张心理。在和观众互动的时候，眼神的运用十分重要。

3. 眉毛

双眉往上扬，表示喜悦、亲切、肯定、满意、赞扬；双眉微蹙，表示疑问、忧虑、悲伤。这在表达演讲者情感的时候，能够充分发挥出功效。比如，在讲到理解亲人的演讲中，双眉紧蹙，说："我们在外面打拼，为的是什么？难道就是过年的时候，拿钱给父母吗？而他们长年累月的孤独，我们能看到吗？"这样就形神兼备，触人心弦。

优秀的演讲者在讲台上善于根据演讲内容表现出各种表情，让演讲变得生动，有感染力。当然，在所有表情中，要说哪一种最重要，一定是微笑。微笑就像润滑剂，可以迅速让演讲者的亲和力提升，从而拉近和听众的关系。

有些演讲者不善于运用自己的面部表情，不管内容如何转折变化，不管感情如何波澜起伏，始终都是一种表情，仿佛面部表情同思想感情的变化毫无关系。这不仅会给听众一种呆滞、麻木的感觉，而且不利于思想感情的表达。

所以，表情也是演讲的一部分。不管是日常交流，还是当众演讲，都不要做一个表情僵硬的人，如果不善于通过表情表现自己，那就尝试微笑吧，俗话讲：微笑的人运气都不会太差！

打手势不是瞎比划

演讲，顾名思义，不但需要讲，也需要演。试想，一个口才很棒的人，像根木棍一样笔直地站在那里，脸上没有表情，也没有一点手势动作，那这个形象看上去是不是有些别扭？手势，是演的一个部分，是最有表现力的体态语言，它可以加重语气，增加感染力。得体自然的手势动作，会让演讲更生动，更有吸引力。

如果不善于运用手势，站在那里扭扭捏捏，手不知往哪放，或是挠下这儿，抓下那儿，或是拽着衣角，不但样子很囧，而且也会让听众感到不自在。比如，有人一说话，就觉得这双手多余，感觉放在哪里都不对，干脆双手交叉抱在胸前，或是插在裤兜里算了。这也是不少人采用的一个手势动作。其实，这个动作看上去很不雅，而且表现出来的防卫意识很强，缺少坦诚。当你将自己的正面打开，不再防卫，大家感受到的是信任，信任你，才会潜意识地消除防卫，接纳你的观点。

也许你会觉得，双手不停地比划，看上去会很傻。实际上，最傻的就是你很舒服地将双手抱于胸前，或一直插在裤兜里。不信，你自己观察他人演讲时的姿态，感受一下。

也许有人会说，放在这儿也不是，那在那儿也不是，收起来也不是，那怎么运用手势才得体、自然、大方？可以记住一个原则：对你而言，舒服的姿势，对观众而言，正好相反。当然，你也不能因此放心手舞足蹈，胡乱比划。

在演讲过程中，作为一种体态语言，手势动作要流畅、大方，具体来说，就要是符合下面几个动作规范。

（1）加重语气时：可四指并拢，拇指自然分开，掌心向左，手腕伸直，使手与小臂成一直线，肘关节自然弯曲，大小臂的弯曲成 45º 左右。

（2）抒发感情时：可单手应用也可双手应用。四指并拢，拇指自然分开，掌心向外（或向内），手腕向上，使手与小臂成 140º，肘关节自然弯曲，大小臂的弯曲成 140º 为宜。由身体中心向两侧打开；朝一方向指去，可采用直臂式。四指并拢，拇指自然分开，掌心向左，手腕伸直，使手与小臂成一直线，屈肘从身前抬起，向应指向的方向摆去，摆到肩的高度时停止，肘关节自然伸直。眼睛也应朝指向的方向看去。

（3）表达决心时：可以紧握拳，有力度地将五指握紧，大小臂自然弯曲成 45º。

（4）自然下垂时：掌心朝向身体，中指对准裤缝，但不要紧贴在大腿上，略离开一公分左右即可。

这是几种常见的较正式的手势语。在使用的过程中，首先要考虑当时的情境。在许多正式演讲场合，尤其是比较大的场合，使用更大胆、更大幅度的、更戏剧性的手势比较合适，而非正式情境下，面对小范围内的听众，手势动作可以小一点，稍随意一点。

其次，手势要与你的演讲相协调。手势应当适时地与你的语言信息相配合，当你有三条观点要讲，你列举的动作应当在你说到“三”的时候同时做出。如果你说完三点后又停顿了一两秒才竖起三根手指，那就成笑话了。

再次，切忌滥用手势。手势不应该太引人注目，你的听众关注的并不是你的手势是否美观或合适，而是你的信息。你的目的是向听众传递信息，而不是让你的表演得到比信息更多的关注。

另外，要掌握一个小技巧：如果有讲台的话，人站在讲台后，可以将双手自然地放在讲台上。如果没有讲台，可以双手持话筒，在演讲过程中两只手可以自然轮换持握。如果没有话筒，也可以自己在手里拿上一支笔。这支笔要双手拿，平时呈自然下垂状态，双手微微靠拢。如果不喜欢拿东西，双手也可以自然下垂，偶尔十指相交放于胸前到小腹之间的位置即可。讲话的过程中还可以自然地慢慢踱步，这也能给人很轻松的印象。

总之，记住一条重要的原则：使用那些最有效的适合你的手势，不要试图让自己成为另外一个人。耶西·杰克逊的风格或许会对你有用，但你毕竟不是耶西·杰克逊。你的手势应与你的性格相配，或许不做任何手势——只是轻松地将手放在两边——要比做笨拙、令人分心的手势或模仿别人的手势好得多。

走出一道舞台风景

走姿是一种动态美。每个人都是一个流动的造型体，优雅、稳健、敏捷的走姿，会给人以美的感受，产生感染力，反映出积极向上的精神状态。

在演讲舞台上，走姿可以反应一个人心理与修养。为什么这么说呢？结合生活常识，我们基本都能做出这样的判断：一个人走路火急火燎，肯定是心事重重，给人的印象是做事毛躁，急性子；一个人走路晃晃悠悠，那些人多半是慢性子，直观的印象是做事邋遢；一个人走路左摇右摆，此人多半不拘小节……

所以，演讲者出场后，从台下走到台上，虽然还没开口说话，有经验的人就能从其走姿判断他的性格及演讲风格，甚至他的个人修养。在心理学上，这也叫首轮效应，即第一印象效应。这种印象的好坏，往往会直接左右着人们对他的演讲的评价。

一个人的走姿是长时间形成的，短时间内很难改变。如果发现自己的走姿不雅，那在登上演讲舞台后，要有意识地去矫正、调整，使走姿看上去自然、大方。具体来说，在演讲的过程中行走，要做到以下几点：

（1）行走时应上身挺直，并且始终目视自己的正前方。

（2）走路时应将注意力集中于后脚，并且使脚跟首先触地。女性穿高跟鞋的应全脚掌落地。

（3）步行时应保持相对稳定的节奏，不论是步幅、步速还是双臂摆动的幅度，均须注意此点。

（4）前进时应当保持一定的方向。从理论讲，男女行走的最佳轨迹应是平行线，女性的平行线应紧挨在一起。

在讲台上行走，不但步态要优美，而且还应注意自己的仪态与风度，稳健、自如、轻盈、敏捷是仪态优雅、风度不凡的体现。仪态优雅的基本要领是：头要正，不要偏向一方；两肩打开，自然放松；挺胸收腹，忌挺着肚子。

除了出场时，要注意自己的步态与仪态，在演讲过程中，要因话题适时走动。如，讲到一个重要的话题，可以往前走两步，离观众近一点，问大家一些问题。在演讲过程中，不要漫无目的、持续不断地走动，那样会分散听众的注意力。有些演讲者因为紧张，身体会摇来摇去，这会让观众产生眩晕的感觉。有些演讲者，长时间站在那里，一步也不挪，身体显得僵硬，不自然。

在讲台上走动为的是更好地传递信息。姿势和移动可以促进交流，并表现出你的自信和你对整个演讲的把控能力。台上一分钟，台下十年功。在平时的生活中，要注意养成良好行走习惯，克服一些不雅的仪态，如上看下看左顾右盼；东跑西颠方向叵测；驼背弯腰缩脖摆胯；连蹦带跳手舞足蹈；摇摇晃晃东倒西歪；走路带响，等等。平时坚持不懈的努力，才能使演讲更加成功，这也表现了一个演讲者自身的修养水平。

⊶ 站都不会，你就糗了

古人说“站如松，坐如钟，行如风。”在演讲过程中，最常用、最重要的姿势就是站姿。站立的姿势挺拔向上，则给人积极乐观的感觉；耷拉着脑袋，则会给人们萎靡颓废的印象。可见，站势会影响听众对演讲者的评价。

著名演讲家曲啸曾在介绍演讲经验时说：“演讲者的体态、风貌、举止、表情都应给听众以协调的平衡的至美的感受，要想从语言、气质、神态、感情、意志、气魄等方面充分体现出演讲者的特点，只有在站立的情况下才有可能。”

那在演讲舞台上，演讲者该表现自己呢？

1. 与听众保持适当距离

什么是适当的距离？适当的距离要符合三个条件：一每位听众都能看到你；二便于观看自己的笔记；三便于自己控制教学设备。如果有麦克风，还要便于使用麦克风。演讲者不要一直躲在讲台后不出来，如果条件允许，最好到讲台前面让听众看到自己的全身，这样可以拉近彼此的距离。

2. 要站直，挺胸收腹

很多人一上台就站得歪歪斜斜的，给人的感觉无精打采。站直后，要注意不要左右或前后摇晃。也有些人一紧张就会左右不停地换脚，或频繁地来回踱步，还有些人喜欢抖脚，这些不良的站姿，在演讲中都应有意识地去克服。

3. 改掉不雅的小动作

很多人站在台上演讲时，总有些不自觉的小动作，比如抖腿、挠头、撩头发、揪衣角、单手或双手插兜儿、目光游移等，这些不雅的举止会大煞风景。这些行为的产生通常是不自觉的，是演讲者无意识的行为。

4. 拿稿的姿势一定要优雅

如果必须要借助演讲稿，拿稿子的姿势要端正、优雅。

（1）稿纸尽量折得小一点，一般情况下是左手拿稿，右手拿话筒。

（2）看稿时切忌手抬得过高，挡住自己的脸。

（3）看稿时不要离眼睛太近（如果近视就配戴眼镜）。

（4）看稿时，尽量不要把稿子放在身体正前方，侧一点身子看。

（5）看稿的时间不要过长，尽量做到一目十行。看稿时间过长，会给人一种在“读”的感觉，影响情感的发挥。

在演讲舞台上，站姿是静力造型，显现的是静态美。规范的站姿要求是头正，两眼平视前方，嘴微闭，收颌梗颈，表情自然稍带微笑。两肩平正，放松并稍向后下沉。两臂自然下垂，中指对准裤缝。挺胸收腹腰正，臀部向内向上收紧。两腿立直贴紧，两脚跟靠拢，脚尖向外夹角60度。

良好的站姿从侧面看，应是后脑勺、肩、臀部、后脚跟尽可能在同一条直线，但由于生活中大部分人没有经过形体训练，因此会出现颈部前伸、驼背、胸部不挺括、塌腰挺肚、耸肩等形体毛病，通过训练才能从脊柱上给予调整，并消除这些问题。那如何训练呢？

训练方法一：拉脖子。想象头顶有根绳子向上提并将颈椎拉直，同时注意做到不抬下巴，也不压出双下巴，两肩打开下沉，同时收腹，尽量使颈椎、胸椎、腰椎、尾椎在感觉上成一直线，膝关节用劲站稳，自然呼吸，有空即可练习。

训练方法二：靠墙站。背靠墙，尽量让身体的头部、肩、臀、脚后跟等部位贴向墙，每次站十分钟，可早晚练习。

训练方法三：沉肩练习。两腿分开，两手自然放在身体的两侧，感觉肩上有石头压着，尽量往下沉，两手尽量向下伸去摸膝关节，随时可练习。

训练方法四：半脚尖站。两手轻轻扶着椅子背或窗台，双腿并拢，提收臀部，用力收腹，但不能憋气，自然呼吸。两肩尽量打开，脖子拉长，眼睛盯着一个点尽量不动。

当然，在正式演讲前，演讲者也可以将自己的预演录下来，然后再从观众的角度审视。这时，你能准确地发现自己哪些地方做得不到位，哪些地方有待改进。

第6课　让你的声音更富有吸引力

——充满激情的嗓音是训练出来的

在演讲中，表达能力不只是说的能力，也是听的能力，看的能力，背的能力，想的能力，编的能力。所以，如果仅从交际功能看，语言只是一种沟通工具，如果从语言和“说话人”的关系来看，语言是个“多媒体”——既可作为工具，同时也是心智能力的一种反映。

有“语”没“气”，别说你会说话

作品的感情色彩表现在辞章文采上，演讲者的思想感情则表现在声音气息上，即语气上。

语气是说话人的口气和态度。“语”是指通过声音表现出来的语句；“气”是指朗读、演讲时支撑有声语言的气息状态。语气，既包含有内在的感情色彩，又有外在的高低、强弱、快慢、虚实的声音形式。

演讲中，语气的强弱、清浊、长短、深浅、宽窄、粗细的变化，可以产生不同的发声效果。比如：沉郁迟滞的语气，可以表达演讲者悲伤的感情；轻快跳荡的语气，可以表达演讲者欢悦的感情；如果想要表达急迫的感情，演讲者可以使用一些短促快速的语气；如果想要表达冷漠的感情，可以使用一些平缓低沉的语气等。

优秀的演讲者非常注重语气的运用，在实际演讲中，他们把握语气的技巧主要体现在两个方面：

一是注重语气的轻重之分。在演讲时，说到重要的字时声音就提高些，不重要的便放低些。例如：“她今天非常沮丧。”这句话中，“她”和“沮丧”

两字是关键词，读时音调自然就要提高。

重音在演讲中占有主要的地位，可以突出强调某个词或词组，满足表情达意的需要。重音的处理方式在于咬字的音量和力度，一般来讲，要读得比其他词重一些。但是，适当的时候，读得比其他词轻，也能起到突出的作用。在演讲中，重音的不同可以表达不同的意思。实践中，演讲者根据自己演讲的目的、理解、心境、感情等因素，为表达需要，确定重音的位置，并对所强调的字词做出某种声音上的变化。

二是注重声调的起伏变化。优秀的演讲者在平时练习时，随意读任何单字或短句时，会特别提高或是放低某些词语、句子的音调。这样，可以产生一种更具感染力的演讲效果。比如下面这段话："所有坚韧不拔的努力迟早会取得报酬的。一个人就好像是一个分数，他的实际才能好比分子，而他对自己的评价好比分母，分母愈大则分数的值就愈小！才能一旦被懒惰支配，它就一无可为。"其中"坚韧不拔""懒惰"等词就可以提升声调。

很多人演讲时，往往不注意语气的运用，语气很少变化语气，几乎形成了某种语气定势：活泼者总是气满声高，粗犷者总是气粗声重，急躁者总是气短声促。大多数的男性是气满声高，女性则是气徐声柔，很少有人懂得在不同的语境下选择不同的语气。那么如何来驾驭演讲的语气呢？

1. 在不同的场合使用不同的语气

使用不同的语气时，要注意说话的场合。通常来说，场面大的时候，为了突出重点，要适当提高声音，放慢语流速度，把握语势上扬的幅度。相反，场面小的时候，要适当降低声音，适当紧凑词语，把握语势的下降趋向，追求自然。

场景对演讲者来说非常重要，有时在一个小会议室，二三十人，有时在大会场，几百人，在几十人和几百人的场合，演讲的语气是不一样的。在那种小的场合，你搞得激情澎湃，就给人一种做作的感觉，有点过了。在大的会场，那你就得充满激情，像开小会一样就没一点感染力。有的时候我们聚会或团体旅行，也会在户外，有时是风景区，有时在草地上，在大自然的怀抱，演讲的氛围又不一样。所以说，演讲一定要结合当时的场景设计内容和风格！

2. 对不同的人使用不同的语气

驾驭语气时，最重要的一条就是语气因人而异。不同的语气，能够对听众的情绪和精神造成影响。语气，只有适应于听众，才能发挥出连锁反应，喜悦的语气引发对方的喜悦之情，愤怒的语气引发对方的愤怒之意。如果语气不适应听众，则会出现逆向反应，比如：生硬的语气会让对方变得不高兴，埋怨的语气会让对方变得满腹牢骚。

3. 不同的演讲者，使用不同的语气

每个人的性格不同，演讲风格与语气也有差别。如，傲慢的人，语气也往往会透出几份傲慢，这会让人很反感，人们更喜欢语气谦卑的人。同样的话，用不同的语气说出来，会出现不一样的结果，所以，在说话的时候，要注意自己的语气，不要给人留下不良的印象。当然，演讲时使用怎样的语气，既要考虑自己的性格，也要考虑演讲主题等因素。

4. 不同的时间，使用不同的语气

同样的一句话，在不同的时间说，效果往往会大不相同。如果演讲者能够抓住时机，恰到好处地运用适当的语气，就能够产生正确的效果，就能为自己的演讲增色。如某个热点事件正在发酵，你在发表自己的观点时可以使用稍重一点的语气，如果一件事情过去很久了，你再提这件事时，就不必太过渲染，语气不要太夸张了。

可见，演讲中语气的运用很有讲究，在不同的场合，对不同的听众，演讲不同的主题等，演讲者要表现出不同的语气，这既是一种技巧，也是一种演讲艺术。

别张嘴就来，先把字咬清楚再说

字是给别人看的，话是给别人听的，清楚明白是第一要务。如果一个演讲者连字都吐不清，话都说不利索，那演讲效果肯定好不到哪里去。你演讲得好不好，首先得让大家听懂，你自己知道在讲什么，但大家听不明白你讲什么，或者听得很费劲，那怎么理解你的意思？

吐字清晰是“表达清楚”的基础。虽然我们不可能人人都有一副“金嗓子”，也不可能都像播音员主持人一样字正腔圆，但是有一点我们是可以做到的，那就是一个字一个字地把话讲清楚。话说清楚了，客观上就可以部分抵消因为音质不好、普通话不标准等瑕疵对演讲产生的不利影响。

苏联艺术语言大师符·阿克肖诺夫说："吐字不好，不清楚，就像是键子坏了的破钢琴似的，简直叫人讨厌。"所以，我们应该注意克服发音吐字方面的不良习惯。

1. 发准每一个字读音

在口语交际中，只有发准每一个字、词的读音，交际活动才能正常进行下去，否则就会造成歧义和误解。例如：有位青年农民进城办事，需要住旅馆。他问路人："同志，旅（雷）馆有没有？"路人一听，立即射出警惕的目光，厉声问道："雷管是国家禁止私人买卖的爆炸品，你要它干什么？"经过再三解释，方知是青年农民发音不准，将"旅馆"说成"雷管"，像这样的情况在生活中时有发生。一般情况下，当面说话，有手势、表情等辅助手段，听者还能估摸出点意思来，可是，站在演讲台上，如果发音不准，吐字不清，就很容易产生误差，影响表达效果。

2. 适当放开音量

《红楼梦》中有个小故事，挺有意思的。

有一次，凤姐偶然差遣宝玉的丫鬟小红替她去办事，小红办完事回来复命，凤姐一听这个小红说话干脆利索，小葱拌豆腐一清二白。她非常高兴，说这个丫鬟说话对我脾气，这么着吧，你以后就跟着我吧。小红在宝玉身边，只是一个负责打扫卫生的粗使丫鬟，到了凤姐这边，摇身一变成了深得器重的贴身丫鬟，地位扶摇直上。小红是凭借什么脱颖而出的呢？就是凭她说话清楚明白，让人听着舒服。

为什么凤姐爱听小红说话？因为她的声音响亮清脆，而其他丫鬟说话多半声音太小，就连凤姐的贴身大丫鬟平儿也有这个毛病，为此凤姐还"训"平儿说："难道只有装蚊子哼哼才算美人吗？"说话声音小，不仅别人很难听清楚，而且也显得说话者没有自信，这也是演讲中最要不得的。有时候，即使你的普通话很标准，但因为声音低，大家听得费劲，也会认为你吐字不清。所以，演讲的时候要适当放开音量，不要像蚊子叫一样。

3. 要杜绝"吃"字

什么是"吃字"？简单讲，"吃字"就是在演讲的过程中，个别字发音不完全，还未出口就一带而过，形成了一种似有似无的发音。比如，大家见了面经常会问"最近忙什么呢"，有时"什么"两个字的发音很低，很快，对方听了就变成"最近忙呢"。诸如此类的"吃字"现象还有很多。有人认为在演讲中"吃字"无所谓，甚至还把"吃字"作为一种讲话时尚而效仿，这是不对的。"吃字"是一种非常不好的语言习惯，会给人留下说话随意、含混、不稳重的印象。和不自信一样，不稳重同样是演讲的大忌。特别是演讲者如果频繁地"吃字"，势必会影响听众对演讲内容的理解和把握。

做到正确发音吐字的方法有很多。一是学习一点语言学的常识，二是养成勤查字典、随时纠正错误读音的良好习惯，三是通过看电视、电影，听广播等有意识矫正自己在发音吐字方面的毛病。

停顿不是"嗯""啊""哎"

我们经常听到一些人讲话的时候，总是"啊""嗯""这个"……没说半句话，就会带出一个"嗯"或"啊"，听得让人着急，但你还急不得，因为人家不急。

为什么不急？因为他想急也急不起来，他不知道下一句该怎么讲，只会边说边临时拼接，但嘴不能停顿时间太长，否则会哑场。所以，就边说边想边"嗯""啊"。如果是私下交流倒没什么，若是站在演讲台上，这种说话毛病很影响说服力。

即使是语言天才，说话的时候，嘴也不可能与脑袋始终同步，停顿是必要的。在演讲中，停顿也是一种演讲技巧，但是怎么停顿，是有方法与技巧的，你用"嗯""啊"来当停顿符号肯定是不妥的。马克·吐温有一句经典名言：世界上最有效的词句是停顿。怎么理解这句话呢？

简单来说，就是该停的时候不要讲，该讲的时候不要停，讲话过程中，恰当地停顿，可以增加说话的效果。该停的时候，你像打机关枪，这其实恰恰是不自信的表现，即试图通过快速的表达来掩饰自己的慌乱。再者，观众也需要时间来消化听到的内容，如果一直不停歇的讲话，观众跟不上节奏，很快就会分散注意力。所以，停顿既是换气时的生理需要，也是一种标点符号，还是演讲者情感表达的工具。适当停顿可以使整个演讲变得更加平稳，而且控制演讲的进度和节奏。

那在演讲中如何正确运用停顿技巧呢？

1. 语法停顿

一般句号、问号、感叹号停顿的时间稍长；逗号、顿号停顿的时间短。句与句之间的停顿长些，段与段之间的停顿更长。成分复杂的长句，通常在主语之后略作停顿。例如：“难道他们，不想将母亲，从敌人手里救出来，把母亲也装扮起来，成为世界上一个最出色、最美丽、最令人尊敬的母亲吗？”只有一个修饰词的句子，一般可以不停顿。修饰词多的，离中心词远的可做停顿，连着中心词的地方可以不停顿。

2. 逻辑停顿

为显示语义，突出停顿前后词语，而不受标点约束的停顿。例如：“我们不怕死，我们有牺牲精神！我们随时像李先生一样，前脚跨出大门，后脚就不准备再跨进大门！”前两句是原因，后一句是结果，在表达这种因果关系时，就需要一个较大的停顿，才能凸显语言的强度。

3. 感情停顿

这是依据演讲者的心理和情绪所做的一种特别的停顿。它是为了渲染某种思想情绪，有意识地、突然地做停顿处理。例如：秋风里，你们举起了挥别的右手，凤凰花下，请允许我们再道一声：“辛苦了，实习老师，祝你们一路顺风！”演讲者在“再道一声”之后停顿一下，最后的问候语和祝愿语就被强调出来了。这样表达，把演讲的情感推向了高潮。

4. 回味停顿

在句尾或段末所做的特意停顿，称为回味停顿，目的在于留给听众一个思考和体会的余地。例如：“朋友，如果让你选择一个你最喜欢的词，你选择哪一个呢？您可能会选择幸福，也可能选择生活或者是爱……但是如果让我来选择，那我一定会选择责任。”在“选择”之后做一个较大的停顿，然后再说出“责任”。因为这个停顿能引起听众的重视，也增强了演讲的互动，还可以调动听众的情绪，起到了控场的作用。

总之，停顿是演讲中不可缺少的技巧和方法。尤其是初学演讲者，掌握好停顿的方法，能对整个演讲起到良好的控场效果，让你的演讲得到更多听众的赞赏。

演讲好声音，众耳不难调

有人认为，演讲只要内容足够实用，其他则是次要的。此话不完全正确，演讲内容固然重要，但内容是通过声音直接表现出来的，声音直接影响听众的体验。好的内容再加上好的声音表现，可以增强演讲的效果，这就好像你文章写得很好，同时字也写得非常漂亮一样。

人们一般都认为声音质量的好坏是天生的，没法改变。其实这种观点是不对的，发音的器官的确无法改变，但发音方法是可以改变的，我们应通过后天勤奋的苦练改善自己的发声方法，让声音漂亮起来。当然要改善声音不是一朝一夕的事，需要长时间磨炼。下面谈一谈在演讲中要注意的一些发声技巧。

1. 声音要积极，句尾常扬

声音不积极，给人感觉萎靡不振。声音不积极的主要表现，就是每一个句子的句尾语调呈下降趋势，给人感觉说话没有底气，话说的头重脚轻。声音要积极，必须“句尾常扬”，也就是说，句子不要落下来，而是扬上去，有一种被提起来的感觉。

2. 声音要震撼，充满能量

有震撼力的嗓音，音色更强，声音更有力，充满了能量和活力。如果你说话时有力量，有自信，听起来熟知自己所讲的话题，认为自己所阐述的观点非常重要，那么听众也会相信你所说的话并接受你的观点。所以，要想出色地演讲，最重要的因素是要充满能量。一直以来，人们都是说演讲是“激情的对话”，会在更高的层面，跨度更大的距离，向更多的人显现出演讲者的能量。

3. 声音要响亮，底气十足

声音不响亮，有两方面的原因：一是底气不足造成声音不响亮。提升底气的最好办法，就是加强小腹、横膈膜的力量，可以向远处连续、均匀、坚实地发“heiheihei”；另一方面口腔开得过小，或唇舌无力，为此可以练练“咬苹果”，将握拳的手想象成苹果放在嘴巴前面，尽量张开嘴欲吞下苹果，反复练习张嘴的动作，这对提高声音的响度、清晰度、流畅度效果相当明显。

4. 声音要悦耳，吸引听众

声音太单调、沉闷，会给人一种老气横秋的感觉。如果在演讲过程中，句子在升降、轻重、快慢、停连等方面长时间没有变化，就很难抓住听众的心。声音的艺术美就体现在变化上，声音应如高山流水，有汹涌澎湃，也有风平浪静；有波澜起伏，也有停停连连，当然这种变化不是想怎么变就怎么变，必须根据内容而定。

除此之外，声音还要有穿透力。不论有多少听众，演讲时都要做到：让声音能传达到离演讲台最远的那一排听众。这样，你就会吸引场上每个人的全部注意力。再就是，演讲时，说话不仅仅靠喉咙，力量不能只集中在嗓子一处，而应让身体的各个部位、器官都积极参入到其中，全身心地说好话。

语速要有变化，不要通篇一个味

我们都知道，演讲讲究的是一种阴阳顿挫，然而这种阴阳顿挫都是靠演讲者的语气和语速来调节的。演讲本来就不同于一般交谈，也不是朗读，它既有讲，又有“演”。当然，讲是主要的，是第一位的。要想让演讲的内容得到生动有力的表达，更吸引听众，在演讲时必须注意调整语速，以增语言的美感与演讲的节奏感。

在演讲中，演讲的速度不能太快，一则听众难听懂，二则也使人产生怀疑，认为演讲者怯场，但也不能太慢，考验听众的耐性。那如何控制说话的速度呢？着重需要注意三点。

1. 切忌“平稳推进，不紧不慢”

有的演讲者在演讲时，本来一篇好好的稿子，可是演讲过程中，通篇一个“味”，说话的速度，就是不紧不慢，听起来不是在演讲，倒像是在读文章。但有人反驳说，不对呀，我注意了语气的。诚然，注意语气没错。但注重语气的同时，语速还要随之变化，该快的则快，该慢的则慢，声情并茂，方能打动人心。如果平淡无味，平铺的语速，如同平静的湖水一样，能够唤起听众的共鸣吗？当然不能，所以，在理解演讲稿内容的基础，注意哪里的语速快，哪里慢，心中有数，方能从容面对，演讲生动有趣。如，你先漫不经心地说：“3000万元。”然后放慢，表情有些惊讶地说：“3——万——元”。那么别人听了之后，是不是一种3万元的数目比3000万元还大的感觉？可见，有时改变讲话的速度，能造成一种声势，使你的意见的某一点会显得特别突出。

2. 切忌“该快不快，故作镇定”

演讲者对语速把握不好，故作镇定，一个语速讲下去，没有特色。比如，讲述一个人面对的困难，演讲稿里运用了一连串的排比句，这个时候，在演讲的时候，就要把语速还加快，突出一个人面对困难的巨大，还有，比如表现一个人复杂的心情情况，像着急、焦虑、惶恐等心理活动时，演讲时语速就要加快，配以相应的语气，这样方能表现当事人的心理状况，也会引起听众的共鸣。打动人心的演讲，给成功的演讲加分增色。

3. 切忌“该慢不慢，言不由衷”

你想想，一个人在绝望时，在思念亲人的时候，心里的诉说就要慢。碰到类似这种情感表达时，演讲的语速要明显降下来，使演讲如消消细流，让情感的表达自然而真切，这样会给让听众感同身受，从而达到演讲的效果。比如，演讲一个有关军人奉献的主题，在说到一个前线的战士写给妻儿的一封信时，需要的是慢慢诉说，如同在轻耳细语，符合军人为国防事业献身的精神，也展现军人爱国爱家的风格。

就整体而言，语速不可过快，也不可过慢。过快，像打机关枪似的，只管自己噼噼啪啪讲得痛快，不管听众是否能听清，这样的讲话效果不好。听众捕捉词语都来不及，哪里还有思考的余地？听一阵子，他们就反感了，倦怠了。过慢，像老奶奶讲故事似的，词和词之间、句和句之间，拉得格外长，使听众等得不耐烦，听一会儿他们也会无精打采了，或者就干脆不听了。所以，整体来说，语速要适中，以听得清为原则。

好多人演讲都忽略了语速问题，一次演讲下来，始终保持一个语速，演讲的效果肯定不会好。演讲时，语速要根据内容及思想情感表达的需要，做出恰当的调整。当快则快，当慢则慢，有所变化，这样才能体现演讲语言的艺术。

⊶ 口头禅是“病”，得“治”

很多人在公开演讲中都会不由自主的会加上一些口头禅，有些属于语气词“嗯”“啊”，有些属于个人表达习惯“这个”“那个”。这些词语在讲话中并不能表达任何有意义的内容。如果偶尔使用，无伤大雅，一旦变成了无意识的“口头语”，在演讲过程中频繁出现，就会极大地损害自己的形象，甚至会让听众产生厌烦的情绪。

刘军是一家上市公司的老总，随着公司业务的发展，他的“出镜率”越来越高。为了提升演讲水平，他经常看自己的演讲视频，这才发现，自己的“原生态”问题不少，其中最明显的就是“我的意思是”，“是不是啊”，他细心数了一下，一场10分钟的演讲，就出现了30多次“我的意思是”。自己看得都累，但是演讲的时候，自己却完全感觉不到。

当然，口头禅并非老总们的专利。每个人或多或少都有说口头禅的毛病。比如，有人平时讲话还可以，一上台，口头禅就多起来了，有个新员工是这样介绍自己的：“我，那个，以前在一家机械厂上班，那个，我，嗯，负责技术。我的工作是，那个，技术研发，嗯，对……”虽然你是技术能手，这样讲话，就显得没见过世面，也削弱了你说话的可信度。

有人可能觉得，口头禅不是什么大问题，对于演讲的整体表达效果影响不大。但经验告诉我们，一个人的演讲中频繁出现口头禅，很多时候是因为紧张和不自信。你都没有自信，凭什么让人认真听你讲？对多数听众来说，他们都不愿意认真聆听、接受一个不自信的人讲的观点。所以，口头禅事小，听众的注意力事大。想要追求更好的表现力，必须要改掉口头禅的这类“小毛病”。如何改正自己演讲中的“口头禅”？

我们知道，演讲中出现“口头禅”是因为习惯，以及紧张与不自信造成的，那我们可以对症下药，来改掉一些口头禅。

首先，认识自己的口头禅。

如果口头禅比较严重的，不太好改的，可以把自己常说的口头禅用手机录下来。再反复放给自己听，切身感受一下，看看自己对这些啰唆的重复的表述方式的接受程度有多大。如果自己都听不下去，那又怎么指望别人会认真听呢？

其次，要有意识地克服。

其实口头禅就是个习惯，作为一个成年人，是要有自制力的。改掉口头禅是一件很容易的事情，如在说话时可以放慢速度，或者把想要说的话先在心中过一遍，这就会有意识地避免一些口头禅。只要自己真正的重视起这件事情，有意地去克服，是很容易改掉的。

再次，多用普通话来交流。

尤其平时与人交流时，尽量多讲普通话。因为很多口头禅用方言说会比较顺口，而普通话多使用书面语，不太容易产生口头禅，而且一些脏话也不好用普通话说出口，这样讲口头禅的习惯就会慢慢改掉。用普通话交流，还可以把普通话练习得更标准。

另外，多让身边人提醒、监督自己。

可以让父母或者身边比较亲密的朋友时刻提醒自己。在你不经意时说出了口头禅时，就让家人严厉的批评你，不管什么场合都要批评，哪怕是在很多人在场的时候，也一样要批评，越是重要场合，你越觉得难堪，也就越记得牢，越容易改掉口头禅这个不好的习惯。

你可以从中选一个最适合自己的方法，来改掉这个习惯。不管是用哪一种方式来改掉这个习惯，都需要坚持。

第7课 演讲就是“卖”故事

——感动人心的故事是客串出来的

想让别人信任你，首先要让他们知道你是谁，你的故事。讲好故事，才能抓住演讲的魂——故事可以串联点、线、面、体，只有点、线、面、体都有了，演讲展示的才是一个丰富的世界；故事可以渲染主题，可以隐射观点，可以引发共鸣，当把故事放在一个特定的氛围中去讲，更能增加演讲的高度、厚度、深度和力度。

什么样的故事算好故事

几乎没有一个人会对虚伪的言辞感兴趣，包括演讲者本人。在准备演讲时，绝不可过分注重技巧、修辞，尤其不要堆砌漂亮的语句，或拼凑华而不实的内容。许多时候，听众真正关心的是，你讲的故事是否足够精彩，足够吸引人。

有血有肉的演讲离不开故事，故事会让演讲更丰满。没有故事的演讲，容易成为枯燥的陈述，甚至毫无感染力可言。优秀的演讲者都善于在演讲中用故事去阐述自己的观点，用故事打动人，用故事提升演讲效果。

当然，有趣、有料的演讲一定有个好故事，但是有故事的演讲不一定精彩。哪什么样的故事是好故事呢？好故事至少应该具备四个特点。

1. 篇幅小

现在的人们生活节奏加快，听故事的心态和审美不一样了。同样是半个小时，过去你可以像说书一样，讲一个很长的故事，或者只讲故事的一个开始，人们也会饶有兴趣地倾听。现在很少有人会耐着性子听你“说书”。在台上演讲，讲故事不要长篇大论，最好三两分钟讲完，讲的时间长了，听众会逐渐失去耐心。比如，20分钟的演讲，你用15分钟来讲故事，即使故事很感人，很精彩，那你的演讲也是失败的。故事讲得好不好，有时不只在于情节，也在于篇幅。

2. 听得懂

小刘出国待过一段时间，英语有了一定的长进。回国后，经常参加一些朋友圈的活动，有时也会在场面上发表一些即兴演讲。他说话的最大特点，就是“中英结合”，一次，他讲起自己在国外的经历时，喜欢每句话中都掺杂一些英文单词，如：我那时觉得这个idea（主意）很nice（不错），所以我就Call（打电话）他……自己觉得这样说话很有范儿，很时尚，其实大家的意见很大：洋不洋，土不土，这也算一种语言风格么？

演讲不是说书，故事除了要简短，还要通俗易懂，在情节与语言的编排上不要一味追求新、奇、特，不要过分包装你的故事。否则，最后搞得大家都听不懂，或是理解出现偏差，那这个故事就讲烂了。这就像有些人讲话，总是爱用一些时髦的，或很显水平与档次的词语，结果说出的话不伦不类，让人觉得怪怪的。

3. 记得住

什么样的故事最容易让人记住？肯定情节是简单的。再长、再曲折的故事，其实都可以浓缩成一个小故事，即把故事的几个要素表达清楚，适当丰富一下情节，故事就很完整了。在演讲时，不要把故事往复杂、啰唆了讲，你讲得越简单，听众越容易记。比如，你讲到自己经历的一件事，不要做太多铺垫，情节也不要展开来讲，也不要牵扯太多的人物，把主要情节交代清楚就可以了，否则，听众抓不住重点，还可能觉得你说话绕。

4. 有共鸣

故事符合大多数听众的口味，讲完故事之后能够引起听众思想或情感上的共鸣，甚至在讲完故事之后，听众还能不断回味或者向其他人传播。这样的故事，就是典型的好故事。也就是说，故事好不好，不在于自己讲，而在于听众的感受。那什么样的故事最容易引起人们的共鸣呢？肯定是有杀伤力的，有杀伤力的故事主要有三种：悲伤的故事、高兴的故事、感人的故事。

所以，要想让演讲出彩，演讲者必须清楚哪些故事可以拿到台上讲，哪些故事需要改编，还要知道听众喜欢听什么样的故事。这样，讲出的故事才会不走样，才会吸引听众。

⊶ 有故事，更要会讲故事

好的故事会让演讲更饱满、更精彩，但也不是说，同样一个故事，谁来讲都能达到预期的效果。好故事还需要有技巧地讲，不注重技巧，故事也会讲成事故。

我们都有过这样的经历：和一些人交流，你觉得轻松、愉快，和另一些人交流，会显得沉闷、无趣，为什么？就是他们的说话方式不同，带给我们的感觉也不一样。比如，同样一个笑话，前一种人讲出来就很幽默，后一种人讲出来，就很可能索然无味，缺少笑点。有人站在台上，讲故事绘声绘色，下面的人眼睛瞪得滴溜圆，生怕错过任何一个细节。有些人讲故事，开头还没讲完，人们就不想往下听了。许多时候，不是故事不好，是技巧不对。

与平时给朋友讲故事不同，演讲的时候，故事要讲出水平，讲出高度，是要讲究方法的。下面着重介绍几种讲故事的技巧。

技巧一：交代清楚五要素

讲故事有五个要素，何时、何地、何人、何事、何故，把这五项内容交代清楚了，才算表达清楚：何时的表述要注意开门见山，警示性的引起听众注意；表述何地时不能拖泥带水，要及时交代；何人的表述要有名有姓，有名有姓才显得真实，也方便听众理清思路；何事的表述应注意具体化、描述细节化，这样才会突出你想表达的主题；何故的表述要有理据，符合逻辑。

技巧二：做到“三情”合一

演讲的时候，故事必须要体现三点：一要刻画人物，二要揭示主题，三要感动听众。讲故事的灵魂是“情”，唯有“情”能做到让听众泪洒当场或群情激昂。怎样才能把握好这个灵魂呢？我们在讲故事的时候要做到“三情”——情感、情景和情绪。

首先，你要对这个故事有情感。你对要讲的故事有真正的理解，理解故事内容，弄清故事主题，抓准作者心中的着眼点，然后用自己的语言和丰富的想象来诠释和表现这个故事。

其次，在讲故事的时候要透过你的文字、声音、表情和肢体动作，栩栩如生地将故事中的情景和画面感呈现在听众面前。只有当自己心有所感，讲起故事来，才可能真实生动，亲切感人，让听众仿佛身临其境。更重要的是要表达出故事中人物的喜怒哀乐、故事的酸甜苦辣，这种情绪对听众具有相当大的影响力。如果没有真情实感，就有可能产生装腔作势之感，达不到感染听众的目的。

技巧三：抓住特殊意义的细节

一个好故事，从内容层面上看，有了人和人性、悬念和逻辑，还有很重要的一项——细节。好的细节，会在听众产生倦怠的时候，将他再次带入故事。被细节牵引着的人，聆听的状态都是不一样的。央视节目主持人白岩松在谈到如何讲好一个故事时说：大家平时一听到“主旋律”这三个字就头疼，话题太大！如果把大话题转化成故事、再引入一些细节呢？接着，他举了一个例子：

二十世纪五十年代，著名的女指挥家郑小瑛，刚当母亲不久，就被送到莫斯科的柴可夫斯基音乐学院深造，一去几年没回来。终于熬到毕业，她成为全苏联第一个走上柴可夫斯基音乐厅指挥歌剧的女指挥家。演出那天，她把孩子的一张笑着的照片，夹在乐谱的最后一页。演奏开始，一章一章、一节一节地往下行进，当最后一个音符结束，在全场长达几分钟的雷鸣般的掌声里，郑小瑛一直热泪盈眶地看着乐谱最后一页，照片上的孩子也正笑着看她。

把握住了关键的细节，留给听众的印象会更深刻，更能突显主题。许多演讲之所以精彩，就是因为演讲者能抓住一些故事的某些细节，然后把它放大，从而触动听众的心灵。

以上是在演讲中讲故事的三个重要技巧。除此之外，还要注意一些语言技巧，如尽量不用模糊的概念。“可能是甲”“可能乙”“好像是 1978 年”等句子，模糊的概念可以会转移一部分的注意力，再一个显得你的故事的真实性有点下降。

再如，不要用解释性的语言，如“因为……所以……”，尽量使用描述性的语言，在描述故事的天气时，你要说“那天因为天气很热，所以我穿得很少”，就不如“那天天气太热，我只穿了个裤衩”，“因为台子有8米高，所以我站在上面发抖”，也不如“我站在8米高的台子上，双腿发抖”，这样不会使人的思维走岔路。一个表述要是这种不一致的思维方式，势必会影响到内容的表达能力。

所以，讲故事是有套路可循的，故事再好，不能拿来就讲，最好先分析故事，研究听众，然后在讲台上通过自己的演讲技巧，将故事与听众串联起来，让听众知道你要讲什么观点，要传授哪些道理，要引起大家怎样的共鸣。

怎样巧妙设置故事悬念

在演讲中，听众听演讲者讲故事，许多时候他们并不是在听故事的来龙去脉，而是关心故事背后的“故事”，这就非常考验演讲者的水平了。如果演讲者平铺直叙，很平淡地讲故事，最后说：“故事讲完了，它说明了什么呢？”然后罗列出一二三来。你觉得这样的演讲方式吸引人么？

肯定不吸引人！这种讲故事的方法没有一点技巧。优秀的演讲者，在讲故事的过程中，会有意设置一些悬念，就像编写剧本一样，有些情节不一定要按时间顺序一并交代清楚，需要埋一些伏笔。这样，听众会带着疑问、好奇心听完这个故事。

一位企业老板在《让不幸成为幸运》的演讲中，想告诉团队领导者如何做好员工内部管理工作，他是这样说的：

有一位刚从学校毕业的年轻人来到公司工作。他很有才气，但就是有些害羞，工作很难放开，总是躲着人，尤其是始终不愿意露出手臂，好像里面深藏着什么见不得人的东西，哪怕是炎热的夏天，也是如此。

一次，年轻人向部门经理汇报工作，匆匆汇报，匆匆转身。部门经理突然叫住了他，让他坐下，和蔼可亲地叫他捋起衣袖。碍于面子，年轻人慢腾腾地捋起了两个衣袖。原来，年轻人的右手臂上有一块大大的胎记。

经理明白了，他又仔细看了看，忽然惊讶地赞美：“你好福气，这是一块幸运的胎记啊！”年轻人疑惑地问：“手臂上长了这么一块难看的胎记，怎么会是幸运呢？”经理微笑着说：“你想一想啊，如果这块胎记长到你脸上了呢？”听领导这么一说，年轻人脸上的疑云立马烟消云散，会心地笑了。

从此，年轻人不再遮遮掩掩，变得开朗起来，工作做得积极主动，风生水起。那个内向害羞的年轻人就是我。我很幸运，遇到了一位好领导，是他调换角度，帮我打败害羞与自卑，让我开朗起来，把工作做出了成绩。

而你们作为团队领导者，对于那些内向害羞的年轻人，不妨学学我的那位领导的工作方法，多一些鼓励和赞美，多一些嘉许和支持。也许，你一句真心的话语就可以改变他的一生！

这位老板的叙事可谓引人入胜，因为他不断地设下悬念：年轻人为何夏日都不露出小手臂？胎记难看，为何领导说是幸运？年轻人是谁？原来是演讲者自己。这样步步悬念，步步惊心，最后真相大白，原来是步步莲花啊！

在实际演讲中，演讲者该如何为自己的故事设置悬念呢？可以参考这么几个方法。

1. 设问留悬

即通过不断的设问来吸引听众的注意力，刺激听众去思考。“那么兔子和乌龟在第二次比赛中，兔子汲取第一次失败的教训，没有在路上睡觉，但是最后还是输了。这是为什么呢？因为兔子跑错方向了。后来兔子又和乌龟进行第三次比赛，这次兔子方向也对了，中途也没有睡觉，但是最后还是输了。这又是为什么呢？因为这次比赛规则变了，谁后达到终点谁就赢。后来兔子和乌龟又举行了第四次比赛，这次兔子终于赢了，各位，你知道这次比赛中发生了什么吗？”

2. 意外留悬

即在故事中穿插一些让听众感到意外的情境，这时听众的好奇心就会表现出来，然后开始琢磨：“这是为什么呢？怎么会这样？到底发生了什么事情？接下来怎么样了呢？”

有一对夫妇在儿子满三岁时，替他拍DV作为纪念，三岁的小男孩十分开心地在镜头前跳来跳去。那对夫妇也沉浸在幸福当中，而没注意到儿子的异样，就这样，那个三岁的小男孩跳着跳着就倒下了。

一年后，这对夫妇在儿子忌辰那天，把DV拿出来看，以解思子之苦。没想到……镜头里一直在跳的儿子不是因为高兴才跳，一只凭空出现的手正抓着儿子的头发，不停地往上拉……

你在看这个故事的时候，心里都有哪些反应呢？你此刻是不是还在想一些问题呢？这就是意外留悬产生的效果。

3. 预告留悬

即对故事后面的一些重要的内容或画面提前预告并加以强调，引起听众的重视和期待。这时听众一般会想："真的如他所讲那样么？不行，我倒得看看究竟怎么回事？"

比如，有人讲这么一段话："这群户外徒步的游客正在山谷的溪水里洗脚歇气，这时突然从山谷上游传来流水声，紧接着看到有一小股浑浊的水流了过来，'来水啦，来水啦，大家快上来啊！'于是人们开始纷纷上岸，但上游的水越来越急，水位也渐渐淹没了他们歇脚的石头。最后还有五个人没有上岸，他们需要趟过没过膝盖的水才能上岸；而与此同时，上游的水越来越急，于是他们做了一个选择，这个选择最后直接决定了这五个人的命运……"

故事讲到这里的时候，你会产生哪些想法呢？是不是迫切地想知道"这五个人做了一个什么样的决定？最后他们怎么样了？其他人又是怎样了？"

在演讲中，设置悬念的方法还有很多，比如情境、台词、巧合、场面等，演讲者可以将各种元素糅合在一起，使情节更吸引人，进而牵引听众的思维，吊高他们的胃口。

如何"卖"自己的故事

演讲中最适合讲的故事是自己亲身经历的故事，而不是听来的别人的故事。如果你开启"记得有一次"模式，大家肯定会竖起耳朵听，如果你说"听朋友讲"或"网上有个段子"，那大家就没那么多期待了：就你会听说啊，我们没长耳朵，不会上网么？所以，在演讲中“卖”故事，还是自己的最值钱，捡来的，听来的，一文不值。

有人会说：我是一个没有故事的人，怎么讲自己的故事？其实，每一人都是独一无二的，在自己身上都曾发生过难忘的、感人的故事。如果有些故事不适合拿出来讲，或是一时想不到合切合主题的故事，那可以选择一个符合自己气质的，能与你的心灵产生共鸣的故事讲述，并将故事中那个最适合自己的主角换作自己。很多演讲者都是这么做的。这样做的一个好处是：在舞台上你可以把自己内心的呼声畅快淋漓地表达出来，站在第一视角生动地剖析故事，带着听众体验故事人物的内心世界。

不管是真实发生在自己身上的故事，还是被移植到自己身上的故事，要想让这些故事打动自己，打动听众，在演讲时要注意以下四点。

1. 故事有启发意义

很多演讲者讲故事前，都会先卖个小关子，即先点一下故事要阐述的道理。要做到这一点，你必须先了解要讲的故事，并清楚这个故事能为听众带来哪些有价值的启发。有时，你会觉得某件事非常有趣，当你兴致盎然地讲给别人听，却发现别人根本不感兴趣。为什么？它只是一个故事，没有启发意义，也反应不出什么道理，像这样讲故事听起来就索然无味。所以，故事可以平淡，但是一定要有很强的启发意义。

2. 故事要有画面感

故事一定要有画面感，要让听众在听故事的时候，思维和想象都沉浸在你故事的情节和画面中，听众越能产生身临其境之感，对故事的体会与领悟越深刻。那么如何才能增强故事的画面感呢？两个小技巧：第一、在空间上由大到小，由远及近，越来越具体；第二、注重故事元素的形状、色彩、变化等细节描述。比如：“在昨天下午我下班路上，看见一对老夫妇相互搀扶着对方，蹒跚地走着。夕阳的余晖从前面打过来，照得两位老人头上的银发更加闪闪发亮，在他们的背后留下来一条长长的影子。”在这个画面描述中就是利用了前面讲到的两个小技巧。你可以自己体会一下。

缺少画面感，故事显得干瘪，不生动。当然，有些演讲要求故事要简洁，这时，语句要精简。

3. 角色转换要清晰

故事里往往会有不同的人物和情节，人物和情节不同，讲故事的方式也应有所不同，包括声音、表情和动作等。所以，演讲者要将故事讲得引人入胜，就一定要根据故事中的人物及情节转换自己的角色，包括说话的表情、语气等。比如，当你的故事中有一段关于老板和员工的对话时，你就需要不断地在"老板""员工"和演讲者这三个角色中进行变换。有时要讲老板和员工的故事，有时要讲自己与老板或员工的故事。其间角色不能错位，或是张冠李戴，以免弄出笑话来。

4. 把握情节与逻辑

既然是讲故事，就要注意情节设置与逻辑顺序。如果你的故事听起来像白开水一样索然无味，或是像醉汉走路一种没有章法，那稍微有点水平的听众是不愿意听下去的。故事情节的设置要错落有致，要跌宕起伏，要有高潮点，要有转折点，最好还能抖点有趣的料出来。而逻辑方面，可以遵循最简单的原则，即按照故事发展的时间进度进行描述，一个没有逻辑连贯性的故事是缺少吸引力的。

好故事既是想出来的，更是讲出来的，要讲好自己的故事，平时可以从身边最熟悉的人"下手"，如爱人、朋友、同事等，经常把自己的故事讲给他们听，然后观察他们的反应和评价，并逐步提高自己的水平。只有平时多加练习，在台上才能把自己的故事讲好，听众才会伸长脖子冲着你叫："讲得好，再来一个吧！"

别只留问题，多分享"干货"

讲故事要有始有终，一则小故事讲完了，它说明了什么观点，体现了哪些道理等，演讲者要把它们概括、总结出来，不要让听众自己去猜、去想，或者根本就给不出一个理想的答案。

这是一个十分注重共享、分享的时代，你和听众分享完自己的故事后，也要把自己的观点分享给听众，不要只把问题留给他们。那么如何与听众共享故事，并让他们从中得到更多干货呢？

1. 引导听众去思考

讲完故事后，一定要引导听众去思考。这是很多人讲故事时都容易忽略掉的。

爱因斯坦曾对学生说："有两位工人，修理一个很老旧的烟囱，当他们从烟囱里爬出来的时候，一位很干净，另一位却满脸满身的煤灰，请问你们谁会去洗澡呢？"

一位学生说："当然是那位满脸满身煤灰的工人会去洗澡喽。"

爱因斯坦说："是吗？请你们注意，干净的工人看见另一位满脸满身的煤灰，他觉得从烟囱里爬出来真是肮脏；另一位看到对方很干净，就不这么想了。我现在再问你们，谁会去洗澡？"

有一位学生很兴奋地发现了答案："噢！我知道了！干净的工人看到肮脏的工人时，觉得他自己必定也是很脏的；但是肮脏的工人看到干净的工人时，却觉得自己并不脏啊！所以一定是那位干净的工人跑去洗澡了。"

爱因斯坦看了看其他的学生，所有的学生似乎都同意这个答案。只见爱因斯坦慢条斯理地说："这个答案错的。两个人同时从老旧的烟囱里爬出来，怎么可能一个会是干净的，另一个会是脏的呢？"

你能从这个故事中得到什么启发呢？

关于"爱因斯坦逻辑"的故事，如果只有故事而没有后面的总结说明，会让听众感觉云里雾里的，不知道演讲者究竟想表达什么意思，也很难准确理解讲这个故事的意义。

2. 与听众深入探讨

在演讲中，什么时候与听众进行互动最合适呢？一定是讲故事时间！为什么这么说？因为讲故事的同时，你可以把一些问题也抛给听众，让听众带着问题听讲。在这个过程中，你可以时不时停下来，询问他们的意见与观点，然后再往下讲。这样边互动，边讲故事，会极大地提升现场听众的听讲兴趣。如，一位讲师在给学员授课时，讲了一个故事：员工小王有能力，没有工作业绩，状态不是很好。故事讲到一半，他抛出一个问题：如果你们的员工有这样的表现，你们怎么办？接着他讲道：小王提出休假申请，公司不同意，于是小王开始考虑自己的去留问题。故事讲到这儿，他又问大家：这到底是员工的问题，还是公司的问题。他边讲故事边提问，与大家积极互动，气氛非常好。故事讲完了，他与大家一起探讨，每个人都积极参与。所以，他的演讲总是很受欢迎。

3. 给出清晰、新颖的结论

这也是最常见的分享故事的方法，即讲完一个故事，然后告诉大家：我想到了什么，得出了什么，有什么感悟。在讲台上使用这种方法时，除了结论一定要清晰，观点一定要独特。尤其是一些老生常谈的故事，或是大家都经常听到的故事，在总结的时候，一定要选取一个特别的视角，得出新颖的观点。否则，会让听众觉得：这个故事听了好多遍，还以为他能讲出点什么新东西，结果……所以，没有新观点，就不要讲老故事，讲了反而坏事。

所以说，演讲者不但要懂讲故事的艺术，而且还要吃透、悟透所讲的故事，让听众能从自己的观点中得到干货，能有所启发和借鉴，这才叫会讲故事。

第 8 课　营造现场互动氛围

——演讲的现场气氛是挑动出来的

演讲是一种沟通，沟通是一种互动。那什么是演讲的互动？就是台上人动，台下的人也动。台上的人激发台下的人动，台下的人激发台上的人动。“动”可以理解为“脑动”“行动”“心动”。只有互动才能抓人抓心，才能提起听众的兴趣，形成良好的演讲氛围。

如何通过提问增加现场互动

优秀的演讲者，即使他们讲得再精彩，再投入，也很少会唱独角戏。最常见的一个场景是，他们偶尔会向台下的听众提问。就像明星办演唱会，他一个人在台上又唱又跳的同时，总会时不时来一句“你们好吗”“要不要再来一首”“你们喜欢吗”，粉丝们听得很嗨，齐声给回答“好”“要”“喜欢”，现场氛围会变得非常热烈。

当然，明星提的都是一些“没有意义”的问题，只是为了增加与歌迷的互动。演讲者在台上，通过提问和听众互动、热络气氛的同时，也可以借机了解听众的想法，拉近与他们的心理距离。演讲者向听众提问，最好不要问“你们好吗”“你们喜欢吗”这样空洞的问题，该怎么问呢？可以参考美国教家特尼创设的“布卢姆特尼式提问”。

特尼将提问分为六个层次，由低到高分别是：知识（回忆）水平、理解水平、应用水平、分析水平、综合水平、评价水平。

1. 知识（回忆）水平提问

当演讲者需要通过一个提问来转换演讲的内容时，他可以针对前面所讲述的内容，或以往听众所累积的知识来进行铺垫性的提问，以打开后面的话题。因为前面的内容听众都熟悉，所以不需要做过多思考，就可以回答。如：“在这里，我们不得不提及一个人，这个人通过对四大家族由盛到衰的描写，揭示了封建贵族阶级及其家族的腐朽，其著作也成为我国四大名著之一，谁能告诉我这个人是谁？”大家闭着眼也能回答，没有一点难度。当大家给出答案后，便可以顺势引出新的内容。在演讲中，这种提问不宜过多，可以在过渡时使用。

2. 理解水平提问

当演讲者在讲述了一段专业性较强、理解性较难的内容时，为了检测场下听众对自己所讲内容的接受程度，可以采用理解水平提问法，即要求听众针对之前讲述的事实或事件进行叙述、对照、比较，这样能够加深他们某种观点的理解，也能够引发听众更多思考。例如：“我刚才讲述了管理学中的‘羊群效应’，大家能否根据自己对该效应的理解，举出一个实例来？”这种提问是演讲者对听众掌握演讲内容的检查，有助于听众将理论与实际生活相结合，加深大家的记忆效果。

3. 应用水平提问

当演讲内容涉及一些概念、规则、理论等知识时，演讲者最好不要一味地进行枯燥讲解，可以为一些抽象的理论设计一些问题或情境，一方面能够让听众对演讲内容有一个直观的认识，另一方面也能够打破索然无味的演讲气氛。例如：“我们刚才讲到了人们在说谎中会表现出的一些外在特征，下面进行一次现场测验，我将播放一段视频，大家看看视频中主人公的哪些行为说明他在撒谎。”这样，结合现场视频，听众会对之前的演内容有一个更准确的理解与把握。

4. 分析水平提问

这类提问通常出现在听众为学生、受训员工等场合，演讲者不仅仅需要在讲台上阐明观点，而且还要下面的人能领悟自己的观点。这时，可适当穿插一些提问，来了解相关情况。如：“我刚才提到了美国南北战争，这是美国历史上的一个重要事件，谁知道它产生的根本原因是什么？在我正式讲述之前，想听听你们的分析。”这种提问对听众的整体素质要求比较高，思维成熟、有一定分析能力和批判性思维的听众比较能够接受。所以，在进行这类提问时，演讲者最好给予适当鼓励和提示，这样听众也能够给演说者一个好的配合，不至于出现冷场。

5. 综合水平提问

当演讲接近尾声的时候，演讲者想要检查一下听众倾听的效果，可以采取综合水平提问法，即要求听众对听到的内容进行归纳、总结。例如："刚才我主要讲了培养职业礼仪的一些技巧，现在，谁能记得这些技巧都是什么？有没有人愿意起来为我做一次总结呢？"这种提问有利于听众对演讲内容进行深入思考，不同的听众，理解能力的不同，给出的答案也不尽相同。

6. 评价水平提问

这种提问，就是委婉地要求听众对自己的演讲做出评价，多用于演讲中途和演讲结束后——在演讲中，适时地询问听众，对演讲内容是否有不明白的地方，在演讲结束时，可以询问这次演讲给大家带来的价值。例如："以上讲述的内容专业性比较强，有没有哪些需要我解释的？"这类的提问既能够起到台上台下互动效果也可以起到演讲者自我认知的参考效果。

演讲提问的方法远远不止只有六种，演讲者可以根据现场情景选择恰当的提问方式。问得巧，问得妙，便很容易与听众达成情感互动，让自己的演讲引人入胜。

氛围不活跃，要使用哪些招

一场成功的演讲，必然是听众有所收获的演讲，必然是令听众趣味盎然、深受启发的演讲。如果演讲者自己在台上滔滔不绝，而台下氛围却死气沉沉，听者寥寥，一定算不上成功的演讲。

但是，在演讲的过程中，要想让听众一直集中注意力并不是一件容易的事情。对演讲者来说，如何成功营造现场的氛围，让听众沉浸其中，往往是决定一场演讲成败的关键所在。

最常见的一个例子就是，领导在上面讲话，下面的人要么打瞌睡，要么玩手机，要么窃窃私语。是真的瞌睡么？未见得，主要是不想听。而有些领导讲话人们听得很认真，不是讲得多出彩，是氛围搞得好。

站在台上演讲，也是这么回事儿。听众都快睡着了，不捧你的场，你自己都没了心气儿。这又怎么能有好的表现呢？所以，要想讲的好，先得把氛围搞起来。

1. 设计活动或游戏环节

针对演讲主题和内容，演讲者可以设计一些小活动，如有奖问答，或是抽奖活动等。王欣是一位作家，每当他的新书一出版，出版商就会举行新书发布会。发布会现场，王欣会应邀讲几句话，帮助推销新书。王欣的演讲经验很丰富，每当他在演讲中发现听众有些昏昏欲睡时，他就会暂时停止演讲，并利用休息时间在听众中进行抽奖，凡是抽中奖的听众会免费获得一本他最新出版的书，并送上自己的签名。所以，他每次演讲总能及时调动起听众的兴趣，每次演讲都能成功。

演讲者在演讲中应该随时观察听众的反应，如果发现听众不是很感兴趣，可以暂时停止演讲，对听众提一些具有针对性和启发性的问题，或者做一些小游戏，以活跃现场的氛围，打破冷场，使听众积极参与到演讲中来。

2. 穿插一些趣闻逸事

趣闻轶事往往是人们在日常生活中乐于谈论的话题，演讲者可以讲述一些趣闻逸事，吸引听众的注意力，从而活跃现场气氛。

美国著名总统罗斯福在就职演讲中说："今天我站在这里，在我的同胞面前，在上帝面前，庄严地宣誓就职。我知道，美国的目标就是：永不言败！"

罗斯福总统通过宣誓词，在演讲现场营造了一种庄重肃穆的氛围，给听众带来了强烈的心灵震撼，并激发起了听众心中的崇高情怀。

3. 现身说法来营造气氛

美国著名推销员罗伯尼有一次在美国的一所大学中就"成功术"的主题进行演讲。在演讲中，他把自己成功减肥的经历作为话题讲述给听众。

"眼前站在你们面前的这个人，体重 156 磅，但他曾经并不是这样，而是重达 207 磅，整个人看起来就像一个'圆球'！但是今天，我成功地瘦了下来。所以，如果在座的有人想要减肥，我相信一定能做到，因为我——罗伯尼能做到，我相信你们也一定能行！"

罗伯尼的话刚一说完，现场立即鸦雀无声，听众们聚精会神地期待他接下来的演讲，希望能听取他成功减肥的故事。

因此，只要演讲者能够把自己亲身经历的、亲耳听见的运用到演讲之中，就会让听众觉得这些内容亲切、真实、可信，从而调动起听众的热情，使演讲更具有感染力。

不懂互动，听众哪来的心动

任何一场演讲，缺少互动，变成一个人的“表演”，只会是“台上激情四射，台下睡倒一片”。毕竟，演讲不是小品表演，也不是说单口相声，观众不是来看乐呵的，也不是来听你说段子的，他们是来学习的，是来欣赏的，是来享受的，抑或是来被感动的。

一场精彩的，让人津津乐道的演讲，演讲者不一定是大腕，声势不一定浩大，情节不一定多煽情，但有一点是肯定的，那就是场面流畅，演讲者与听众有更多感情的传递与互动。

在演讲时，如果能让听众参与其中，形成台上、台下互动，上下呼应的局面，演讲的效果肯定差不了。那么，该在演讲中该如何与听众互动呢？

1. 讲故事，出问题——引起听众呼应式互动

有位演讲者一上场，就给听众讲故事：《圣经》中有个小故事，一位富商将要远游，临行前分别给了三个仆人同样数量的钱，任他随意支配，一年后归还。第一个仆人用它做生意，结果血本无归；第二个也做生意，结果赚了数倍的钱；第三个把钱珍藏起来。一年后主人回来，给第一个亏本的仆人又补足同量的钱，嘱咐他以后经商精明些；对第二个仆人大加赞赏，奖励他更多的钱去扩大生意；叱骂第三个仆人懒惰之后，立即收回了本钱。

故事讲完之后，演讲者询问听众：“主人这样做公平吗？”

台下听众议论纷纷讨论热烈，有人说“公平”，有人说“不公平”。演讲者并不立即表态，又说：“我先不评论主人是否公平，最后来下结论。如果我的观点不当，欢迎唱反调；哪句话不当，可以和我唱对台戏！”

大家齐声说“好”，他趁机亮出论题《公平竞争，优胜劣汰》，紧接着

侃侃而谈，还在演讲中途提问让听众答“是”或者“不是”，台上台下，遥相呼应，大家听得非常认真。到演讲结束时，他才肯定故事主人作法的高明之处。演讲结束，掌声雷动。

呼应式互动，要注意见好就收，恰到好处地引入正题，不要让听众讨论没完没了，也不能由听众任意发挥，喧宾夺主，离题万里，这样就难以驾驭场面了。

2. 做手势，造悬念——引起听众情绪性的互动

有位演讲者演讲到中途时，台下噪音四起，特别是有些女性还交头接耳窃窃私语，演讲者眉头一皱，计上心来。立即停止演讲，高翘起左手大拇指说：“在场的男士们，就像大拇指——好样的！”男士们听了齐声叫“好”；他又伸出小拇指大声说：“大场的女士们，就像小拇指——”女士们沸腾了，高声抗议。

演讲者接着说：“女士们像小拇指：小巧，伶俐，苗条，秀美，聪慧！”女士们听了，转怒为喜，报以热烈的掌声。

他又举起大拇指说：“男士们像大拇指：健壮有力！坚定稳重！一夫当关，万夫莫开！”男士们又欢呼雀跃了。

演讲者同时伸出大、小拇指说：“大拇指和小拇指，都是好样的！”又伸出五根指头说：“中间的指头，像老人和孩子居于中心位置，成为保护对象！正是这五根指头团结一致，协调配合，力量无穷，才创造了整个世界！”大家都热烈鼓掌了。

他又高翘起大、小拇指问：“有哪位女士愿意做大拇指，哪位男士想当小拇指么？”

台下鸦雀无声。演讲者又开始滔滔不绝的演讲。

这位演讲者善于在听众注意力分散时随机应变，临场发挥，巧妙地运用手势和动作来制造悬念，故意激起听众的喜怒情绪来，然后又急转话头，分别作出有利于男女听众的解说，使大家都转怒为喜，皆大欢喜，又集中精力倾听他的演讲。他真是调动听众情绪的演讲高手，更是驾驭演讲场面的高手。

激发听众情绪性的互动，要注意分寸。记得有位名人在成都演讲时，说成都人爱打麻将，群情激怒，使演讲者难以下台来，这样反而弄巧成拙。

3. 做游戏，撩兴趣——引起听众模仿式互动

有位演讲者一上台就问："朋友们一起来做个游戏好不好？"听众兴趣陡增。他再指导听众操作："请将左右手腕到手掌边缘的横纹相叠对齐，然后左右手掌重合，再看右手比左手的中指是否要长一点点？"他指导听众操作，自己又示范，形成模仿式互动。结果大家果然发现右手比左手中指要长点，这更加激发起听众的好奇心。

演讲者又说："刚才这个游戏是一位所谓的大气功师的表演。他先装模作样地向听众发气，然后再指导听众做刚才的游戏。结果人人发现自己右手指长了一点。气功师说是他发气的结果，大家深信不疑。我当时也被愚弄了——朋友们，我可没有愚弄大家的意思啊！"

听众大笑之后，演讲者进入正题："我今天演讲的题目是《相信科学，不受愚弄》。"然后他才入题演讲，效果非常好。

模仿式互动使听众更容易跟随演讲者的思路走，但也要注意动作不要太复杂，以免听众难以"学样"；动作幅度不能太大，以免引起全场的混乱，难以收拾"烂摊子"。

演讲是一种沟通，沟通是一种互动，没有互动就没有心动，没有心动就没有共鸣。在演讲过程中，要开动脑子，多找一些新颖的与听众互动的方法，营造热烈的演讲氛围，使自己的演讲更抓人、抓心。

掌声要"赢取"，不能讨要

你有没有想过这样一种情形：你上台后往那一站，介绍自己姓甚名谁后，突然提高调门说"来点掌声好不好"，结果掌声稀稀拉拉，不甘心，你又来了一句"我没有听到，掌声可以再热烈点吗"。大家不知道你要讲什么，讲出来的东西有没有水平，掌声倒要的很痛快，你算哪路神仙？给你掌声是礼貌，是怕你尴尬，并不是你演讲出彩。

还有一类人，他不主动要，而是委婉地要。这种现象也很常见，比如一个人在做报告，或是在给大伙开会，他觉得自己说得很精彩，但就是此处没有掌声，怎么办？他在讲过某段自认为很出彩的话后，会停下来，环视大家，表情中透着某种期待：此处应该有掌声！这时，脑子反应快的，会带着鼓个掌，大家跟着鼓。如果等不来掌声咋办，就自己先鼓起来。比如，某公司副总经理在工作会议上说："我公司今年超额完成营业额5000万，产品质量提升了……我们争取明年再上一个档次。"讲到这儿，突然停下来，大家以为他要喝口水，他没有，讲得精彩么？谈不上，鼓个掌吧，没人带头，谁先鼓掌不是诚心捣乱么。停了八九秒，副总经理自己拍起了手，众人见状，都才回过神来。接着，他又说："我的话讲完了，谢谢大家。"这时，大家都同时鼓起了掌，但这掌声怎么听都有些别扭。因为副总讲得很一般，倒像是"欢迎"他结束讲话。

掌声不能靠要，要靠赢得，否则，会很廉价，也会拉低你的演讲。当然，不是说掌声不能要，但不可张口就来，而要讲究方法。

1. 通过赞美要掌声

通过赞美和听众要掌声，不会让人觉得唐突。例如："今天是周末，本来是休息时间，看到这么多张热情洋溢、求知甚渴的脸，我非常感动！当别人选择玩的时候，你们选择了听讲座，太棒了！掌声送给自己！"

这样是不是比上来就问大家"来点掌声好不好"更体面？所以，想开场就得到掌声，可以在演讲前多想一想，应该先去赞美谁，怎么赞美。

2. 通过激励要掌声

既然是激励，自然而然就让人想到掌声，所以，当你讲一些激励自己，或是听众的话，大家顺势送上掌声并不难。例如："今天我要跟大家分享我潜心8年研究的成果，想要全部学到的请鼓掌示意一下！"听众肯定会礼貌性地送上掌声。

接下来十几分钟，当场面的热度有所下降，可以再来一句："接下来的内容更加精彩，还想要我继续的请鼓掌！"到最后，你还可以要掌声："你们的鼓掌越热情，我的分享越彻底！"

3. 通过借口要掌声

找个借口并不难，别太走样就行，脑子实在不好使，找不到合适的，可以说你害怕演讲，你站在这里什么都不需要，就需要点掌声，听众肯定不会吝啬的。一般来说，借口还是要委婉一点，大气一点，起码要照顾到场面，例如："昨天已经过去，明天还未到来，让我们好好把握今天，为今天喝彩，为今天鼓掌吧！"虽然这话很空洞，但是不失场面。

再如："今天我的嗓子很痛，还有点小感冒，但是听到大家那么热烈的掌声，我就决定，今天我讲到嗓子破裂，也要讲下去！"真要是破了，你还能讲吗？这本身就是一个伪命题，但是要注意，它是一个借口，自己别当真，观众也不会当真。做场面，带动气氛，该虚则虚。也就是说，为什么鼓掌不重要，关键是要有掌声。

4. 通过幽默要掌声

场面沉闷的时候，玩一点幽默，可以一举多得。这招玩得好，听众哈哈一笑，也就把掌声送你了。例如"此处来一毛钱掌声"，或是"给带点味道的掌声"等。在演讲中，假设你讲话的时候，话筒突然没声音了，你如何化解尴尬，并顺便让大家鼓掌呢？幽默是最好的方法。可以说"话筒罢工了，它嫌我讲的烦，大家觉得我烦么？"

在演讲的舞台上，每个人都希望得到掌声。掌声是人类最有震撼的肢体语言，是心与心之间的交流，更是一种鼓励，是期待，是信任……但要让掌声响起来，不能生硬地向听众要掌声，而要靠自己的演讲技巧与方法。

⊶ 掌握互动节奏，收紧听众的心

出彩的演讲，除了内容要实用、新颖、精彩，演讲过程也要有节奏，给听众一种良好的听觉体验。那什么是演讲的节奏呢？

演讲者思想感情的起伏变化，结构的疏密松散，音调的抑扬顿挫、轻重缓急，以及演讲者的举止等要素，有秩序、有规律、有节拍地组合在一起，便形成了演讲的节奏。

事实证明，跌宕起伏的节奏，清晰响亮的语音，可以激起千百万听众情感的波澜。如果你演讲的节奏不清晰，不仅不能准确地表情达意，还会影响现场的氛围。

在一次演讲比赛中，有位参赛者的演讲赢得了听众一阵又一阵掌声，以下是他的部分演讲内容：

“春节期间，一位母亲到大学看望儿子，可是儿子正在实验室里聚精会神地学习。母亲不忍心惊扰他，就来到了他的宿舍。这时候，母亲才发现，原来三年来儿子用的被褥基本没拆洗过。母亲很心疼，便动手帮儿子拆洗了被子，接着又去拆褥子。可是，当她把褥子掀起来的时候，眼泪刷地流了下来。”

讲到这里，演讲者突然停了下来，他一声不响地眼看着听众。此时的听众满肚子的问号，他们想知道，这位母亲到底看到了什么。正当人们猜测不定时，演讲者说：“原来，整个褥子底下是一片钞票。”

演讲者抓住会场听众的情绪，运用演讲节奏，使听众将“张”“弛”有机地融为一体，既有紧张的“提神”，又有松弛的“休息”，使听众一个劲地往下“追”。褥子底下的钞票，是从哪来的？这时候，演讲者就像魔术师一样，把听众的心紧紧地收了起来。

优秀的演讲者，通常都会根据会场听众的情绪，适时地用演讲节奏的停顿去消除听众可能产生的疲倦感。

事实证明，如果演讲者想要表达急切、愤怒、兴奋、激昂的感情时，快速的连珠炮般的演讲，便能使听众产生一种亢奋感和紧迫感，从而激起听众的振奋与共鸣。当演讲者想要表达悲哀、思索等感情时，则会放慢节奏，使听众产生一种深邃感。

根据演讲内容的变化调整节奏语言的节奏变化，主要是通过演讲内容的变换来实现的。有些演讲者，在适当的地方，会插入一些诗文、轶事、幽默等类的话语，将理论与生动的形象结合起来，能够磁铁一样吸引着听众欲罢不能。

要想给听众送上听觉盛宴，就要控制好演讲节奏。为了让听众就能跟随你的步伐，你的节奏一定要明确、简洁、前后一致。你要根据自己观点的多少来分配时间，在每一个观点上，都可以花上同等的时间；你还可以进一步将每一个观点细分为几个论点，每一个论点的节奏也要明细、简洁；如果某些观点需要更多的时间，你也可以再做调整。只要你能够保证这些节奏是对听众有利，而非对你自己有利。

总之，要想让自己的演讲成功，必须要控制好演讲的节奏！尤其是在感情、氛围、内容需要的前提下，演讲者进行有急有缓、有断有连、有起有伏、有张有弛的语言节奏的变化，就一定会挥洒自如地弹奏出一曲雄浑悦耳的乐章。

第 9 课　旋转嘴上乾坤赢得听众信服

——说服的策略是三思出来的

为什么人们会觉得演讲是一个挑战？如果它是单向的沟通，这就是挑战。但事实上，演讲是一个信息循环的过程，它的另一个名字叫“说服”——演讲不只是“使人知”，更要“使人信”“使人激”“使人动”。

演讲即说服，不是说教

在这个世界上，最困难的事情就是改变别人的思想观点。对于演讲者来说，只要他站在台上，就必须面对这个棘手的问题。面对听众，那些精明的演讲者总能做到小心谨慎、毕恭毕敬，他们既能充分尊重听众的观点，又能巧妙而又有条不紊地照原定计划阐明自己的观点，打动听众，促使他们让他们心悦诚服。

演讲也是说服，那演讲者该如何“推销”自己的观点，更容易让听众接受，更容易引起他们的共鸣呢？

1. 表达流畅，语气坚定

上了台，千万别结巴，闪烁其词也要不得。这是极其不自信的表现。一个人讲话，可不可信，从其表达方式就能看出来。例如，说话流畅的人，一般被认为是更聪明和更自信的人，他们比讲话速度慢的人给人的印象好得多。说话的声音富于变化，表现方式活泼积极的演讲人，他们给人的印象也好些。而讲话经常不着边际，说起来犹豫不决，或者习惯“啊”“嗯”的人，给人印象是：立场不坚定。

所以，在演讲时要流畅地表达，在阐述一些重要观点时，可以使用不容置疑语气，同时神态要坚定。如，强调某个学习方法非常有效时，可以语气坚定地讲："回去一定要照我的方法去做，如果说做了没有效果，我从此不再走上这个讲台！"这样说，会增强自己的可信度。如果你半天玩笑地说："我建议大家可以回去试试这个方法，效果还是蛮不错的。"那听众就疑惑了：真的有效么，试还是不试呢？同样的观点，两种表述方式，会产生两种不同的说服效果。

2. 少说空话，多讲证据

不管使用哪一种证据，统计数字也好，例子也好，证明文字也罢，如果你用具体而不是一概而论的词语表达出来，那这样的说服力会大得多。例如，在谈到关于手机辐射的问题时，演讲人说："很多中国人都受到了手机辐射的污染。"听众不会有太深的感觉，搞不清楚到底是多少人。不如说"据信息产业部最近发布的消息，中国手机用户量已经超过 11 亿，这就意味着有 10 多亿中国人都受到了手机辐射的污染"，这样演讲人就把自己的观点表达得有效果多了。还显示自己对这些事实有准确的了解和把握，因此增强了自己演讲内容的可信度。

3. 端正位置，调整身份

演讲者的身份与位置，也会影响说服的效果。如，你以某技术学校老师的身份演讲，说这所学校多么厉害，都培养了哪些人才，学生可以得到什么样的锻炼，听众未必会相信你的话，不少人认为你是在"王婆卖瓜"。如果你以第三方专家的身份，说某学校的办学有多好，毕业的学生多厉害，那可信度就会提升不少。所以，说服听众的时候，自己的身份也很重要。尤其在表达一些观点时，要把握好自己的身份，以消除听众的偏见或是疑虑。例如，评估航空业当前的安全状态时，他们会被不偏不倚的航空业专家的意见所说服，而不是听航空公司总裁的意见。

4. 因势利导，激发共鸣

要使听众心服口服，你在演讲时不可违背听众的意愿，不能采取"逼迫"手段强迫听众接受你的观点。你应当牢记在心的是，只有当你的观点能够引起听众感情共鸣时，它们才容易为听众所接受。思想家、作家及诗人爱默生曾经讲述过的一个故事，对演讲者来说不无启迪。

有一个身强体壮的男孩试图将一头牛赶往牲口棚。他用尽浑身力气推它，不停地用鞭子抽打它，大声吆喝它，然而牛站在那儿就是不肯动。一位挤牛奶的女工见状，走上前来。她深知牛的饮食习惯。她把一根手指伸进牛的嘴里，很顺利地将它牵到了牲口棚里。原来，她从牛的角度考虑问题，尽力让自己的行为符合它的习性，对它产生强大的吸引力。掌握了这一点，她想把牛牵到哪里就能牵到哪里。

这则故事告诉我们，演讲时你应当设法使自己的观点吸引听众，激发他去同意你而不是反对你。一旦你与听众的步调一致，那么你接着便可以渐渐地构建起你自己的观点来。

演讲者在使用上述几种说服技巧前，要深刻领悟说服的内涵，不要把说服理解成说教，或是洗脑，或是机械地向听众灌输某种观点与思想。演讲说服，需要通过自己的推理，逐步引导、启发听众，让他们自主分析、判断你的观点，直至理解、赞同，这样的说服才是最有效的。

学会快速和听众建立信任

许多有演讲经验的人，常会有这样一种体会：台下听众的信任往往比内容本身更能决定演讲的成败。为什么这么说呢？听众往往会因信任演讲者的人格而信任演讲的内容，所以，有人格魅力的演讲者，他们的观点更易于被接纳、包容。

许多名人的演讲，其实内容并没什么出众之处，但是他们的名气很响，影响力很大，让听众对他们本能地产生了一种信任感。所以，在他们的演讲中，稍微有些出彩之处，就会赢得阵阵掌声。这并不是说，只要堆砌过往的成就，讲些自己的得意之事就可以了。这种沿街吆喝，自卖自夸的手法，只会让听众觉得你是个江湖郎中，拉低了你的层次。

比如，你是一所大学的教授，应邀到其他学校讲座。如果上台的时候，用这样的方式介绍自己：“各位同学，大家好。我就是知名的教育管理学教授、教育学家崔老师，在教育界享有盛名。央视等多家媒体曾对我做过专题报道，还经常到大型国企、机关单位授课，他们都说我妙语连珠、谈吐如流。今天来到这里，也是希望把我的一些心得分享给大家，教大家如何面对大场面。”

如此高调，反而会把自己的格调拉低，很难获得大家的认可。就算是听众把你当个人物了，如此拔高自己还是会带来一个坏处：调高大家对你的预期，增加自己的演讲难度。

所以，太高调了，有损形象。要快速建立起人们对你信任，除了要摆正位置，一开始就要注意如下三个方面：

1. 发挥“名片效应”和“自己人效应”

什么是名片效应？就是演讲者先申述一种与听众观点相同的观点，然后再说出演讲者想说的观点，这就很容易被听众接受。“自己人效应”则比“名片效应”更进了一层，即演讲者与听众不仅在观点上一致，而且有某种意义的相似性，如性别、年龄、籍贯、职业、地位、经历、兴趣等，都会使听众产生信任感、亲近感，视演讲者为“自己人”。有了这些，还怕听众不信任你吗？

2. 不要把听众的胃口吊得太高

许多情况下，听众对演讲者抱持有较高的期待，有时，主持人还在边上“煽风点火”，大肆吹捧。这个时候，千万不要头脑发热，觉得自己有多了不起，聪明的做法是，要赶快调低听众的预期。

还以上面的崔老师为例。当主持人介绍完崔老师后，崔老师在演讲时，可以这么说：刚才主持人讲的都是场面话，有点高抬我了。那我今天呢，不是来给大家上课的，毕竟谁都会说话。只是我的经历比较多，知道怎么应付一些场面。所以，我想和大家聊聊自己过往的一些经历，以及我的一些经验，希望能给大家带来一点帮助。

当然，谦虚也不能过度，让人觉得此人也没什么不起。调听众预期后，下一步工作就是表现自己的专业，或是特长。

3. 要轻描淡写地描述自己的专业优势

如果一个人要建立起听众对自己的信任，最有效的招数就是关键时刻露一手。比如，一个人想炫富，他和人家说自己有多少钱，人家未必相信，如果他在走路的时候，不小心从身上掉下一块金条，然后漫不经心地拾起来，说：“哎呀，不好意思，金条太多了，兜子太浅，一不小心就掉出来了。”

这时，旁边的人看了，会怎么想？定会想：哇，这家伙真有钱，可不是一般的土豪。

而将这种心理运用于演讲中，就要将自己最拿得出手的资历，以一种非常平淡的口气，漫不经心地讲出来。再以崔老师为例来说明这一点，如崔老师可以在演讲中这样说：各位同学，你们知道，在美国许多商业大腕都没有完成大学学业，这对他们来说，是一件非常普通的事情，有一次我和比尔·盖茨私聊的时候，他说自己之所以没有完成大学学业，是因为他对计算机太过着迷……

这段话主要讲学习与成功的关系，但在听众的脑海里，一直回荡的却是：哇，崔老师好牛啊，都能和比尔·盖茨私聊到一块儿了。

这是一种间接展示自己的方法，为的是不引起听众的反感，同时，也能降低大家的期待。正因为是间接，所以运用起来时一定要把握好分寸，否则，谦虚就变成了没有底气，或者，干脆被听众忽略了。

在演讲中，听众信任你，才会对你产生一种亲近感，才会自动解除自己的精神防线，才会把你视为“自己人”。所以，迅速赢得听众的信任，是演讲的第一要义。

顺应所有听众，你办不到

即使是面对一个特定的人群进行演讲，由于大家的背景、学识、经历、兴趣、笑点等不同，他们做出的反应也是不同的。在一场演讲中，如何根据不同的听众与不同的情况来安排我们演讲的内容，兼顾不同听众的需要呢？

有许多人在演讲时会产生一个思维误区，想让自己的演讲照顾到每一位听众，当台下有一部分人没有专注于自己的演讲时，就会变得焦虑，从而影响自己的发挥。

事实上，演讲虽然要面对许多听众，但并不需要说给每一位听众，一定要懂得取舍。如果你想要讨好所有听众，演讲注定会失败，这就像一个产品，不可能让所有消费者都满意。

那在演讲过程中，面对众口难调的听众，该如何“顺应”他们呢？可以遵循这么三个原则。

1. 顺应多数听众

多数，指听众中的大多数。许多演讲都遵循了这个原则。如，你面对学生演讲，在讲一些观点，提出一些问题时，要照顾多数人的学识、心理、修养等，既不能讲得太深奥，让大家理解不了，又不能特别照顾极少数人。这就像老师在讲课，班上有三十人同学，如果有三五个同学对某个知识点理解得不透，那老师是不是有必要用一节课的时间讲这个知识点？没有必要，因为你要照顾大多数同学，否则，对大多数同学不公平，而且会影响自己的授课进程。

2. 顺应重要听众

什么是重要听众？就是权高、位重的听众，就是最有决定权的听众，比如，演讲比赛中的评委老师，绝对是重要听众。不管台下坐了多少观众，在演讲时，首先要照顾眼前的几位评委老师，把话说给他们听。

比如，听众都比较年轻，对一些网络词语较熟悉，而评委老师上了年纪，对有些网络流行语不是很了解。那你在演讲时，要不要讲一些网络流行语？最好不要，即使讲，也要进行补充说明，照顾到评委老师。

在现实生活中，这样的重要听众有很多，比如，在群体面试时，你的面试官就是重要听众，在公司竞标时，对方公司的老板、经理就是重要听众。在开口说话时，要优先照顾他们的心理、感受，不要颠倒了主次。

3. 顺应专心听众

如果有些人压根就是来凑数的，或是混场面的，他才对你讲什么，怎么讲不感兴趣，那你有必要把主要精力放在这些人身上吗？没必要！在听众中，那怎么分辩这些人呢？有经验的演讲者很容易做到这一点：在自己演讲的时候，那些低头玩手机，或是打瞌睡，或是始终与身边人聊天的人，基本上都对你的演讲不感兴趣。你可以提醒他们，或是强调你演讲的重要性，他们偶尔会变得很“配合”，但内心对你的演讲还是排斥的。相反，有一部分始终专注于你的演讲，很认真地听，甚至做笔记，这部分人，才是你应该重点照顾的听众。

在演讲中，不可以忽略每一个听众，但是，也不要试图照顾到每一个人，演讲者要根据演讲的性质、听众人数等，学会有区别地对待听众，不要面面俱到，力求让每一个人都满意。否则，你的演讲令谁都不满意。

⊶ 推销观点也要讲点套路

不少糟糕的演讲都有一个特点，那就是太过商业化，句句离不开说教，离不开推销，完全把演讲变成了推荐会、推销会，这会让听众很反感。即使是推销，也要有点技术含量，否则只会做无用功。

某从事建材贸易的企业组织了一次讲座，声称主讲人是国外某知名大学的教授，是业内顶级专家，不少企业都派人来参加。开讲的那天，专家先简单地给大家分析了下行业现状与前景，并给出一些经营策略，大家听后，脑子发懵：这哪里是专家的水准，分明是刚入行的菜鸟嘛。更让人大跌眼镜的是，没讲3分钟，专家便开始大力推荐某品牌的建材。大家本是来开眼界，长见识的，不曾想被当成了潜在客户，失望之情溢于言表。

这个例子很有代表性，专家的演讲有两个致命错误，也是许多演讲者经常会犯的：一是过分包装自己，华而不实；二是不厌其烦地往听众脑子里塞东西，强行推荐自己的观点。

如果第一点还情有可原，那第二点就让人生厌了。任何时候，劝说别人都不是件容易的事，尤其是被动地让人接受你的观点。要成功说服别人，必须让对方被动接受为主动思考，即至情至理地帮听众分析，给出合理的建议，并剖析各种利弊。这样，才会引起听众的思考，增加说服的效果。

在实际演讲中，要想根据这个思路把自己的观点成功“推销”给听众，以下几点很值得借鉴：

1. 打一打感情牌

感情是人与人之间联系的纽带，故而它在人际交往中的作用至关重要。同样，在说服听众时，更要“晓之以理，动之以情”。有时大家并非对道理本身不接受，而是与讲道理的人感情上合不来。这时讲道理的人要善于联络感情，注意反省自己有无令对方反感的地方，及时克服和纠正。尤其当对方产生抵触心理时，更要以诚相待，在理解、尊重、关心的基础上，再讲道理。

小丽在一家旅行社工作，一次她陪同客人游览时，客人中有几位照相迷，每到一处，照起相来没完没了。小丽不好对客人硬性规定时间，便对大家说："朋友们，中国幅员广阔，名胜颇多，佳景处处，美丽无比，再好的相机，再多的胶卷，也不会使您满意的。我认为最好的照相机就是您自己一双勤快的眼睛；用不完的胶卷是自己的头脑。只有它们，才能从这儿带走真正完美的记忆。"

这番话是小丽针对一些客人"让我们多拍几张照片"而谈的。她的暗示入情入理，语言优美，巧妙地催促了客人，并且能达到让客人理解的目的。

2. 要多以事喻理

演讲者切记一点：道理可以讲，但绝不要空讲，一定要结合实例。以事喻理，使说服的内容具有真实性、可信性。否则，讲道理就是说大话、空话，别人怎么信服你？

例如，父亲对刚在官场中站稳脚跟的儿子说："古人云'常在河边走，哪有不湿鞋。'你初涉宦海可能还意识不到这一点，但时间长了，就会有人来托你办事，给你送礼，那时，你千万要把握好分寸，不可成了个像和珅那样贪赃枉法的昏官啊！"相比"你为官要清廉，千万不要做贪官"之类的话，更能让人警醒，更有说服力。所以，演讲过程中，要多以事喻理，尤其要利用好典型案例。

3. 巧妙举例反诘

卡耐基说，要想说服别人，最好的方法就是举出例证。它远比抽象的论证要有更大的说服力。特别对于那些完全肯定或完全否定的命题，或者类似主观的臆断、论断，只要举出一个相反的、个别的例子，这些命题、论题就不攻自破了。

有一次，拿破仑对他的秘书说："布里昂，你知道吗，你也将永垂不朽了。"

布里昂不解拿破仑的意思，拿破仑解释说："你不是我的秘书吗？"

布里昂笑了笑说："请问，亚历山大的秘书是谁？"

拿破仑答不上来，他赞扬道："问得好！"

看来布里昂并不寄希望于依靠名人扬名，但仍不忘作为秘书对主帅的尊重，所以采用表面请教的方式，表达反诘的内容：“请问，亚历山大的秘书是谁？”这是直接反驳论点，证明了大前提的虚假。大前提不真实，那结论就不攻自破了。

4. 擅于小中窥大

芸芸众生，每个人的思想都不尽相同。即使是同一种思想，每个人认识事物的角度、领悟事物的真谛的层次也千差万别。所以，在说服别人时讲道理也应有层次。少了层次，一下子跨越几个台阶，会让人感到道理离得很远，接受不了。

所以，演讲者应擅长挖掘小事情中蕴含的大道理，于身边事情中讲可望及的远道理，于浅显事情中挖掘可触摸的深道理。

例如，妻子对衣衫不整的丈夫说：“有句话说得很有道理：‘一屋不扫，何以扫天下？’你连自己的穿戴都不能理好，又怎能去解决各种事情？你工作忙，时间紧，我也能理解，但出门之前把衣物整理好又花不了你多少时间。而且，你这样出门，别人会以小见大，看到你生活没有条理，便会想到你的工作会不会也是这样？”这就一个典型的以小见大的故事。

5. 不妨点到为止

啰唆的话往往令人反感，但有些人恐怕对方听不懂，翻来覆去地讲同一个道理，结果适得其反。所以，演讲者应因人而异，根据听众的理解力、知识水平等把握要讲的内容，对于大家熟知的观点、要点到为止。有时，某个观点大家一下难以理解或接受，那也可以先点一下，给听众留下充分的思考时间，让他们去领悟、消化。如你提出一个新的观点，听众一脸迷茫，你不要急着解释，可以先讲一个典型事例，然后再结合事例阐明观点，听众就比较容易理解、接受。

为什么有些演讲者觉得演讲是一个挑战？因为，他们演讲的时候，一味地向听众兜售自己的观点，让听众被动地接受，而不懂得运用说服的方法与技巧。而成功的演讲，会更多引导听众主动思考、接纳演讲者的观点。

要以情感人，需句句带着情商

演讲过程中，听众的注意力、理解和记忆选择性，很大程度上是由感情因素决定的。它可以敞开理性的大门，从积极方向来理解演讲内容，也可以关闭理性的大门，或者抗拒性地、消极地对待演讲内容。

一次演讲，无论内容如何丰富，语言怎样准确、清楚、简洁、明了，如果缺乏情感，是很难打动听众的，因而必须在演讲中注入自己充沛的感情，达到以情动人的效果。演讲者充沛的感情可以通过他的肢体动作、面部表情、语调高低、口气轻重、语速快慢表现出来，但最重要的还是要以语言为载体传达出来。

演讲对于大多数人来说容易掌握，讲起来也相对容易，但是要想讲出感情，讲出听众的心声，最大程度地与听众产生共鸣却不是一件轻松的事，这就需要有感情地演讲。怎样有感情地演讲呢？

1. 演讲作品真实生动

演讲作品真实生动是有感情演讲的基础，一份连演讲者自己都半信半疑的演讲作品怎么能真实地，饱含感情地呈现在听众面前？再者，一份有虚假成分，有水分的演讲作品也容易引起听众的质疑。演讲作品还要生动，一份本身就生动的演讲作品会使演讲者在演讲起来更容易讲出感情。或许有人会问：一份与上面所说正好相反的演讲稿能不能有感情地演讲出来呢？或者说：一份虚假、不生动的演讲稿能讲出真情实感吗？当然也能，世界上没有绝对的事情。但是，我想这需要超级演说家才能办到，大多数人达不到这个境界，或者这个水准。

2. 要深刻理解演讲作品

演讲者要把作品的思想感情准确地表现出来，需要透过字里行间，理解作品的内在含义，挖掘出演讲作品的灵魂。在理解作品内涵时首先要清除障碍，搞清楚文中生字、生词、成语典故、语句等的含义，不要囫囵吞枣、望文生义。其次，要把握作品创作的背景、作品的主题和情感的基调，这样才不会把作品念得支离破碎，甚至歪曲原作的思想内容。

演讲时千万不能“挤”情、“造”性。听众是敏锐的，他们不会被虚情所动，演讲者要唤起听众的感情，使听众与自己同喜同悲同呼吸，必须仔细体味作品，进入角色，进入情境。

3. 说话别太溜，稍带点“口吃”

口吃，并不是指在演讲当中吱吱哈唔说不出话，而是指在演讲时不要像背稿子一样流畅，一字不差，一言到底。那样反倒显得不真实。在演讲中，太流利的口才会使人缺乏真实感和信任感，同时也缺少感情表达。人们宁愿相信那些言语不大流利甚至略带口吃的人，仿佛那样说出来的话才是真实情感的表达。

4. 要学会巧妙地嬉、笑、怒、骂

嬉、笑、怒、骂会增加演说的效果。大凡是成功的演讲家，在演讲时明枪暗箭，冷讥热嘲，谈笑风生，拍案而起，无所不能。在演讲时，可以根据演讲内容，或是现场听众的反应，灵活使用这种技巧，该表现愤怒的时候要怒，该笑的时候要笑，这会增加舞台效果，也能表达自己的情绪。同时，还可以与听众间建起一种和谐的关系。有些演讲，特别需要表现出这种嬉、笑、怒、骂的效果，你一本正经站在那里讲，反倒不吸引人，不生动。

人们常说“以情感人”“以理服人”。在演讲中，“以情感人”比“以理服人”的效果更好，因为一般的演讲毕竟不同于逻辑严谨的学术演讲，很多时候，听众并不是被演讲的内容征服，而是被演讲者的情绪所感染。所以，学会有感情地表达，会让你的演讲更精彩。

引经据典，让说服更有穿透力

经典之所以称之为“经典”，是因为它成功地经受住了时间长河的洗礼，被证明是权威的、令人信服的言辞和观点。因此，经典的说服力，毋庸置疑。当然，也正是因为经典有着巨大的说服力，才经常被高明的演讲者作为论据，以增加自己语言的说服力。这种引用，就是演讲中的“引经据典”。优秀的演讲者，善于通过引经据典来获得别人的认同。

2008 年 5 月，俄罗斯新任国家元首梅德韦杰夫到北京大学演讲。他在礼堂内 600 余名北京大学师生代表面前，阐述了未来俄中发展战略合作关系的设想和希望。这位被称为“好引经据典”的元首，在演讲中就不时地从中国的传统文化中引经据典，比如，《论语》中的“学而时习之，不亦乐乎”，还有老子的“使我介然有知，行于大道，唯施是畏”，甚至连中国的俗语也引用到自己的演讲中：“中国有句话‘长江后浪推前浪，世上新人换旧人’。高等学府培养了一代代学者和思想家，他们肩负着科学、经济、政治、文化领域创造新成就的责任。”

梅德韦杰夫引经据典的演讲，为他赢得了北大学子们一阵又一阵如雷般的掌声。日常交流中，引经据典同样有着不可低估的作用。

在演讲舞台上，要想在听众的心中留下一个好的印象，除了外在的形象之外，个人的文化素质也是一个重要因素。而文化素质则需要通过语言来体现，正确地引经据典，则可以提升自己的语言魅力。当然，在引经据典时，一定要做到准握准确，避免出现低给失误，弄巧成拙。

1. 核实原文出处，不要张冠李戴

如果同一句名人名言，有许多名家都引用过，那你在引用的时候一定要追根溯源，应该用最早的那位名人说的话。或者某句名言明明是这个人说的，你却把它说成是那个人说的，那就贻笑大方了。引经据典，最忌讳的就是张冠李戴。比如，部尔卫说的“人所缺乏的不是才干而是志向，不是成功的能力而是勤劳的意志”。你就不能把它当作是爱迪生说的，否则就可能导致整个说话过程的失败。再如，某句话明明是老子说的，你却说是孟子讲的，非但很难产生说服效果，甚至连之前大家认同的观点，都觉得你是在“胡说八道”。

2. 正确领会原文，不要断章取义

因为同样是说一句话，原著者的意图可能是讽刺，是反意，当然也有可能乍一看上去是反意，但仔细一品味却是褒义。如果你在引用的时候没有弄清楚原著者的本意，就随意地拿过来用，很容易歪曲原意，这对于说话目的也很不利，容易被人驳倒。因此，在引用之前，一定要仔细分析原文的意思，弄通弄懂之后才能加以引用。比如，有一句经典话是“成功是靠 99% 的汗水 +1% 的天赋”，其实后面还有一句，“但很多时候这 1% 的灵感比 99% 的汗水更重要”，如果只强调前面的一句，就断章取义了。

3. 尽量引用原文，不要以讹传讹

事实上，随着历史的发展，文化的变迁，经过时间的洗礼，有很多经典的话，如今已经出现了许多不同版本的说法，这就要求我们在引用时，要尽量地引用原文，不要以讹传讹，防止错上加错。

引经据典，可以显示的自己的博学，但在一场演讲中，引经据典要适度，不要过分堆砌名言金句，否则，都是别人说过的话，怎么体现你的观点？没有自己的观点、思想，只推崇那些有思想人的话、写过的书，就谈不上演讲的语言魅力了。

第 10 课　让听众跟着你的思维走

——沟通的艺术是策谋出来的

古希腊的政治家伯里克利说过：“人若能于某事某物形成自己的见解，却无法将其阐明，这见解也不过是枉然。”演讲是一个人与众多人的双向沟通。在演讲中，与听众沟通远不止是你说了什么，还意味着你怎么说。

借题开场，打开交心的通道

俗话说：“万事开头难”，说话自然也不例外。当你冷不防被要求当众讲几句话时，当你路遇自己喜爱的异性，想主动上前搭讪时，口怎么开，话怎么说，确实是一件挺难的事。

遇到类似的情况，可以先静下心来想一想，有没有可借助的话题，比如周围的事物、天气、衣着、长相、姓名、动物等。借题开场可以让你化解无话可说的尴尬——借助前面的人的某句话或周围的某个事物作为话题，通过超常的发挥，从而展开话题。

林非是中国著名散文研究家。在一次全国散文研讨会上，主持人邀请林非发言。在发言中，他以一些代表的房间门上贴的“请勿骚扰”为例，谈语言的轻重问题。

当天晚上，他很想听听代表们对他的谈话的意见，就来到一间门上贴有“请勿骚扰”字条的代表的房间。

一进门，他便笑着对在座的人说：“各位，我现在来骚扰大家了！”

大家一见是林非，立即站起来说：“欢迎骚扰！欢迎骚扰！”

就这么两句话，使得整个房间的气氛活跃起来。大家互相问候，然后畅所欲言，各抒己见，就散文的语言问题展开了热烈的讨论，在这次谈话中，大家都觉得获益匪浅。

按理说，林非就“请勿骚扰”为题，谈了散文语言的轻重，大家可能会对他有些看法，但是大家却谈得十分愉快，这与林非制造的谈话气氛有关。

一句“我来骚扰大家了”，这种谈笑式的语言消除了人们之间的陌生感，密切了大家之间的关系，所以谈话能收到良好的效果。

胡老师有一次被邀请到外地一所大学去讲学。至于怎样开讲，胡老师心里也没谱，如果按照常规的开讲：“老师们、同学们：大家下午好！很高兴来到你们……”也未尝不可。刚巧，听到主持人介绍：“下面就请胡老师来给大家做报告。”胡老师灵机一动，拿过话筒，接着说道：“我不是来为诸君做报告的，我是来‘胡说’的。”话音刚落，听众大笑。

这个开场白既巧妙地介绍了自己，又体现了演讲者谦逊的修养，而且活跃了场上气氛，沟通了演讲者与听众的心理，一石三鸟，堪称一绝。胡老师的幽默在于巧借自己姓氏和主持人的介绍作题，反其意而用之，“胡说”一词作为点睛之词，幽默效果自然而出。

借题开场的关键在于找准话题后，展开想象的翅膀，敢于利用谐音、修辞等各种手法，向荒唐、虚幻的地方想。千万别死心眼，傻乎乎，越是敢于“调皮捣蛋”，越是善于“胡说八道”，越是逗人喜爱。

直击动情点，把话说到心窝里

每个人都是独立的个体，内心深处的所思和所想也是不尽相同，但是在某些事情上，却可能拥有相同的动情点。在公众场合，要想让别人放弃自己的坚持而认同你的观点，就必须先攻克对方内心世界的碉堡，这个时候需要你揣摩对方的内心，找准他们的动情点。

20世纪70年代，美国前国务卿基辛格率代表团访问中国，准备进行一次打破中美中断20多年外交僵局的谈判。

周恩来总理在钓鱼台国宾馆亲切接见了他们。周总理微笑着握着基辛格的手，亲切地说："这是中美两国高级官员20余年来第一次握手。"当基辛格将随行人员一一介绍给周总理时，周总理对他们的赞美更是出乎他们的意料。周总理握住霍尔德里奇的手说："我知道，你会讲北京话，还会说广东话。广东话连我自己都说不好，你是在香港学的吧？"又对斯迈泽说："我读过你在《外交季刊》上发表的关于日本的论文，希望你也写一篇关于中国的。"最后，他握住洛德的手说："小伙子，真是年轻啊，我们应该算是半个亲戚吧，我知道你的妻子是中国人，在写小说。我愿意读到她的书，欢迎她回来访问。"

周恩来总理简短的几句话里蕴含了多么高超的赞美技巧，在严肃的外交场合，他有意淡化了政治角色，并且能够巧妙地抓住细微之处，从对方得意的事情谈起，既亲切又得体。

所以，在演讲的时候，假如你能事先有所准备，并能在演讲中有意无意地谈起一些听众得意的事情，那么，他们就非常有兴趣听你讲下去。

那么如何才能把话说到听众的心窝里呢？

不知你是否有过这样的经验，当你向听众诉说他们认同的观念、立场、兴趣、爱好或经历时，很容易与他们产生共鸣，交流就会很畅通。心理学家指出，这其实就是人的一种"相似相惜"心理。根据这种心理，在演讲中如果能找到大多数听众的"动情点"，就能把话说到对方心窝里，让自己的演讲更受欢迎。具体来讲，寻找动情点可以从以下几个方面入手。

1. 根据听众的心理需求说话

如果演讲者说的话与听众的心理需求相吻合，那么听众肯定乐于接受。反之，如果说的话不符合听众的心理需求，就可能引起他们的排斥心理。比如，你的演讲主题是关于如何对待失恋的。碰巧台下的不少听众正在失恋中，那他们就很愿意分享你的观点，如果台下都是大爷大妈，试问有几个人会对这个话题感兴趣。根据听众的心理需求说话，才能把话说得更煽情，更能产生共鸣。

2. 根据听众的兴趣爱好说话

不同的人，他们因职业、个性、阅历及文化素养等方面的不同，兴趣和爱好也有所不同。比如，女人爱购物，爱化妆，学生爱上网、打游戏，职场人士爱谈论赚钱之道。那给学生做演讲时，谈如何赚钱就不合适，或者为企业员工演讲时，告诉他们上网的危害很大，他们肯定不感兴趣。根据听众的兴趣说话，话才更受听。创业的男人做梦都想着赚钱，你和他讲怎么搞定客户，怎么开发市场，怎么做渠道营销，他能不感兴趣么？有些人在公共场合讲话不受欢迎，就是因为自说自话，完全没有顾及听众的兴趣所在。

3. 根据听众的性格特点说话

想把话说到听众的心坎里，还必须注意其性格特征。我们都知道，每个人都有自己的性格，而且性格各异。面对许多听众，演讲者如何把握他们的性格特征呢？可以从年龄、职业、性别上把握他们的共性。如，听众都是十八九岁的学生，他们在性格上有许多共性，那你可以针对这个共性来组织演讲。如果是在人较少的场合，比如三五个人，那你可以从对方的着装、说话等方面把握他们的性格特点。

4. 根据听众的身份地位说话

我们在说话的时候还要根据听众的身份和地位说话，这样我们说出来的话才能说到对方的心坎里，对方才乐意听，才有利于继续交流。例如，和普通的农民说话就不能文绉绉的，遣词造句就应该以“通俗易懂”为最基本的原则，否则就很容易引起对方的反感；如果和大学教授说话，应适当用一些应景的词语或历史典故，这样显得有学识修养。也就是说，同样的主题，面对不同身份的人，不能一个调子，老讲同样的故事，那样没有感染力，也很难把话说到听众的心窝里。高明的演讲者“见人说人话，见鬼说鬼话”。

嘴上功夫看似雕虫小技，却有可能因此扭转你的一生。懂得什么时候说话、说些什么话、怎么把话说到对方心坎里，对演讲来说很重要。

谨慎打岔，“你听我说”惹人烦

在许多场合，沟通不畅的一个重要原因，就是沟通完全由一方主导。比如在一些论坛中，有的人发言的时候，就觉得这个舞台就是他的，他完全掌了话语权，自己可以少说，也可以不说，还可以决定让谁说。结果自己话说不好，还不让别人好好说话。

你是发言者，不是主持人，即使在非常正式的演讲比赛中，我们也要尊重别人的话语权。我们经常会听人说“你听我说”，一句不行，再来一句，言外之意就是，你说的够多了，或是你说错了，我来告诉你如何如何。这种说话方式着实令人厌恶，是一种非常不礼貌的说话方式。

小秦有个突出的优点，做事很积极，但也有一个更突出的缺点，爱插嘴。有次公司开例会，经理让大家发言，小秦第一个站起来讲，一口气说了10分钟。本以为他把该说的说完了，结果在其他员工发言的时候，他又时不时打断对方：“你听我说，你这个想法不对。”最后经理做总结发言时，小秦又憋不住了，在经理讲话的空隙，他又来了一句“你听我说，这个方案真不行”。

大爱都知道他这个毛病，有人也提醒他，但是他总是改不了。后来，有他参加的会议，经理都会提前定调：每人发言不要超过3分钟，中途不允任何人插话。小秦不再讲“你听我说”，但真轮到他说的时候，大家都心不在焉，没有人重视他提的问题。

倾听，也是一种说话的方式，为什么要急匆匆地打断别人呢？你对别人讲话没有耐心，别人又怎么能尊重你呢？尤其在公众场合，别人讲话的时候，一定要少插话，在自己开口之前，让别人把话说完，体现的是你的风度，能表现出你对别人的理解与宽容。

如果非要打断别人，一定要注意插话技巧，别再“你听我说”，最好改用下面的说法：

1.“不好意思，我打断一下”

当多人在探讨问题，你要与其中的某一个人说几句话，可以先和他打个招呼。如，“很对不起，打断你们一下”。当他们停止交谈时，用尽可能简洁的语言说明你的意思，然后再补充一句“你们继续”。如，在新员工培训课上，经理要求大家分组讨论，但是发现有一个小组虽然讨论得很热烈，但大家的观点都是错的，于是，他停下来说：“不好意思，我得打断你们一下。”然后把他的想法讲给他们听。但是，有的部门经理不这么做，见大家没有讨论，或观点是错误的，便会走过去，敲着桌子说：“停，停，停，全错了！”这样，即使他讲得再正确，大家可能也没有兴致听。

2.“请允许我补充一点”

在交谈的过程中，如果你想补充另一方的谈话或联想到了与谈话有关的情况，想立刻做点说明，这时，你可以对谈话者说“请允许我补充一点”，然后再说出自己的意见。但插话不要过多，以免扰乱对方的思路。高明的领导经常这么做，有时他明知对方是错的，也不会直接说“错了，错了，我纠正一下”，而是会说“请允许我补充一点”，其实补充的这点，就是为了纠正对方的错误。另外，有时讲“请允许我补一点”可以调节谈话的氛围，增加讨论的热度，让场面不显得过冷。

3.“请等一下，我有点事儿”

如果你不同意对方的观点，一般也不要打断他的谈话。可是若你们比较熟悉，或者事情比较重要，你可以先表示一下态度，等对方说完后再进行详细阐述。如，在某事上你与同事分歧较大，在他发言的时候，你觉得有必要打断一下，可以说：“请等一下，我有点事儿”，至于有什么事儿，你得提前想好了，或是去接个电话，或是上个洗手间，总之，你得做得像模像样。如此，就间接地暂我停了对方的讲话，且礼貌而得体。

用“你听我说”打断别人说话的时候，很容易引起对方的不快，有时甚至会产生不必要的误会。一个聪明而有教养的人在公众场合不会随意打断别人的谈话，即使对方长篇大论地说个不停，也绝不会贸然插嘴，更不会“你听我说”。

当众聊隐私有哪些讲究

每个人都有隐私，隐私权也是人的基本权利。揭人隐私是人际交往中的大禁忌。所以，人们都比较忌讳在公开场合谈论他人的隐私。的确，喜欢探人隐私的人不招人喜欢。其实，完全拒绝谈隐私也不是绝对的。在演讲中，演讲者只要选择正确的话题或切入角度，谈论私生活反倒可以拉近与听众的距离。

这个观点听起来有点便扭，但是你可以想想，如果你和在场的人沟通过程中，完全不涉及自己及任何人的隐私，那会是怎么样一种场面？

我们都参加过那种互相之间只谈钱、各自吹嘘的聚会，也见过没话找话客套对客套，或者低头玩手机的场面，这样的对话确实不涉及个人隐私，但是你觉得有意思么？

大家打不开心扉，自然也就谈不出什么味道。既然需要谈一点隐私，那怎么谈才不会让人反感，避免误解，同时又能让场面热络呢？关键要把握好这么三点。

1. 多分享态度，不要索取信息

如果对方年纪挺大，还没有结婚，他也不愿和人提及这个话题，那你直接上去问："你怎么还没有结婚呀？"一定会遭人反感。这种单纯的索取信息的做法，会让人感到不舒服，告诉你真相，觉得有点难为情，编一个借口，又担心你继续追问，圆不了场。如果变索取信息为分享，效果会好很多。如，可以说："结了婚，除了工作，还要照顾家庭，确实挺累的。"这种说话方式不会伤人，不管对方喜不喜欢接话茬，都不会感到压力。类似的情况还有，"你买房子了么""你生孩子了么"。你先把自己的态度、信息分享出去，让对方有选择性地回应，这样往往更有助于创造一种融洽的交流氛围。

2. 以自我否定的方式抛出话题

生活中，有的人总爱讲一些体现自身优越感的人或事，以为这样可以拔高自己。其实，这种说话方式，不仅赢得不了别人的仰视，还会阻碍交流的通道。

有一个女孩子，男朋友送了她一个包包，有话没话她都会在朋友们面前讲："这是我男朋友从国外给我带回来的情人节礼物，你男朋友情人节给你买啥了？"每次，大家的注意力都不会聚焦在她的包包上，也不怎么愿意就包包问题和她做深入的交流。

如果一定要谈包包的事，可以换个方式引出这个话题，如可以这样说："男朋友最近特别忙，没有时间照顾我，为了表示歉意，买了个包包来哄我。看你男朋友对你特别用心，你们之间有什么相处的秘诀么？”这种说话方式有两个好处：一是不会给人带来不适感，二是提出一个开放性问题，便于对方作答。

3. 把问题抛给所有人，而不是某个人

尤其在公众场合，讲话或发言时，要把问题抛给多数人，而不是某一两个人。如，你和小张聊得来，就不要只谈两个人感兴趣的话题，否则会让其他人有一种疏远感。把话题抛给更多的人，总会有人感兴趣，会接你的话茬，大家聊开了，自然你一言、我一语，可聊的东西也越来越多。比如，在场有不少人没有结婚，你和小张都已经结婚生子，如果只和小张孩子长孩子短地聊，别人插不上话，场面不好看。你可以这样对大家说：“其实我根本不想早早结婚，也不想这么早要孩子，可是父母天天催，你们这些还没有结婚的，是如何面对父母催婚的？”

这样来问，你基本差不多能摸清哪些人愿意谈论这个话题，哪些人比较回避。否则，不知深浅，上来就问，很容易碰一鼻子灰，搞得双方都尴尬。

所以说，在公开场合也可以聊隐私话题，但一定要注意聊的技巧，聊得恰当，可以聊出感情，聊出朋友，聊得不好，只会聊出问题。

说话要干脆，遣词造句要精炼

许多人都有一个习惯，就是说话啰唆，如果闲聊也就罢了，在正式场合，当着许多人的面，讲话太啰唆，会让自己的形象打折扣。说话干脆利索，条理分明，人人都爱听，即使讲错了，也知道错在哪。说话啰唆，一句话讲三遍，一分钟就讲完的话，十分钟也讲不明白，可能不是习惯问题，而是脑子的问题。

小岳是位培训师，他说话的最大特点就是啰唆，经常一个观点翻来覆去讲，直到你焦头烂额，他才会不情愿地说：“好，既然大家没有异议，这个问题咱们就先过了啊。”

大家说：“好，没意见。”

他又会来一句：“真没意见，还是假没意见，咱们争取一次听懂。”

“真没有。”

“你们可别哄自己，学知识是为自己学的……”结果，又跑题了，给大家讲起了学习的道理。

啰唆了一节课，关键的内容没有讲，却东拉西扯了不少。

不管是听这样的人演讲，还是与这样的人沟通，就是一个字“累”，两个字“真累”，三个字“真心累”。让人听着你讲话都累，怎么能让人深入地了解你，包括你的观点？

所以说，在演讲中切记不能犯啰唆的习惯，说它是习惯，是客气，说重了是毛病。如果确实想把一个问题讲清楚、讲透彻，而不得不多废些口舌，一定要讲方法。

1. 先问后答：先聚焦问题再演讲

如果你不知听众想了解什么，讲的越多越容易跑题，越显得啰唆。比如，老板在会议上问你：“你对这份运营方案怎么看？”那是不是要长篇大论，把问题展开来谈？当然不是。一来发言时间有限，得抓住要点发言；二来，这个问题比较开放，可谈的东西较多。如果你讲得太多，即使 10% 能说到点子上，其余 90% 还是废话。

正确的回应方式是：先问后答，缩小问题区间。即，可以先问下老板：“您是说操作层面，还是预算？”一句简单的问话，可以帮你聚焦问题，让你接下来的发言更精练、到位。

这个案例给我们的演讲提供了一个思路：在演讲的时候，可以通过提问，把主观题变成选择题，限缩答案，聚焦问题之后，就可以有针对性地演讲，避免啰唆。当然，在公众演讲时，不便现场提问，所以要把功课做在前面，先了解观众的大致预期和需要解决的问题。

2. 换位思考：对不同的人说不同的话

在演讲中，沟通是双向的，如果不方便在语言上直接沟通，那就在思维上沟通——进行换位思考：假如自己是一位听众，希望演讲者怎么讲，希望他面面俱到，还是干脆利索？

不能与听众换位思考，凭着感觉讲，总担心别人听不明白，所以把自己想到的东西会统统讲出来，正反都要说个遍，这就难免有些啰唆。

所以，开口说话的时候，要先进入听众的角色，去预判他们的年龄、职业、关系，以及对所谈话题的理解程度、熟知程度，从而帮助我们做减法：清楚哪些话不该说、不必说，该省略什么，保留什么。

如，一个女生背了一个漂亮的包包，你只问价格贵不贵，什么牌子，未免有敷衍之嫌，一看就不是“真心”关心这个包包。如果你说“价格好贵啊，款式也漂亮，哇，还是名牌哦。你怎么舍得买这么上档次的包包，对自己够狠啊！”虽然话有些多，但是对方能感觉到你很在意她的包包，不觉得你啰唆。

如果一个男生对背什么包并不感兴趣，你对他说上述那番话，他可能会觉得：你这个真能啰唆，不就一个包，有那么多事么？

可见，面对不同人，说同样的话，产生的效果是不同的。这就需要我们在说话前，要学会换位思考，站在对方的角度去审视一些问题，了解他们的兴趣、习惯。

3. 分条论述：观点别太多，三个为宜

如果讲的内容较多，也有层次感，那在讲之前，先把主要观点提炼出来，告诉听众：接下来再要围绕这个点来讲。讲完相关的内容后，要进行必要的总结，然后开始下一段。如果平铺直叙，听众抓不住主次，觉得你的话太多，一会儿讲这儿，一会讲那儿，实在是够啰唆。比如在会议中，领导讲话想到哪扯到哪，这个会议的效果肯定好不了。如果领导讲话时注重提炼中心句，效果就不一样了。如他可以说：“接下来，我重点讲讲迟到早退现象。”讲完这个问题后，可以接着说：“最后一个问题，我在这里再强调一下，那就是卫生问题。”

当然，在一段演讲中，所讲的观点或问题不宜过多。一般情况下，观点最好不要超过三个，以三个为最佳。也就是说，你发表观点时，可以讲一二三，简单明了，又方便大家记忆，如果非要搞出个七八九来，那肯定显得啰唆。

要养成干脆利索的说话习惯，除了要掌握上述三种技巧外，要多练习长话短说，多注意筛选、组织自己的语言，让自己的表达更精练、准确。

张嘴前要照顾对方的感受

刘墉在《萤窗小语》中有这样一句话：“得意人前勿谈失意事，免得毫无反应；失意人前勿谈得意事，免得予人伤害。”写得很贴切，就是说与人交谈要照顾对方的感受，不能信口开河、天马行空。否则，不仅达不到说话的目的，反而会激起听话者的反感。

懂得说话心理学的人知道，即使是亲密无间的朋友，说话也不能口无遮拦，不考虑别人的感受。有些人之所以说话惹人恼，都是因为说话时不顾及别人的感受，不将别人放在心上。

当你看到一位身材肥胖的女同事，大声地询问她“哟，你又长胖啦？你老公都弄什么给你吃，把你喂得这么肥啊？”我相信，你的女同事心里一定对你很不爽，说不定会立刻和你翻脸呢！

一位刚刚失去亲人的朋友正处于悲痛之中，如果你冒失地说：“最近过得如何，开心吗？听说电影院上映了一部喜剧大片，要不要哪天咱们一起去看看。”我想，你的朋友也一定不会对你有什么好的印象。

新娘子在婚礼上穿了一件不太合适的衣服，但聪明的人没有会批评新娘的。如果你不注重场合，和周围的人议论新娘子的衣服：“哎呀，她这身礼服剪裁真不错，可就是颜色嘛，看着很不合适……”你的话不仅会让当事人对你不爽，甚至就连旁边的客人也会觉得你这个人不解风情，大煞风景。

所以，在与人沟通交流时，我们要善用同理心，要照顾对方的感受，在必要的时候，及时打住不该说的话。那么，我们怎样才能做到照顾他人的感受，达到高效沟通的目的呢？

1. 说话要照顾对方的时间

与人交谈，一定要照顾对方的感受，还要照顾对方的时间，看对方是闲暇还是忙碌。如果对方很忙，时间很紧张，那么，你就闲话少说直奔主题，说话做到简明扼要。你若不知趣，没眼色，自顾自地海阔天空，根本不管对方是不是已经在频频看表了，仍旧意犹未尽，那就让人讨厌了。但是，话又说回来，如果在一些需要发表看法和见解的场合，你却惜字如金，半天说不出一句话，或者草草讲几句敷衍了事，也难免让人觉得扫兴，索然无趣。总之，是说得短小精悍，言简意赅，还是说得丰富饱满，要取决于听话人的时间与感受。

2. 说话要照顾对方的时机

一位老板正在和客户谈生意。就在谈得差不多的时候，这位老板的朋友来了，并且毫不见外、声情并茂地开始讲自己刚才在大街上看到的热闹事。老板使劲儿给他使眼色，要他不要继续说下去了，可是，他仍然滔滔不绝并且一发不可收拾。客户有些不耐烦了，对老板说："你先跟朋友聊，咱们改天再谈合同的事儿吧。"说完就走了。老板的生意就这样被朋友搅黄了。

虽然每个人都有情不自禁地想表达自己的愿望的时候，但如果不照顾对方的感受，不分场合与时机，很可能会引起对方的不快，有时甚至会产生不必要的误会。

3. 说话要照顾对方的面子

鲁迅先生说："面子是中国精神的纲领。""面子"到底是什么东西呢？说明了，就是尊严。尤其在公开场合，"面子"是一件很重要的事，为了"面子"，小则翻脸，大则会闹出人命，所以说话一定要考虑对方的面子。

一个小职员到上司家里请求上司帮忙办事。上司的太太很热情地招待了他，给他端茶倒水，让小职员感到很亲切，竟然在上司家里滔滔不绝地和上司聊起来。这时候，天色已经很晚了，上司的孩子要早点睡觉，第二天还要上学，上司的太太也已经很疲倦了。但是，小职员毫无眼色，仍旧热情洋溢地说个不停。

如果这时候直接下逐客令显然是不合适的，那么，怎样才能既照顾对方的感受，又能达到说话的目的呢？上司的太太是这么做的：

上司的太太到厨房去收拾了一下果盘餐具，然后回到客厅对先生说："人家这么晚来找你办事，你赶快给人家想出解决办法，别让人家一直等着，这天都不早了。"然后，她对小职员说："要不你再喝一杯茶吧，别着急啊。"这个小职员听了上司太太的话，当然懂得话里的玄机，马上起身告辞了。

不能不说这位太太是位说话高手，她在"逐客"的同时，还把场面搞得很好看，没有伤到对方面子。

总之，要进行高效沟通，开口前一定要想一想：某一句话别人听了是什么感受，会做出什么反应。只有照顾到对方的时间、面子，以及说话的场合与时机，才能得到尊重，才能俘获人心。

第 11 课 及时救场不让局面失控

——控场的技巧是预设出来的

演讲，就是现场直播，不是拍电影，它无法叫停，不能“从头再来”，演讲者不但在演讲前要有救场的准备，防患于未然，而且在演讲过程中，也要能够灵活应对可能出现的意外情况，从容“救场”，让整个演讲更连贯。

大家不想听你讲话怎么办

很多场合，我们都不得不装模作样地说一些连自己都觉得很无趣的话。如，婚礼上嘉宾的讲话，年会公司领导的致辞，颁奖晚会上的获奖感言……每每这个时候，台上的人讲得很认真，很大场面，台下的人却很煎熬。

遇到这种场面，大家都知道说一些客套话、漂亮话，看似撑场面，实则很无趣。所以，有些人就说：为什么一定要讲场面话，就不能讲点有趣的事吗？虽然场面话不受听，但它于人于己安全。如果说话不看场面，真话说出来会更不受听。

20 世纪最棒的数学家之一希尔伯特，有一次在学生的葬礼上致辞。面对前来缅怀的家属朋友，希尔伯特的讲话很快就离题了，他提到学生生前对黎曼假设的证明有个错误。于是，他充满激情地冒着雨在学生的墓前对大家说：“首先，让我们来考虑一个复变函数……”然后滔滔不绝地许了很长时间黎曼假设，所有宾客都崩溃了。

故事中，希尔伯特并没有搞清楚，他演讲的目的与意义，只是按照自己的意愿讲，将一场有纪念意义的演讲变成了个人自定主题的即兴发言，不但让场面变得尴尬，也给别人留下了不好的印象。

不管是场面话，还是真心话，如果听众不想听，一定是有原因的。作为演讲者，这时如何根据情况进行控场，把大家的注意力拉回到你的演讲中？

1. 适当点破尴尬

大部分人都不怎么爱听仪式性演讲，因为这个时候，演讲者多数会讲一堆套话、场面话。如果演讲者能先点破这个局，表示对观众的理解，会瞬间提升听众的好感。

比如，在一些电视节目中，经常会有“广告时间”。有时，主持人就照着广告词读，没有人喜欢听。如果换个方式，适当调侃一些广告，或是提前给听众打个预防针——“下面要播广告了”，那“广告时间”就不显得那么无趣了。

再如，一个嘉宾应邀出席一场晚宴，主持人让他上台致辞时，他说：“各位，我知道你们肚子饿得咕噜叫，受主办方委托，话还是要讲，所以，大家还是要再忍一忍吧。”一句直接、爽快的话，在化解大家焦虑的同时，也为接下来自己的演讲做营造了一个好的氛围。

2. 再次明确主题

尤其在正式场合，化解尴尬之后，该讲的话还是要认真讲，该走的流程还是要认真走。不能说自己点破了尴尬，获得了听众的认同，就又东拉西扯，不注重接下来的演讲内容。比如在婚礼上，主婚人致辞，可以这么说：“虽然来来去去婚礼上的祝福都是那一套，今天我们也不例外，也要这个套路，就请大家开开心心听吧。”这样说话，显得很有诚意。接下来，诸如“百年好合”“早生贵子”这些话，该讲的还是要讲，不能说有些俗套，想省就省。因为这个时间，把话说对了，比把话说有趣更重要。

3. 说给想听的人

在有些演讲中，最在意你说话的不是下面的听众，而是台上的人。如在婚礼上，主婚人讲话，其实是讲给新人，而不是宾客听的。在综艺节目里，观众也知道节目里念广告不是为了观众，而是为了广告商，所以优秀的节目主持人在念完广告后，会偶尔吐槽：“这样念，你们满意了吧？”“都是广告商逼我们念的。”主持人这样讲，听众往往会淡然一笑，也不会太在意接下来的广告。

在一些活动中，当嘉宾点破尴尬，完成致辞后，对台下的主办方说："这样，你们总满意了吧？"即使观众觉得他刚才讲得很枯燥、无趣，听到这个吐槽，也会轻松许多。

所以说，听众不想听你演讲，一定是你的演讲平淡无奇，或是偏离了主题，这个时候，你要根据听众的反应，迅速调整自己的说话思路，把大家拉回到演讲中。

忘了词，该掩饰还是"坦白"

在演讲过程中突然忘词，这是演讲者不愿看到却又很难避免的事情。如果忘词了，那就拿起事先准备的演讲稿，重新找回内容，千万别说"对不起，我忘词了"之类的场面话。

大家都是来听你的演讲，不是看你的记忆力的。忘了词，一定不能自乱阵脚，要从容镇定，巧妙过渡，或用上段结尾中的句子进行发挥，或临时编一段话，或向听众提出问题为自己赢得思考的时间，这些都可以巧妙地救场，也许演讲还会因此而更精彩。

有人可能会说，这样做，听众能感觉出你忘词了。其实，这只是你自己的想法，是你太在意自己。只要你的演讲浑然天成，忘了词又怎么样？说不定它能让你的演讲又多一个亮点。

有一句流行语，叫："世界上有三件事是掩饰不住的——咳嗽、贫穷和爱。"同理，不管你怎么补救、怎么掩饰，演讲忘词都是客观存在，你不要想着要小花招与伎俩骗过听众。否则，就是低估听众的智商，高估自己的能力。千万不要忘记，你是"以一对多"，你瞒得了一个听众，你瞒得了一群听众吗？这是一场不对等的智力游戏，演讲者注定是输家。所以，忘了词不要掩饰，而要学会灵活应对。具体的方法有三种：

1. 重复衔接法

所重复衔接法，就是一旦忘词的时候，要把最后这句话再加重语气重复一遍。这样，往往能使断了的思维链条再衔接起来，使演讲顺畅地继续下去，比如前段演讲最后一句话是："我理解了他们的爱吗？我懂得爱他们吗？"而后段前句话是：“从那以后我变了。”一旦前段讲完了，而后一段的前句话又忘了，这时，你可以有意地加重语气，重复讲一遍前段最后的那句话“我懂得爱他们吗？”往往就在重复的这一瞬间，便想起了后段的第一句话“从那以后我变了”。这样，演讲就可以继续下去了。

2. 插话衔接法

当你忘词的时候，立即插入一两句与演讲内容有关的问话。利用短暂的时间，加速回忆下面要讲的内容。比如讲着讲着忘词了，这时切不可停顿，你应当面向广大听众问一句：“朋友们，前面这一部分我不知道大家是否听清楚了？”话音落后，你就可以扫视全场，而就在扫视的瞬间，或许会想起下面应当讲的内容了。一旦想起，你就可以说：“好，既然大家听清楚了，我就继续讲下去。”

3. 跳跃衔接法

许多时候演讲者忘词，并不是把后面的全部忘掉了，而仅仅是把下一段的第一句或整段忘记了。这时只好随方就圆，忘却就忘却吧，哪里没忘，就从那里接着讲下去。这就是跳跃衔接法。用这种方法虽然丢掉了几句话，甚至一个段落，但它总不至于因中断而破坏了演讲的气氛，涣散了听众的注意力，影响整个演讲的效果。如果这几句话或这段比较重要，演讲期间又想起来了，可采取在收尾前补充的办法。比如可以这样说：“这里值得一提的是……”就可以把忘掉的重要段落补充进去了。

所以说，忘了词不要欲盖弥彰。怕失面子，反而会失更大的面子。如果实在不善于运用上面的方法，也可以在忘词时这样说，“我说到哪了”“我刚才说什么了”“下面该讲什么了”“一打岔忘了”……不要以为这些话只出现在同事、朋友、家人的闲聊天中，这些话或类似的话，美国前总统奥巴马在演讲中说过，著名主持人撒贝宁在演讲中说过，著名相声演员郭德纲在节目中讲过……他们的形象没有因为“忘记”而受损，为什么？因为实在，因为坦诚，因为不“装”。和听众讲实话，融入听众，永远比在听众面前端架子要可爱！

如果你“不幸”在演讲的时候忘词了，该顺势承认时，要敢于承认，这要比掩饰遮盖更容易获得听众的理解和谅解，也更有效果。

⊶ 演讲时意外卡壳怎么办

在演讲中突然“卡壳”并非什么稀罕事，这样的场景很常见：一个人在台上绘声绘色地演讲，听众在台下聚精会神地听，正讲到精彩处，演讲者突然“卡壳”了。出现这种情况，确实令人尴尬，更让人着急的是，明明事先准备好了演讲稿，反反复复不知道预习了多少次，都能把稿子倒背如流了，可是在演讲中却还是“卡壳”了……

当出现“卡壳”的情况时，如果不及时做出应变，将演讲继续下去，就可能使自己陷入窘境中，并最终导致演讲失败。

有一次，方晔在公司的年度大会上进行演讲。因为提前准备了演讲稿，而且背诵了其中的许多内容，所以开始讲得很顺利。但是，没过五分钟，令她不安的事情还是发生了，自己突然忘记了台词，出现了卡壳。

好在她的应变能力很强，只见她暂时停止了演讲，从容不迫地端起面前的水杯喝了一口水，清了清嗓子，对听众们说：“我发现有人在下面小声议论，我很想听听大家的高见，请大家多多指教。有想发言的请举手。”

方晔刚话音刚落，只见听众席上就有好几只手高高举了起来。于是，方晔和几位听众进行了短暂的讨论。之后，又继续回到她的演讲，整个过程自然、顺畅，丝毫没有卡壳。最后，她的演讲在掌声中结束。

虽然中途暂时遗忘了演讲稿中的内容，但方晔并没有紧张，她借机喝了口水，休息了一下，然后即兴询问听众的意见，调动起听众的情绪，开始与听众进行现场交流，从而借助与听众的互动，巧妙地帮助自己化解了窘境。

所以，在演讲中突然“卡壳”并不要紧，可以观察一下现场情况和听众的反应，即兴插说几句无伤大雅的话。

“我想，许多朋友都有过这样的经历吧，没有的举手让我看看……”

“可能是我的演讲不够精彩，我发现大家的精神似乎都不太集中，下面我们来做个小游戏，稍微休息两分钟，放松一下……”

“我发现今天来听我演讲的听众中，女性朋友居多。正好我后面接着要讲‘时尚’的话题。先说点题外话，我想问问现场的女性朋友们，你们对‘时尚’是怎么看的？”

在演讲“卡壳”的时候进行即兴插说，借助与听众互动，能为演讲者赢得宝贵的时间，帮助演讲者调节思维。这其中，或许听众的某一句话，能帮演讲者回忆起暂时被遗忘的内容，从而走出“卡壳”的窘境。

“卡壳”时，还有一个更简单的处理办法，那就是直接跳过忘记的内容，继续讲后面的部分。这种由于紧张、注意力不集中等引起的“暂时性遗忘”是一种非常正常的现象，出现这种情况后，往往你越着急地回忆，越想不起来。这时暂时跳过忘记的内容，虽然听上去前后不怎么连贯，但由于听众的思路是一直跟着你的思路，你思路跳跃，听众的思路也会跟着跳跃。所以，即使他们有点小诧异，也会继续听后面的演讲，并不会纠结于前后内容不连贯这一点上。如果在后面的演讲过程中，突然回忆起了前面遗忘的内容，还可以随时进行补充。

另外，在演讲“卡壳”时，还可以当机立断，根据演讲的主题联想新的内容，换一个思路或者角度继续讲下去。因为主题通常是一篇演讲稿的核心，在关键时刻，往往帮助触动演讲者的灵感，让演讲者能够“有话可讲”，从而避免出现“卡壳”时的尴尬情况。

总之，如果在演讲过程中遇到了“卡壳”，演讲者既不要紧张，也不要慌乱，所谓“山重水复疑无路，柳暗花明又一村”，演讲者只要能够沉着稳定地应续讲后面的内容。

⊶ 听众唱反调该怎么回应

在演讲中，演讲者经常会受到这样的挑战：听众因不赞同自己的观点，继而对演讲者加以反驳。遇到这种情况，演讲者该如何应呢？

因为这些观点往往代表了一部分听众的看法，具有一定的普遍性。它很可能使会场秩序混乱，场面失控，但这也是一种机遇——演讲者在应对听众“挑战”的过程中，如能掌握一定的方法与技巧，不但可以“救场”，而且还可能迸射出让听众目眩心喜的智慧火花。所以，当听众反驳你的意见和观点时，你既不可置之不理，也不可粗暴地加以否定，而要学会理性应对。

在一次演讲中，一位著名演说家言辞恳切地向在座的青年提出建议：要注意自己的一言一行，因为语言具有无穷的力量。就在这时，一位青年举手表达他的不同见解："当我说幸福、幸福、幸福时，我并不觉得有什么快乐；当我说不幸、不幸、不幸时，我也不会因此而倒霉。所以，我认为语言只是我们使用得很普遍的工具，并没有所谓的'无穷的力量'……"此言一出，一些听众开始窃窃私语，个别人竟大声"声援"起这位青年，显然这位青年的观点很有代表性。会场一时有些混乱。"笨蛋！笨蛋一个！"这名演说家突然在台上大声地对这位青年进行呵斥，"你根本就没有理解我话里的意思！"

演说家有失风度的反应让所有的听众吃了一惊，会场突然安静下来。发言的青年先是被惊得目瞪口呆，但很快就镇静了下来，怒不可遏地开始了反击："你才是笨蛋！你才是……"但演说家却没有接茬，而是以一种让人颇感意外的诚恳语气说道："对不起，我刚才情绪失控，希望您能接受我最真诚的道歉。"听演说家这么一说，年轻人的怒气也就渐渐消了。

见大家对刚才戏剧性的一幕充满了好奇和不解，演说家在停顿了几秒钟后，微笑着继续进行自己的演讲："大家看到了吧，刚才我只不过说了一声笨蛋，这位青年就要跟我拼命；后来，我又只不过说了几句话，他的怒气也就消了。这说明了什么呢？说明了语言的力量是无穷的。你说出的话，有时会像一块石头，砸到他人身上，会使他人受伤；有时又会像春日里的和风，吹拂到他人身上，会让他人倍感舒心。这就是语言的威力啊！"

这位年轻人的观点无疑是有一定代表性的，如若置之不理，这位演说家的演讲也就失去了说服力，而且会场的秩序可能因此失控。若正面反驳，又很难一下子驳倒对方，还会影响到后面的演讲。在此情况下，演说家就亮出了先骂人后道歉的奇招。他的这一奇招既巧妙地反驳了发言青年的观点，不但突出了"语言的力量是无穷的"这一演讲主题，而且对现场的观众产生了很强的震撼力和吸引力。

演讲者难免会遇到听众唱反调的情况，这时，不要与听众争辩，因为演讲者和听众争辩，不论结果是输是赢，都只会坏了自己的形象。也就是说，一旦你开始争辩，不管结果如何，你都注定是输的一方。

聪明的做法是，要随机应变，因势利导，在调控演讲现场秩序的同时，要安抚、调动听众的情绪，引发他们的共鸣，使演讲更为鲜活有力。

⊶ 面对刁钻的问题，回避还是沉默

在许多演讲中，演讲者需要回答听众的提问，回应听众的质疑，甚至面对他们的刁难。有些演讲者站在那里讲没有问题，一旦面对听众的提问，尤其是一些有难度的问题，就不知怎么得体应对。答吧，答不好，怕失面子，影响大家对自己的评价。逃避吧，许多眼睛在盯着自己，躲也躲不开。

面对听众提出的刁钻的问题，多数演讲者会感到难以应付，并最终选择委婉回避，或者干脆拒绝回答。如此，只会让自己变得更被动、尴尬。偶尔选择“视而不见，听而不闻”的方式是可行的，但如果你总是逃避，一问三不知，或是一概“没时间回答”，会有损自己的形象。这个时候，如果若能用巧妙的言语来回应对方的刁难，往往会取得意想不到的效果。

文学家林语堂先生在面对刁钻的问题时，善于表现出自己机智、幽默的一面。他曾经在美国哥伦比亚大学讲授“中国文化”的课程。有一次，他在课堂上对美国学生大谈中国文化的好处，让学生耳目一新，不过其中也有对此不以为然的听众，其中一位女学生见林语堂滔滔不绝地赞美中国，实在忍不住，就问道：“林博士，您好像是说，什么东西都是你们中国的最好，难道我们美国没有一样东西比得上中国的吗？”

听了女学生的提问，林语堂略一沉思，笑着说：“有，你们美国的抽水马桶要比中国的好。”

林语堂的回答引得哄堂大笑，而提问的女学生也窘得满脸绯红。

所以，当听众发难，提出一些难以回答的问题时，演讲者首先要保持冷静，不要情绪化；如果暂时没有洞悉问题背后的深意和企图，也不要直接回答问题，可以先以反问的方式，将“包袱”扔还给对方。例如，你可以这样回答：

“在我回答你的问题前，我想先了解你的想法，这将帮助我回答你的问题。”

“很抱歉，我不知道这个问题的答案。不知道现场听众中有没有人可以回答这个问题，请让我分享一下。”

“我了解你的想法了，不过现在不是讨论这个问题的时机，如果你愿意的话，等演讲结束后我们再一起讨论，好吗？”

……

听众的提问可能会五花八门、形形色色，演讲者需要靠个人经验及时洞悉每个问题背后的真实动机，并有针对性地进行回答。具体来说，面对听众刁钻的问题时，演讲者该如何从容应对，既能避免尴尬，又不落入对方的圈套呢？

1. 识破用心，洞悉“陷阱”

如果有人出于某种动机，试图通过问题诱使演讲者进入他的圈套，然后利用演讲者的回答大做文章的话，这时，演讲者要能识破提问人的用心，洞悉隐藏在问题后面的“陷阱”。在此基础上，再通过委婉的方式来回应对方的提问，从而跳出问题中的“坑”。

2. 答非所问，避其锋芒

有些听众来者不善，或者说就是来捣乱的，让演讲者难堪的。当他们提出一个让你左右为难的问题时，最好的应答方式就是答非所问，不要正面回答。如，有人抓住你过往的糗事不放，想让你出丑，或有人想借你的隐私来做文章，这时，可以委婉地做答，回避他们的问题。

3. 幽默作答，扭转被动

在遭遇尴尬时，幽默是最好的解药，尤其在公众场合，如果有人无理取闹，想出你的丑，给你制造麻烦，最好不要针锋相对，而要学会幽他一默。如，有位演讲者说：“这件事一定要想清楚了再去做。”台下马上有一个听众大声说：“请问，怎么定义‘想清楚了’？我不知道啊！”演讲者说：“‘想清楚了’就是以后出了什么问题你只能找个没人的地方抽自己，再也不能抱怨别人了。”大家听后哈哈大笑，提问者老老实实坐了回去，不再吭声。

可以说，听众的提问可能会五花八门、形形色色，演讲者需要靠个人经验及时洞悉每个问题背后的真实动机，并有针对性地进行回答。

⊶ 遇到突发情况如何救场

有时候，在演讲过程中可能会发生一些意外，这种情况下通常需要演讲者具有良好的应变能力，能够临时发挥，避免使自己陷入到尴尬被动的局面中。

如果在演讲中遇有突发情况，演讲者如何第一时间巧妙地“救场”呢？

1. 借题发挥，随机应变

演讲因场地原因，有时很容易受到外界的干扰，尤其是一些重大主题的演讲，内容可能会比较空泛，本来就很难吸引人，再有外界的干扰，演讲就很难顺利地进行下去。这时演讲者如能将眼前意外发生之“景”与演讲巧妙结合起来，可能就会让听众产生这边“风景”独好之感，既化解了外界的干扰，把听众的注意力重新吸引回来，又使演讲别有情趣。

某大学举行了一次主题为“中国在腾飞”的演讲，地点定在了大礼堂。当演讲进行到一半时，会场秩序开始变得混乱，一位学生刚登台演讲不久，离会场不远的篮球场突然传来了阵阵加油声，大家的注意力都被吸引了过去，这位学生灵机一动，大声问道：“有哪位同学知道上届奥运会中国夺得了多少块金牌？”很多人都大声回答着。接着，他又说：“我曾经听过一个笑话，说慈禧太后也曾派过篮球队参加奥运比赛……他们穿着长袍马褂，把球变来变去……”他话音未落，大家就大笑起来……等到会场重新安定下来，他才动情地说道：“那时的中国落后啊！要不那时的中国人怎么会被称为东亚病夫呢！”话音刚落，同学们就报以热烈的掌声。

这位同学是聪明而机智的，他将篮球比赛这一特定之“景”与“中国在腾飞”这一讲题巧妙结合，浑然天成，难怪大家又被他的演讲吸引回来了呢！

2. 移花接木，因势利导

在演讲过程中有时会有一些特别的情况发生，比如突然停电，扩音器不响，或有人晕倒，等等。对于这些意外的情况，如果处理不好，就会造成场面的混乱，影响演讲的效果，所以，有经验的演讲者在上场前就会做好救场的准备。但有些状况，可能是无法预料的。这就需要演讲者运用自己的智慧移花接木，因势利导。

一位演讲家到环保局进行生态保护的主题演讲。当他正在演讲时，一只小鸟突然从窗口飞了进来，落在一张桌子上叽叽喳喳叫个不停，引得听众哄堂大笑……见此情景，演讲家并没有接着刚才的话题讲下去，而是适时地幽默了一下："这鸟还挺有灵气的啊，知道我们在这儿开这样的演讲会，就专程飞来向大会表示祝贺！这说明动物是有灵性的，它们也是有恩报恩，有怨抱怨的。就说大象吧，多么温顺驯服的动物啊，可一旦我们有意欺负它们，它们就不但不会再帮我们干活，而且还会向我们有计划地实施报复呢？"见场面恢复了平静，演讲家才重新回到了原来的演讲轨道。

小鸟的突然"闯入"，扰乱了演讲的秩序，但这位演讲家却巧借"插曲"，讲起了人与动物如何和谐共处这一与生态保护密切相关的话题，反倒取得了意想不到的效果。他的这一灵活的应变招法，颇值得其他演讲者借鉴和学习。

3. 将计就计，巧妙回击

在某些场合演讲，演讲者可能会碰到某些人的故意刁难，对于这种刁难，反击时更需要演讲者的机敏容智，巧妙回击。对于一些不便正面回答的问题，可运用言语技巧，巧用修辞来回答。比如双关、归谬、暗喻，等等，避实就虚，含蓄委婉，既有力地回击了对方，又不致矛盾激化，从而使演讲继续下去。

有位极具个性的演说家，在一次演讲中意外地收到一张纸条，上面只写着大大的三个字"王八蛋"。对于这张纸条，如若不理，大家肯定会很好奇，如若大加斥责，就会有失风度。但见他将计就计，索性把这张纸条高高举起面对着观众，不急不怒地笑着说道："别人都问了问题，没有签名，而这位听众只签了名，忘了问问题。"此言一出，演讲现场掌声雷动，他巧妙地让辱人者自辱，这种机智犀利和幽默又怎会不让听众深深地折服呢！

这位演讲家面对这样人格上的侮辱无法不去反击，但如果不能控制好自己的情绪，采用得体的反击方法，势必使自己陷入到尴尬的境地。而他将计就计，运用言语把骂人的话又巧妙地“踢”给了对方，真是幽默又机智。

所以，在遇上突发事件之后，首先要保持冷静。只有头脑清醒、冷静，才能及时想到化解尴尬的办法。其次，在意外面前，不论当时的场景有多么令人窘迫、难堪，都要从容应对，不能因为一些意外，而打乱了自己的整个演说进程。

第 12 课　给演讲画上圆满句号

——完美的收场是策划出来的

优秀的演讲者会像一位歌剧明星一样结束他们的演讲——不管在语言上，还是思想上，都会留下一个“高音”。即结尾不但要总结全篇，而且要深化主题，这不仅能帮助健忘的听众回忆前面所讲的内容，而且也能画龙点睛，给听众留下完整而深刻的印象，使整个演讲显得结构严谨，首尾呼应，通篇浑然一体。

如何用一句话完美压轴

演讲要有始有终，就像写作文，不但要有好的开头，精彩、充实的正文，还要有一个好的结尾。对演讲来说，什么是好的结尾呢？好的结尾一定是短小精悍、新颖别致，富有很强的感染力。

在某公司的新产品发布会上，主持人邀请企业负责人给大家讲话，这位负责人在讲话中，对公司的产品及研发能力大加赞赏和肯定。大家原本以为他只讲三两分钟，掌声都准备好了，不曾想，他说了一大堆后，又来了一句：“前面的话我讲完了，接下来，我还要再啰唆几句……”在接下来的讲话中，有些听众开始表现得不耐烦。

在演讲中，留给演讲者的时间是有限的，所以，当演讲完主体内容，要尽快收尾，切忌做太多的过渡、渲染。在上面的案例中，主持人邀请这位负责人讲话，可能是出于礼貌，也可能是会议的仪式需要，这时，他的发言要尽量简洁精悍，不宜冗长拖沓，因为在新产品的发布会上，肯定还有其他人要发言，而且还会安排一些新闻记者，不会留给某一个人发表长篇大论。

但是，这位负责人该完该讲的话后，没有及时收尾，而是喋喋不休，又啰唆起来，这就容易造成听众的心理疲劳。所以，他讲的越多，大家对他越是不耐烦，甚至反感。相反，如果他能够换一种方式结尾，可能结果就不一样了。比如，他可以这样说：

“我就说这么多，在此，我预祝这次发布会圆满结束，并期待这批即将上市的新产品能够满足消费者的需要，在市场销售中获得令人惊喜的表现！”

“我的话讲完了，衷心感谢主持人邀请我发言，占用了大家的宝贵时间，谢谢，非常感谢！”

……

总之，用短小精悍的一句话收尾，不但安全可靠，而且能赢得听众的好评。像下面的这些收尾方式都值得借鉴。

“刚才我讲的一些话，是一些我个人不成熟的看法，大家可以左耳听、右耳出，没必要记录下来……”

“我的演讲马上就结束了，由于时间关系，朋友们有不同意见的，我们可以在会后讨论，我留下我的电话，你们也可以给我打电话。”

“我要讲的就这些。谢谢大家耐心听我的讲话，非常感谢。”

“时间不等人，生活就是拼搏，抓紧时间抓紧干，就等于延长生命。我祝愿在座的每位朋友都是这样的人。再见！”

“一个人只有经得起磨难，才能拥有刚强的锋芒，让我们都做这样的人吧！再见！”

……

所以，不管是什么样的演讲，在演讲结束时，演讲者要特别注意三点：

一是，当演讲的内容快结束时，一定要尽快用简洁明快的语言收尾，切忌画蛇添足。

二是，间接暗示演讲即将结束。在演讲即将结束时，虽然听众们可能都已经心知肚明，但是，作为演讲者仍然需要提一下，暗示听众演讲即将结束。演讲者可以利用一些间接的提示语对听众进行暗示，例如“总之”“最后”，等等，这样在结束的时候，不至于让听众感觉过于唐突。

三是，限时演讲快结束时，要注意话语的衔接，结束语不能太突兀。一段精彩的结束语既能够与演讲主题紧密联系起来，又能让人展开联想，意犹未尽。

⊶ 结尾除了感谢，最该说什么

演讲收尾，不是简单地说几句感谢的话，或是对自己的演讲做个小小的总结，它也需要遵循一定的逻辑，讲究先说什么，后说什么，使整个结尾看起来自然，不唐突，而且完美流畅。否则，在演讲的过程中，突然来一句“谢谢大家，我演讲到此结束”，或者“我今天主要讲了……谢谢大家”，这种唐突的结尾，犹如你正在吃美味，在快吃完的时候，突然发现了一只苍蝇，那种感觉不言而喻。

一次完整的演讲，在收尾时要特别注意这么几个环节：回顾要点，感谢听众，个人感言，演讲总结，结束语。

1. 回顾要点

也就是简要地阐述一下在这次演讲中，你主要讲到了什么。最好分条列举，让人一目了然，条数最好不要超过三条，字数不宜多于一百字。如，可以这样讲：“我刚才讲了到‘保护环境，从我做起’三个方法，一要从身边小事做事，二要养成爱护环境的习惯，三要做好宣传工作。”

通过要点回顾，可以帮助听众理解你的演讲主题，同时，也在间接告诉听众，你的演讲即将结束。

2. 感谢听众

不管你的演讲精不精彩，有没有掌声，最后都要感谢你的听众。好多人由于疏忽，会忘了说“谢谢”，直接就是“我的演讲到此结束，下次有机会再见。”其实听众并不在意你是否说“谢谢”，但它是演讲中的一个例行程序，在演讲结束时，一定要礼貌地向听众表示你的感谢之情，可以说“谢谢大家”，也可以向在场人的鞠躬，表示对他人敬重。

3. 演讲感言

有些即时性的演讲由于时间关系，不需要谈太多感言，一句话带过就好，如“今天很荣幸能在站这里说几句话”，而有些演讲，如感恩客户、竞聘演讲等，需要适当谈一些个人感言，即分享自己的一些感受、想法，说一些心里话，以拉近和听众的距离。

4. 演讲总结

总结，即用精练的语言，对演讲内容和思想观点作一个高度概括性的总结，以起到突出中心，强化主题，首尾呼应。总结的话不宜过长，一句话最好，如“讲了这么多，无非是想告诉大家，传统的企业转型不一定成功，但不转型必死。”这里的总结，更像是点题，及观点的浓缩——把自己演讲的主题，用更有力度的语言陈述一遍。

5. 结束语

结束语可以是号召，可以是抒情，也可以是警示，形式多种多样，如“来吧，敲醒心灵，张开双眼，让我们共同演绎灿烂而又辉煌的明天”，这就是典型的抒情式结束语。再如“记住：顽强的毅力可以征服世界上任何一座高峰”，这是引用哲理名言作为结束语。在演讲中，演讲者根据演讲的内容与性格，灵活使用结束语，以增加演讲的感染力。

好的结尾能揭示题旨，加深认识，给听众留下完整深刻的印象；能收拢全篇，使通篇浑然一体；能鼓动激情，促人深思，令人觉醒，能让听众在反复回味中受到教育和启发。所以演讲者要熟练地掌握演讲结尾的艺术技巧，而且要善于设计，安排出既符合内容要求，又符合演讲的时境的新颖而又精彩的结尾，只有这样才能使自己的演讲取得全面成功。

“黏性”源于特点，不是模仿

全世界的树叶有千千万万，但没有两片叶子是完全相同的。全世界有六十多亿人口，也没有完全相同的两个人，大家都有自己的个性和特点。

优秀的演讲必须要突出个人的特点。刚开始练习演讲的时候，我们可以模仿成功的演讲者，如，模仿他们的语气、语速、表情、动作等，但不能因为模仿而抹杀自己的特点，否则，你模仿得再有特点，还是没特点。

尤其是在演讲的收尾阶段，一定要突出个人的演讲特点，一味地模仿别人的口气、声势、句式，甚至包括手势动作，那整个人和演讲就显得不协调。挺好的一次演讲，因为尾收得不自然，太做作，看上去多少会让人感到别扭。秦先生是位讲师，不但口才很好，而且经常把气氛搞得很活跃，但是演讲快结束时，就会换作一种较严肃的口气说："在这里，我给大家提三点要求……希望大家再接再厉……"学员顿时感觉自己是在参加一个会议。其实，秦先生之前的演讲，收尾时干脆利索。后来，他看了一些大师的演讲，发现牛人在演讲快要结束时，都要给大家提一些要求，或是问题。于是，他便模仿他们的套路。

演讲的性质不同，演讲者的名气不同、特点不同，模仿来模仿去，就失去了自我，让自己的演讲没了特点。就像写文章一样，收尾是一场演讲的点睛之笔，一定不能落入俗套，走大众路线，否则听众会认为，你整个演讲的内容都是搬来的。所以，收尾一定要精彩，一定要突出个人的特点。

1. 融入一些小创意

老套的收尾方式我们听得太多太多，经常听了前半句，就知道后半句要讲什么，包括语气、神态、动作，闭上眼都能想象的出来。像这样的收尾，有时虽然有声势，有情感，有场面，但还是很俗气。为了避免给听众留下这种印象，在收尾时，可以搞一些小创意，让自己的演讲显得与众不同。如，制造一些小"意外"，顺势结束演讲，或者和听众进行互动，在互动中结束演讲等。

2. 相互提要求或建议

可以说 90% 的演讲，在收尾时会体现出假大空的特点，是在走形式、走过场。最常见的例子就是，"特别感谢……让我们……争取……"尤其在小场合进特的演讲，最好不要使用这种结尾方式，太假太空洞。恰当的做法是，要强调一下自己的演讲主题，并给出忠告、建议或方法，如"讲了这么多，只要求大家做好三件事……"或者"这是我的几个观点，欢迎随时给我提意见与建议"等。这样，就比较务实。

3. 谈点真实想法

在演讲中，真情实感会让你的演讲更具"黏性"，或者说更让人难忘。结束的时候，谈些真实的想法，可以触动听众的情感，如可以说："在结束之前，我希望大家会有这样的想法……"然后，告诉大家这个想法是什么。它可能是你实际思想的体现。你可以讲处于类似背景下的其他人的故事，也可以回顾过去，举一个相关的例子，也可以为听众描绘一幅未来图景。

不管是什么演讲，结束语都是演讲者走向成功的关键一步。结尾突出个人特点，就如乐曲结束时的“强音”，动人心魄；结尾生搬硬套，则犹如吃花生米，吃到最后一粒是个坏的，又苦又涩，一股霉气，就会使整个演讲失去原有的香味。

⊶ 锦上添花的五种结尾方式

俗话说：“编筐编篓，重在收口；描龙画凤，难在点睛。”演讲中，一段好的开场白能够成功吸引听众的注意力，调动起听众的积极性，并为整场演讲画上圆满的句号。

1883年，美国著名诗人、文艺评论家詹姆斯·罗威尔担任驻英大使时，曾经在伦敦举行的一次晚宴上发表即席演讲，他演讲的题目是“餐后演讲”。在演讲结束时，罗威尔说：“我小时曾经听别人讲过一个故事，美国一位卫理公会的牧师在一次布道中，讲述约书亚的故事。他说：‘信徒们，太阳的运行方式有三种，第一种是向前或者说是径直的运动；第二种是后退或者说是向后的运动；第三种就是我们的经文中提到的——静止不动。（笑声）先生们，不知你们是否明白这个故事的寓意，希望你们明白了。今晚的餐后演讲者首先走径直方向（起身离座，做示范）——即太阳向前的运动。然后他返回，开始重复自己——即太阳向后的运动。最后，凭着良好的方向感，将自己带到终点，这就是太阳静止的运动。”（在欢笑声中，罗威尔重新入座。）

在这里，罗威尔的示范动作不仅传神，而且紧扣话题，既惟妙惟肖又天衣无缝，所以赢得了现场听众们的掌声和笑声。

所以说，演讲的结束语不仅很重要，还是听众评价一场演讲好坏的关键。那么，在演讲结束的时候，我们应该怎样说才能完美收尾呢？

1. 总结式结尾

可以用一些抑扬顿挫、铿锵有力的词语，或者简洁、精炼的话，对演讲的主题和内容作一个总结。以这种方式结尾的优点在于，即使听众压根儿就没有认真听你的演讲，也能够明白演讲的核心内容。例如："我今天讲了这么多，其实只有三个词，六个字——信心、决心、用心，这就是我对成功的全部理解。"

像这样的结束语，重点突出，言简意赅，能够让听众听了之后精神为之一振，然后向演讲者报以热情的掌声，帮助演讲顺利结束。

2. 呼吁式结尾

例如，"朋友们，我的演讲即将结束，在些，我呼吁大家积极行动起来，关注我们国家的贫困儿童，关心每一位贫困儿童，让我们尽己所能，向他们伸出爱的双手，拥抱他们，帮助他们！谢谢大家。"

用这样的语言作为演讲的结束语，表达出了演讲者对听众的期望，同时语言具有强烈的震撼力，容易感动听众。

3. 戏剧式结尾

运用戏剧式的结尾方式，让听众出乎意料，进而达到"平地起波澜"的效果。有一次，我国著名作家老舍先生发表演讲，刚开始他这么说："今天我给大家谈六个问题。"然后，他开始第一、第二、第三、第四、第五，有条不紊地讲了下去，等到他讲完第五个问题时，发现距离散会的时间已经不多了。于是，他提高嗓门，大声说："第六，散会！"听众们先是一愣，接着爆发出雷鸣般的掌声。

像这样的结束方式通常打破了正常的演讲内容，具有戏剧性的效果，容易使听众对演讲内容和演讲者印象深刻。

4. 幽默式结尾

借助一些道具或者行为制造出幽默效果来感染全场。

有一次，毛泽东主席在延安演讲。演讲快结束时，他掏出了一盒香烟，然后用手指在香烟盒里慢慢摸，掏了好半天也没有掏出一支香烟。不过，毛主席并不着急，他一边继续掏着香烟盒，一边演讲。又过了一会儿，毛主席笑嘻嘻地从烟盒里掏出了仅有的一支烟，夹在手指上举起来，对大家说："最后一条！"

在这里，“最后一条”一语双关，既表示最后一支香烟，也表示主席正在讲最后一个主题，即将结束，显得妙趣横生，并引得全场哄然大笑，而听众们的疲倦也在轻松的笑声中一扫而光。

5. 余味式结尾

以留余味、泛余波的方式结尾。这种结尾语进而意不尽，意留在语外，像撞钟一样，清音有余，余味袅袅，回味无穷，三日不绝。余味式结尾好像秋天瑰丽的晚霞一样，收得俊美漂亮，并且伴有“渔舟唱晚”的娓娓之声，让听众流连忘返，久久回味。如演讲稿《人生的价值何在》的尾结：

我们的雷锋，在他短暂平凡的人生中，创造出了巨大的人生价值，给我们留下了无与伦比的精神财富，那么，亲爱的朋友们，在漫长而又短暂的人生之路上，我们将做些什么？创造些什么？留下些什么呢？

这个结尾采取对比和提问的手法，听后令人深思，发人深省，叫人不得不扪心自问，三省吾身，给听众留下了哲理性的思索和回味。

演讲结束语在演讲中非常重要，往往能起到画龙点睛的作用。结束演讲的方式多种多样，演讲者可以根据具体情况来选择合适的演讲结束语。在演讲收尾的过程中，演讲者要尽量做到自然、真实、幽默，绝不要装腔作势、矫揉造作，否则即便你把话说得再好，也会引发听众的反感。

别让演讲输在最后一分钟

拿破仑说过：“兵家成败决定最后五分钟。”对演讲者来说，演讲成败关键不是五分钟，而是一分钟。这是因为，如果演讲者设计和安排的演讲开头和高潮精彩，再加上有一个出人意料、耐人寻味的好结尾，那么，就如同锦上添花，会给听众带来一种精神上的愉快和满足。

相反，如果演讲者设计和安排的结尾没有新意而平乏无力，没有激起波澜而陈旧庸俗、索然无味，那就会使听众深感遗憾，失望而去。

在一次座谈会上，来了一位重量级嘉宾。所以，主持人及现场人员都要求他先给大家讲几句话。这位嘉宾显然有备而来，讲出的话很有水平，但是收尾时却落入俗套："在此呢，我预祝这次座谈会顺利召开，希望大家谈出水平，谈出思想……也希望同志们发扬……精神，当然了，我更希望座谈会越办越好，每年都有机会与大家坐在一起探讨行业问题，对了，我还想说……"

这位嘉宾演讲很出彩，说话有水平，让人刮目相看，但是尾收得实在拖沓、老套。在一段演讲中，反差如此明显，给人的直观印象是：此嘉宾的水平是"背"出来的，不"背"就不会讲话。

收尾就是"收口""点睛"，它直接决定一场演讲的效果，甚至成败。所以，在演讲中一定要收好尾，像下面的几种结尾方式都是要极力避免的。

1. 冗长拖拉，漫无边际

演讲的结尾要像豹尾一样，干净有力，短小精悍，简洁明快，新颖别致。要以巨大的感染力，使听众以情绪激动起来，振奋起来。最忌拖拉啰唆，漫无边际。演讲者有活则短，无话则免。有的演讲者一上台，不管有事没事，一开口就要讲几十分钟，甚至个把小时，没完没了，好像说话的时间越长越能体现自己的级别、水平和存在，而事实上，人人都反感说大话，说长话，说空话，说假话的人。

2. 画蛇添足、节外生枝

演讲结尾要出人意料，耐人寻味，而绝不应平庸无奇，画蛇添足。要讲究内容的含蓄、深沉，使人觉得余音绕梁，不绝于耳。演讲结尾该断时，必须断，切忌节外生枝。有些演讲者，该讲的话明明讲完了，听众听上去似乎已经结尾了，但演讲者却又喋喋不休，拖拖拉拉，没完没了的讲下去。比如"前面我说的几点是非常重要的，在此我还想强调一下，再啰唆几句"。这样的话语就是典型的节外生枝。这势必会造成听众心理上的疲劳和精神上的困倦，让听众产生不满甚至反感。

3. 虎头蛇尾、草草收兵

演讲的结尾要有一定的高度，要尽量将全文的内容升华到新的层次，既能照应开头，总结全篇，又要突出重点，深化主旨，要给听众留下完整而深刻的印象。有的演讲者在演讲中，一开始东拉西扯，海阔天空，不着边际，临近结尾时，不作强调，不作必要的概括，就匆匆忙忙结束，草率收兵，使演讲失掉了应有的光彩。这种结尾是应该避免的。

4. 旁敲侧击、讽刺挖苦

有的演讲者，由于发现个别听众在演讲中不太注意听，加上某些听众对自己的演讲不感兴趣，或者在下边看报纸、织毛衣，或者交头接耳、小声议论，因而在演讲结尾时，演讲者就故意说上几句旁敲侧击的讽刺挖苦话，以此发泄心中的不满情绪。这种作法不仅是多余的，更重要的是表现了演讲者思想素质的低下，缺乏职业道德修养。

5. 千篇一律、废话连篇

有的演讲者开始说得不错，但一旦要结尾时就落入俗套，尽说些故意做作的、令人生厌的客套话，其结果，就像使听众吃了一粒发霉的花生，把满口的香味全破坏了。比如说："今天我讲到这里，本来是不准备发言的，但主持人一定要我说，我就恭敬不如从命，由于时间关系，本人水平有限，加上没有准备，对情况也不了解，所以就泛泛而谈，随便说说，以上几点不成熟的意见仅供参考，谈得不对的请批评，说的不好的请指正。"这种结尾就是典型的陈旧、庸俗、平淡无味、废话连篇的套话。是演讲结尾之大忌。

对一场演讲来说，结尾往往要比开头和主体部分要求更高，内容要更有深度，语言要更有力度，方法要更巧妙，效果要更耐人寻味。可见，演讲的结尾是走向成功的最后一步，它在整个演讲中起着不可忽视的重要作用。

下篇

演讲与口才实战历练篇

第 13 课　职场演讲

——落落大方，显示职场超凡才具

在职场，要让别人在短时间内认识你，发现你的才能，演讲是最快捷的途径。很多人能力不差，但不善于职场演讲，不会在同事、领导面前说话，在会议上发言，所以，获得的机会永远都比善于讲话的人少。职场演讲主要包括面试演讲、竞聘演讲、就职演说、升职演说、工作汇报、述职报告、离职演讲等。

求职者的自我介绍

“介绍一下你自己”通常是面试过程中的第一个环节，决定了面试官对求职者的第一印象。很多求职者，尤其是刚毕业的大学生，都没有在意面试时自我介绍的技巧，在自我介绍是千篇一律，都遵循了这么一套逻辑：姓甚名谁，哪里人，学什么专业，做过什么等。这种介绍不能很好地展现自己，不能给面试官留下深刻的印象。

其实，面试时自我介绍的内容在简历中大都体现出来了，用人单位之所以还要让求职者做自我介绍，就是要考察求职者的语言组织能力、临时应变能力，以及自我展示能力。所以，面试演讲中的自我介绍看似简单，却考验了求职者多种能力。

范文

大学生求职中的自我介绍

尊敬的各位领导、各位评委，大家好！

非常荣幸，能有机会参加贵公司的面试，感谢贵公司领导给我这个机会。

首先，请允许我做自我介绍。我叫刘娟娟，来自××，1995年出生，现就读于××××大学×××专业，将于××××年7月毕业。为了心中的理想，探索生活的真谛，凭着对知识的渴望，人生的追求，我孜孜不倦，不骄不馁，终于迎来了新的起点。

光阴似箭，在四年的大学生活中，我对所学的×××专业怀有很高的热情，取得了良好的成绩，且在其他各方面表现良好，被评为"优秀团员"，三好学生。通过在校的理论学习，我掌握了一定的操作能力，养成了严谨的学风和端正的学习态度；我有较强的组织能力，在大学时担任过学生会干部，组织过各种社团活动，比如校园歌手大赛、××演讲比赛等，从活动策划、方案准备，到宣传推广，组织联络，再到现场控制，我都亲自参与。另外，我在课外积极参加社会实践，丰富课余生活，且有很强责任感，能吃苦耐劳，敢于迎接新的挑战。

面对新的环境，新的起点，新的挑战，我将进一步充实和提高自己，如果有幸成为贵公司的一员，我必将以满腔的热情投入到工作中，用我的汗水、知识、热情报答贵公司的知遇之恩。

最后，我衷心希望贵公司能给我一个展示才华的舞台，我坚信，您的信任与我的实力将为我们带来共同的成功！

演讲技巧

这篇面试演讲稿用时两分钟左右，面试者在这短短的两分钟时间里快速组织自己的语言，实际上就是一个快速创作、打腹稿的过程。在这个过程中，需要把握好三个点：一是语言要精练，重点突出，自我时长不要超过三分钟，以两分钟为宜；二是自己的姓名、学校、专业没必要展开来说，简单介绍一下即可，因为这些在简历上都写得清清楚楚，面试官一目了然；三是描述自己的特长时，要有说服力，不要太笼统，比如谈到自己有较强的组织能力，可以简要地说一下都组织过哪些活动，参加过哪些项目，这样说服力更强。

单位内部竞职演讲

竞职演讲是一些企事业单位内较常见的演讲。竞职演讲的目的，就是要使领导或评委对演讲者有充分的了解和认识，从而鉴别其是否能胜任某个职位。精彩的竞职演讲内容丰富、深刻，见解精辟，发人深省，而且语言表达形象、生动，富有感染力。如果演讲得平淡无味，毫无新意，将很难获得领导或评委的认可。相对其他演讲，竞职演讲有一定的难度，演讲者事先需要做充分的准备。

范文

竞聘客户经理演讲稿

尊敬的各位领导，各位同事：

你们好！首先感谢各位领导的支持与帮助，也感谢各位同事对我的关怀，因为你们的信任与支持，才有我站在台上的机会，衷心地向你们说一句：谢谢！

今天我要竞聘的岗位是客户经理，能站在这里与这么多优秀人才一起竞争，我感到十分激动，同时也倍感压力。激动是因为我有幸与大家同台竞技，证明我的能力已经被大家认可；压力则是来自于以后，因为无论我是否竞职成功，这一次的经历都将是我今后工作的标尺，激烈我不断前进，并且要做的更好。

入职三年以来，我主要从事的岗位是银行前台柜员。这一份工作丰富了我的人生阅历，也让我在日常工作中不断得到锻炼，更让我积累了足够的工作经验，我相信，这些工作经验将为我今后的工作指明方向，将会帮助我更加高效地做好工作，为本行的发展贡献一份绵力。

每一个人都有一颗乐观向上的心，我也不例外，即便当前的岗位能让我获得锻炼与提高，但是我想争取更大的舞台来展示自己。客户经理一直都是我梦寐以求的职位，我有足够的信心将这份工作做得更好，因为我认为自己符合这项岗位的优点有三点：一是高度责任心；二是高度自信心；三是高度细心！

如果我竞聘成功，在新的岗位下我将做好以下工作：

一是更好地为客户解决难题，为他们提供更温馨的服务。客户是上帝，更是我们的衣食父母，有了他们的支持才有了我们的发展壮大。因此，当我走上这份向往已久的岗位时，我将督促自己更热忱、更温馨、更贴心地为顾客服务。

二是配合好上级工作，以上级领导的指示作为标准，努力完成上级下达的任务，攻坚克难，为我行发展添砖加瓦。

三是不断学习，不耻下问，不断提高。我们的工作是服务性质的，为了适应银行新的发展要求，我们要不断地进行自我提高。所以，当我走向这份岗位时，我将督促自己不断地进行学习，学习同事的优点，学习领导务实的工作作风，学习本行的服务精神，不耻下问，全方位提高自己的业务技能。

四是要有更强的责任心。这个岗位意味着更大的责任，更多的压力，我虽然并不是各位竞聘人选中最优秀的，但我有足够的信心做好这份岗位，接受这份工作所有的挑战。

当然，如果这次竞职没有成功，我也会坦然面对，以更饱满的工作激情去做好自己的本职工作，并且在工作中不断完善自己、提高自己。

最后，我有一句话与大家共勉：失败不可怕，可怕的是你不再向前，让我们扬起自信的风帆，在工作中自由翱翔！

我的演讲完毕，谢谢大家！

演讲技巧

竞聘演讲除了具有口语性、时限性、交流性等演讲的一般特点，还具有一些“个性”，如主题要集中，材料要真实，语言要准确等。所以，做好的竞聘演讲要把握好这样几个技巧：

技巧一：态度要老实。竞聘演讲其实就是“毛遂自荐”。自荐，当然应该将自己优良的方面展示出来，让他人了解自己。但要注意的是，在“展示”时，态度要真诚、老实，有一分能耐说一分能耐，不能为了自荐成功而说大话，说谎话。

技巧二：语言要简练。老舍先生说：“简练就是话说得少，而意包含得多。”竞聘演讲虽是宣传自己的好时机，但也决不可“长篇累牍”。应该用简练有力的语言把自己的思想表达出来。

技巧三：举止要自信。著名演说家戴尔·卡耐基曾说过："不要怕推销自己。只要你认为自己有才华，你就应该认为自己有资格担任这个或那个职务。"当你充满自信时，你站在演讲台上，面对众人，就会从容不迫，就会以最好的心态来展示自己。当然，自信必须建筑在丰富的知识和经验的基础上。这样的自信，才会成为你竞聘的力量，变成你工作的动力。

职场新人入职感言

在许多企业，新员工入职一段时间后，会被要求在一些场合发表入职感言。入职感言是新员工向企业的领导和同事展示自己的平台，也是企业了解新员工的渠道。因此，每一个职场新员工都应该把握住这个机会，认真客观地谈谈自己的感想，这对自己的职业前景有重要影响。

许多新员工却并不知道入职感言怎么讲，也不清楚感言应包括哪些内容。其实，由于入职的企业性质差异，以及员工进入一个新的工作岗位的适应度不同，在表达入职感想的时候，侧重点也会有所不同，关键是要谈出自己的心得体会。

范 文

新入职员工代表发言稿

尊敬的各位领导，各位同事：

大家上午好！

我叫张晓东。作为一名新入职的社区工作者，今天能够站在这里代表新入职工作人员发言，我很荣幸，也很感谢领导对我的信任。

面对新的工作生活，走到人生的又一个新起点，我们看到了新的机遇和挑战向我们张开双臂，我们将从原来的生活中抽身出来，迅速融入新的环境，这需要我们更加用心地去学习，去探索，去拼搏，勇于面对一切艰难险阻，敢于迎接各种挑战，以此提高自己的工作能力，适应新的工作环境。

作为新人，我们应该认识到自己的经验远远不足，在今后的工作中，我们还可能会遇到很多困难，这就需要我们端正态度，求真务实，坚守信念，努力学习。掌握过硬的本领，提高职业素养和技术能力，多做多学多问多思考，不仅要向书本学习，更要向实践学习，向有经验的前辈们学习。总之，无论怎样，脚踏实地地工作、不断地学习和充实自己，这样我们才能使自己胜任工作，有所创新；才能不辜负领导们的期望；才能做一名有素质、有能力、有思想、讲贡献的社区工作者！

最后，诚待领导们的指导，感谢你们对我们的关心，我们将不负所望，以饱满的热情，高昂的斗志积极投身于工作岗位中，齐心协力，努力建设新社区，为居民做好服务！也真心地期望各位领导和同事在新的一年中事事顺利，与各位同事在今后的工作中携手同肩，相互交流，真诚合作，共争朝夕！共同为建设新型和谐社区做出自己的贡献！

祝大家身体健康，工作顺利！

谢谢大家！

演讲技巧

通常，新员工入职感言一般应包含三部分的内容：

第一部分：简单介绍加入新公司后的情况，这部分主要包括：加入公司的时间；加入公司后的简单感受，如同事的关系，工作感受，每天的心情等。

第二部分：详细介绍进入新公司后的情况，这部分可包括：工作中遇到的问题，及如何解决问题，这期间的所学、所得；对工作本身的认识，如有建议，也可简单阐述；在入职的这段时间，若有诸如新员工培训经历、公司组织的拓展训练的经历，或者参观公司及其他公司经历的话，也可以简单谈一谈。

第三部分：表决心。顾名思义，主要陈述对未来工作的期许和对企业发展前景的展望，并简单表示一下对做好工作的决心。

新任领导就职演说

随着经济的发展和社会的进步，就职演讲已经成为就职者就职之初必须面对的一件事情。大到国家领导人，小到班组长，新上任时一般都要发表就职演讲。为了在演讲中充分展示就职者的素质、才能和人格魅力，需要在演讲前做好充分的准备与演练。

范文

企业经理就职演讲稿

尊敬的董事长先生、亲爱的朋友们：

大家好！

今天能够来到××××和大家一起共事，我感到十分的荣幸。《圣经》上说："百年修得同船渡"，大家来自全国各地，在××××我们走到了一起，这是我们大家百年修得的缘分啊。

××××有着相当不错的硬件设施，可以说是在××市的同行业中也是居于前列的，下一步我们要在软件上下功夫，注入科学的企业管理理念，注重以人为本。我十分崇尚团队精神和人性化管理理念，"没有完美的个人，只有完美的团队"。作为一个服务行业，服务质量是我们的生命，要提高我们的服务水平就要讲究管理的人性化和服务的人性化。俗话讲"顾客是上帝"，顾客是我们的衣食父母，我们要细心的呵护客人，努力让客人满意。如何更好地提高服务水平，实现管理和服务的人性化，在以后的培训中我会详细给大家讲这个问题。简单地说，下一步我们要提高××××的服务质量；打造××××的品牌；树立××××的企业形象；建设××××的优秀团队。

关于近期的工作安排，我首先想对我们的生活环境进行改善，包括：宿舍、餐厅及营业区的整顿，改善员工食堂的伙食等。让大家在一个更加宽松、愉快的环境下工作。

这些工作要靠大家的一起努力才行，也希望大家在以后的工作中能够给予我大力的支持！你们如果有什么好的建议和想法，我也非常欢迎每一位员工能到办公室和我一起讨论。我们也会建立一些平台来和大家互动交流。

最后，希望我们合作愉快，希望在我们大家的一起努力下我们××××能够生机勃勃，蒸蒸日上！

谢谢！

演讲技巧

不同的行业、职业，就职演讲的背景、性质、对象、范围等情况是不一样的，但就演讲技巧是相通的，即要把握好如下三个部分：

（1）开头。就职演讲的开头，一般都要表达任职者的心情和对听众的谢意。例如，一位新上任的总经理在他就职演讲的开头说道："今天，是我最难忘的日子，最荣幸的日子，也是最激动的日子。在此，让我向各位同事表示衷心的感谢！向在座的各位领导、朋友们表示崇高的敬意！"这样开篇，恳切自然，给听众以良好的印象和感受。

（2）主体。这是全文的主要内容。应当着重谈就职者的工作目标、打算和措施，以获取听众的信任和支持。

（3）结尾。就职演讲的结尾，一般都要发出号召，展望前景，给听众以激励和鼓舞。上述就职者在演讲的结尾，热情洋溢地说："希望我们合作愉快，希望在我们大家的一起努力下，我们 ×××× 能够生机勃勃，蒸蒸日上！"这样的结尾，充满了强烈的凝聚力和感召力。

升职员工表态发言

升职和演讲都是需要能力的，升职演讲就更不用说了。按照惯例，某人获得晋升后，通常会在一定的场合，当着同事与领导的面讲几句话，不管是谈工作，谈感想，总要走这么一个"过场"。这个时候，话怎么说既悦耳，又让人信服？这不只是分寸与尺度的问题，还要考虑同事、领导的心理，以及自己的工作、责任等情况。

范 文

升职后表态发言

尊敬的各位领导、各位同事：

刚才，会上宣布了所里对我的任命，非常感谢所领导对我的信任和培养，感谢所同事对我的支持，这次任职，对我来说，意味着更多的责任与压力，我将把今天作为一个新的起点，努力工作，勤奋进取，以新的姿态、新的境界，尽快适应新的岗位。在此，我作如下表态：

一、坚定信念。在思想上、行动上与所领导保持高度一致，认真贯彻所里的文件精神，强化政治意识、大局意识，责任意识，做到理想信念坚定。

二、是加强学习。向书本学习，向实践学习，向领导学习，向干部职工学习，加强自己的专业技术理论水平，提高自己在实际工作中的应用水平。

三、是要更加刻苦工作。尽快适应角色转变，适应新的工作环境，紧紧围绕所里的决策部署，理清工作思路，把握工作重点，让本职工作跟上社会发展的新形势、新要求，做到求真务实，脚踏实地，认真刻苦地工作。

四、严格自律。自觉发扬艰苦奋斗的优良作风，严格遵守所里的各项规定，廉洁自律，时刻保持清醒头脑，处处严格要求自己，主动接受所领导和所职工的监督。做到老老实实做人，干干净净做事。

同时，我个人也有一些缺点和不足，希望领导和同志们多提醒、多批评，我一定加以改进和克服。今后，我将会一如既往地以强烈的事业心与责任感，以勇于创新、乐于奉献的精神，以积极向上、实事求是的工作态度，以脚踏实地、求真务实的工作作风，恪尽职守，勤奋工作，决不辜负所领导、同事对我的信任与期望。

谢谢大家，请大家批评指正。

演讲技巧

晋升者做表态发言时可以遵循这样的思路：首先是表示感谢，虽然有拍马屁之嫌，但还是要说，而且不能说，从大到小要挨个“拍”，如“感谢公司给你这个舞台……”“感谢领导教导有方……”“感谢同事的帮助与支持……”接下来，就是勉励自己，“走上新的工作岗位，要更加……”这部分的重点是表决心、忠心，也可以给自己定目标。最后，要说两句谦虚的话，紧接着以再次感谢谢收尾，并记得鞠个躬。在职场，大部分人在晋升后，都遵循这个说话套路。如果觉得空洞，也可以讲点具体的例子，如获得了哪位同事的帮助，得到了哪位领导的什么的关心等。

管理人员工作汇报

汇报就是“汇”和“报”的总称，汇是汇总，报是下级对上级，个人对组织，绝不是平级之间的事，也不是上对下的事。在实际工作中，很多人不会汇报工作，更有甚者，不愿意汇报工作，不善于汇报工作。

有些人喜欢向上司讨教工作，而不喜欢向上司汇报工作，这是因为不论他们遇到什么样的问题和困难，都可以用一句“您认为这个问题应该怎么办”来轻松搞定。这实际上是把“上下关系”颠倒过来了，不是上司在给下属安排工作，而是下属在给上司安排工作。

对下属来说，汇报不是讨教，对领导来说，如果向公司汇报工作，就不能像布置工作那样说话。汇报工作看似平常，实际很重要，汇报的水平能真实反映你的工作水平，甚至影响领导对你的态度。所以，汇报工作不但重要，而且还是一门大学问。

范 文

部门经理工作汇报发言稿

各位领导，与会同志们：

按照本次会议安排和限时发言工作要求，我就个人一年来的工作情况向公司做一个简要的汇报：

一是思想上、行动上始终与公司领导保持高度一致，全面、全员、全过程、全方位地搞好生产任务及时下达、图纸交底和会审，以及技术交底、质量通病防治与预控、细部工程创优。今年，公司施工任务重，时间紧，而且各种维修、大修工程较多，相对分散、偏远。面对这种状况，我积极配合公司领导工作，转变观念，立志作为，牢牢掌握安全生产和进度控制的主动权，加强现场安全监督力度，有力推进施工进度的同时确保公司的安全工作万无一失。

二是不折不扣地将公司的各项要求落到实处，执行力再进一步强化。以积极的心态和强烈的责任意识，发挥自身优势，对待工作不推诿，困难面前不低头，逆境里面不叫苦，努力工作，把公司领导提出的各项工作落到实处，每个月都超额完成部门的月度任务，从而保证公司年度大目标的实现。

三是在工作中不断提高自身素质，模范带头作用突出。敬业爱岗，干一行爱一行专一行，勤于学习，善于思考和业余学习，在工作中掌握新知识，学习新技术，积累新经验，不断提高业务技术水平。作为公司职能部管理人员，为了使基建工作优质高效完成，我郑重承诺：能为项目部办的事，立即办；该为项目部办的事，坚决办；难为项目部办的事，想法办。

工作中存在的主要问题及本人的不足：

工作中存在的问题，主要是工作标准还不够高，要求不严，能过就过，只要完成任务，不受批评就行。对此，我的整改措施是：转变观念，转变作风，把自己的思维方式、工作方法尽快转变到公司领导对我们提出的各项要求上来，提高工作热情，增强工作信心，加大工作力度，用无私的心，奉献的情继续带领职工为企业的发展做出更大的贡献。

自评格次：良好。

谢谢大家！

演讲技巧

汇报工作有没有要领和技巧，善于汇报是不是“耍嘴皮子’？当然不是，汇报工作也是一门学问，掌握汇报工作的要领与技巧，应是领导干部的一项基本功。不管是下级向上级汇报，领导向全员汇报，在口头汇报时都要把握好三个原则。

原则一：明确目的。事先一定要思考好：这次汇报应该达到什么目的。这是一个带有根本性、方向性的问题，也是汇报的主旨。可以说，这个问题解决好了，你的汇报就成功了一大半。

原则二：抓住重点。根据汇报目的和领导的要求，选择重点内容、关键内容汇报。汇报时不分主次，面面俱到，既抓不住要领，又吸引不住领导，甚至适得其反。

原则三：实事求是。向领导汇报工作，无论怎么切入，怎么加工润色，都必须本着认真负责的态度和实事求是的精神，一定要把汇报工作建立在事实清楚的基础之上，决不能凭主观想象随意编造，更不能弄虚作假欺骗领导。这既是个职业道德问题，也是人格问题。

公务人员述职报告

述职报告是近年来新兴的一种热门演讲文体。随着我国干部人事制度改革和公务员制度的推行，述职报告越来越受到党政机关、企事业单位参公人员的重视，成为机关公文中常见的文种之一。

述职报告，就是述职者本着实事求是的原则，就自己任职以来履行职责的成绩、问题、经验、教训以及今后的打算，向本单位领导及同事所进行的演讲。它是随着人事制度改革而盛行的一种工作形式，是每个公务人员都应掌握的一门演讲艺术。述职报告不仅仅是给领导过目，也需要您在众人面前演讲。

范 文

公务员年终述职演讲

尊敬的各位领导：

自从我加入咱们这个大家庭，已有一年多的时间，在这期间，各位领导和同事无论是在生活中，还是在工作上都给了我无微不至的关怀。正是因为这些我才得以迅速成长，在这一年多的时间里，我认认真真，兢兢业业，在做好本职工作的同时，不忘学习更多的知识，这一年中既有成绩也有失败，现将这一年多的思想、工作情况汇报如下：

一、认真学习，态度端正，努力提高自身素质和业务水平。

我深刻地认识到“理论是实践的先导”这句话的深刻含义。在平时，我积极主动学习各种政治理论知识，自觉改造自己的人生观、价值观、世界观，坚持用先进的理论武装思想和指导实践。同时，我也认真学习书本知识，积极学习新出台的法律法规，提高了自身素质，增强了业务技能，能够在思想上、政治上和行动上与上级保持高度一致，为努力完成上级布置的各项任务打下坚实的基础。

二、求真务实、开拓进取，在用先进的理论武装思想的同时，我也坚持用先进的理论指导实践。

1. 在党政办秘书岗位上能严格按制度办事，按程序办事，保证了办公室正常、有序、高效运转，认真做好机关服务，做好后勤保障工作。

2. 在微机员岗位上，积极完善全员信息和流动人口建档工作，使 ×× 底数更加清晰。及时提供领导所需要的有关数据，并对相关数据进行简单分析，供领导决策参考。深入村户，与群众沟通交流，了解他们的需求，同时积极宣传国家计生政策，落实政策。

三、恪尽职守、廉洁自律，努力树立公务员的良好形象。

我始终坚持以一名优秀公务员的标准来严格要求自己，牢记党的宗旨，自觉加强自身修养和进行党性锻炼。在工作中，我严格要求自己，努力做到“脑勤、手勤、脚勤”，积极进村入户，与村民谈心交心，了解群众的所想、所盼与所怨，明确工作的热点、难点和重点。坚持依法行政，从没利用工作职权之便，吃、拿、卡、要，做出有损群众利益和公务员形象的事。

四、遵规守纪、作风严谨，自觉服从组织安排。

认真执行党的路线方针政策，自觉抵制形式主义、官僚主义、享乐主义等腐朽思想的侵蚀和诱惑。能服从组织安排，当需要加班加点、安排新任务或新岗位时，我均能自觉服从，从不计较个人得失。

当然，我还存在许多不足之处，比如政治理论水平有待提高，工作能力不足，工作方法有待改进，实践经验还不够等。但是多岗位的锻炼，能使我的工作能力不断提高，我也相信，在今后的工作学习生活中，一定能取得更好的成绩。

祝大家身体健康，工作顺利，阖家幸福，万事如意！

谢谢大家！

演讲技巧

述职报告的内容一般包括如下几个方面：

首先，要交代自己现任的职务（职称）、岗位职责、任职时间内的工作目标。这是述职的根基，不可缺少。

其次，阐述自己是如何履行职责，实现工作目标的。这是整个演讲的重点，也是突出政绩（成果），表现能力，更进一步自我推销的重要环节。

再次，剖析自己在履行职责、实现任期目标的过程中的成功经验和失败教训。这是整个演讲的又一重点，也是最能体现述职者知识水平和综合思辨能力的部分，因此，要想得细，看得透，讲得清。

另外，对自己做出客观的评价，如"基本称职""称职"或"不称职"，并简要汇报今后的工作打算。

这四部分之间具有严密的逻辑关系，不能相互颠倒，否则，就会使整个演讲不连贯，但各个部分的内容结构可以因人因事而定，要把重点放在述职人身上，放在证明自己履行职责的能力的强弱上。

核心职员离职演讲

离职演讲在现实中很常见，尤其是企业中的核心员工，或是重要领导离职前，通常会谈一些离职感受。这些感受怎么讲呢？是很有讲究的，要遵循相对稳定的结构与程序，即离职者首先应当讲什么，接着必须讲什么，最后需要讲什么，大体上有一个比较完整的模式。概括起来就是：交找离职背景，回顾过往经历，评述自己的工作，表达美好祝愿。一般，离职演讲都要遵循这个结构程序，这样可以表达明晰的思路，加深听众的印象。

范文

××公司经理离职演讲

尊敬的吕总、林总、蓝总、各位同事：

大家晚上好！（鞠躬）

非常感谢公司领导特意为我安排了这场特别的晚宴，我谨代表全家人对公司表示诚挚的谢意！首先我非常理解领导以及公司做出的这个决定，并且我也愿意遵从这个决定。

就要离开大家了，很多心里话要跟大家说一说。回首走过的4年，我心里充满了感动和感谢。

2012年的初冬时节我来到这里，而今即将伴着隆冬的冰雪离开公司，新年开始前，我就要挥别这曾经工作过的地方，即将踏上人生新的征程。此时此刻，我的心情很不平静，回顾我们一起走过的日子，这几日我辗转难眠，有太多的感慨和留恋，很多难忘之情常常浮现在眼前。这里有我朝夕相处的同事，有给予我无私帮助的朋友，有关怀爱护我的各级领导，借此机会，我要向你们致以诚挚的谢意！谢谢你们！

虽然4年不过是漫漫人生旅途中的弹指一挥间，但这里良好的环境，朴实的企业文化，真挚的情感，热情的同事，都给我留下了永不磨灭的印象。在充满朝气蓬勃的公司里，我度过了值得终生回忆的鎏金岁月，为企业的发展出了点微薄之力，与同志们一道见证了公司从无到有、从小到大，伴随着公司一路走来。

"人非草木，孰能无情"，如今将要离去，真可谓"别有一番滋味在心头"！但是我想，无论走到哪里，今后，××××（公司名）都将是我魂牵梦绕的地方，我将时常想起它。在四年多的工作当中，肯定会有一些事情、说的一些话难尽人意。我从社会上来，自由惯了，难免会伤害同志们的感情和自尊心，但是大家都能够善意的理解我、忍让我。这是我最为感动和感谢的。让我更进一步了解了什么是包容的内涵，对我以后和人相处起到很大作用。谢谢你们！

"人生自古伤别离"，工作的需要，我要遵照公司和领导的安排，离开曾经生活和工作过的地方，离开并肩战斗的同志们。但我会一如既往地关心企业的发展，关注大家。我相信只要我们携手并肩，在张总的率领下一定会开创更加辉煌的明天。

最后让我把各种情感汇集成对同志们的良好祝愿！祝同志们身体永远健康，家庭幸福和睦，万事顺心如意！

请大家办事时或者在路过赋海世家到我家里做客，我会热情地接待你们！谢谢同志们！（鞠躬）

演讲技巧

可以说，在所有的演讲中，离职演讲是最具伤感的。因为在离职的特定场境中，演讲者面对朝夕相处的领导和同事，心情必定非常激动。在这种真实心态的触发下，他讲出的话语，自然会带着强烈的感情色彩。所以，在做离职演讲时，一定要注重情感的渗透和表达，力求用充满真情实意的语言，深深地感染听众。做到这一点，关键把握好“三感”：

首先要突出现场交流感。离职演讲是在诸如告别会、欢送会之类的特定场合下进行的，这种特定的场合，本身就会营造出一种或热烈、或深挚的时境氛围。这种氛围，要求演讲者必须调适自我心态，体察听众情绪，在演讲过程中实现心灵的交流。

其次要注重语言分寸感。离职演讲是一种社交性的演讲，一般不具有某种特定的功利目的，因此，演讲的语言应该朴实谦和，褒贬要适度。

再次要强化表达真切感。离职演讲的情感倾向性是很强的，演讲者在离开工作岗位的时候，话别领导和同事，流露的应当是真情实感。任何虚情假意的述说，矫揉造作的表白，都会引起听众的反感。

第 14 课　会议演讲

——大会小会，体现个人独到见解

会，既是工作需要，也是社交需要，如今会的名目繁多，座谈会、家长会、研讨会、培训会、同学会、联谊会……要在这些会上出彩，树立好形象，你穿什么牌子衣服，开什么车不重要，重要的是你要会说话，能让自己的声音成为一张名片。

职员在座谈会上的发言

座谈会是什么会?

通俗地理解，座谈会就是坐下来谈话的会，一人一座，各自发言，唠唠嗑，嗑嗑瓜子，轻松地交流各自的想法。它是一种圆桌讨论会议，通常是由 6—10 个人聚到一起，在一个主持人的引导下对某一主题进行深入讨论。

座谈会不同于一问一答式的面访，因为是多人讨论，大家互相之间有一个互动过程。在互动过程中，氛围一般较轻松，大家发言的自由度较大。所以，在座谈会上发言，一定要把握住会议的主题，突出"座谈"的氛围，不要搞得像动员会，或是庆功会。

范文

银行职员在座谈会上的发言

尊敬的各位行领导、各位新同事们：

大家好!

很高兴参加这次座谈会，非常感谢分行领导提供的这个平台和机会，让我有机会同大家见面和交流。先自我介绍一下，我是来自 ×× 支行的 ×××，2013 年入行，现任个人客户经理，兼个人业务顾问。

今天，站在这里跟大家谈体会，心情很激动。下面我和大家简单交流一下自己的工作体会。上班后的体会很多，不过我觉得最重要的还是三点：一要学习、不断地学习；二要有强烈的责任心；三要注重服务。

我入行后，最开始做储蓄柜员，大堂经理，之后是会计业务，个人业务顾问以及个人客户经理，目前我已经做过 5 个岗位，每变更一个岗位，都要加强学习，才能适应并胜任新的工作。

当然，除了学习，还要富有强烈的责任意识。我们必须对客户负责、对上级负责、对行里负责，同时也是对自己负责。做事的过程，也是展示自我品牌与人格魅力的过程，在 ×× 支行工作的四年多时间是我成长、进步最快的阶段，这得益于行领导的指导和各位同事慷慨帮助。

各位新同事，我们是幸运的，行里给了我们一个良好的发展平台，让我们能够在广阔的实践中充分学习、充分锻炼、迅速成长。我们是有朝气、有创造力的快乐团队，在这个团队里大家可以充分展示自己的聪明才智，不断吸收团队精华，使自己无论在工作还是生活方面都处在一种“臻于至善”的状态。

大家都是有理想有抱负的有志青年，在工作中爱岗敬业、勤奋学习，也都是坚毅、善于思考、富有责任心得优秀员工。在今后的日子里，我希望自己和大家一样，在这个团队里快乐生活，快乐工作！

谢谢大家！

演讲技巧

座谈会发言，形式多样灵活，不像正式演讲那样有严格要求。发言者可根据会议的主题、内容，以及其他人的观点等，来谈自己的感想、认识，不需要遵循一定的程式，但有些方面还是需要注意的。

一是开门见山提出本人的想法。座谈会一般是有很多部门或单位参加的会议，听众随着发言者的不断更换，注意力会逐渐分散，直至有些“审美疲劳”，所以演讲者要尽量简化自我介绍、附和前者、恭维谦虚等这样的话，用尽可能少的时间讲自己的观点，不要做过多的铺垫，也不宜说太多套话，最后照应开头，对全文做简明的总结。

二是观点要犀利适用。演讲者必须围绕会议的议题来阐述自己的观点，观点要独到，要犀利。例如，在出版行业的一次座谈会上，某报社领导做了“如何做好发行工作”的演讲，他的观点很犀利：“用人性化的关心、用火热的工作激情、用周密的部署、用巧妙的语言、用最强的拓展力去征订。”演讲还没结束，就赢得了大家的阵阵掌声。

三是注意演讲的时间。一般的座谈会，时间是有规定的，这就要求演讲者把握好自己的发言时间，不可知无不言、言无不尽。恰当的发言时间是三分钟左右，这是大家都能接受的“心理时间”。

领导在茶话会上的讲话

茶话会，顾名思义，是饮茶谈话之会。它是由茶会和茶宴演变而来的。茶话会也是近代世界上一种时髦的集会。它既不像古代茶宴、茶会那样隆重和讲究，也不像中国“茶道”要有一套严格的礼仪和规则，而是以清茶或茶点（包括水果、糕点等）招待客人的集会。不同于其他的会议，茶话会的要求没那么规范。

茶话会的基本议程是：首先由主持人宣布茶话会开始，介绍参加茶话会的主要与会者；其次，主办单位的主要领导讲话；再次，与会者发言；最后，主持人总结。其中，与会者发言是茶话会的中心。为了确保与会者在发言中直言不讳、畅所欲言，通常，主办单位事先不对发言者进行指定和排序，也不限制发言的具体时间，而是提倡与会者自由地进行即兴式的发言。一个人还可以多次发言，来不断补充、完善自己的见解、主张。

范文

领导在迎新春茶话会上的讲话

各位同事，大家好！

刚刚过去的一年，是 ×× 上下团结拼搏、开拓创新的一年，也是车间全面发展、喜获丰收的一年。2016年，××在各个方面均取得较大的发展与突破，我们的工作得到了上级领导与兄弟部门的赞赏与认可。在2016年里，××共计生产产品6万台，有6个月突破万台，10月份更是达到创纪录的8000台，这其中饱含着车间每一位员工的辛劳与心血。在此我代表车间管理层向默默奉献在一线的员工表示衷心的感谢。

我们的××好像大家庭一样，以她广博的胸怀，接纳、包容了××市各区县的精英人员。大家家境、品性不一样，年龄、爱好不一样，文化程度、社会历练、从业经验各异，在公司中扮演的角色不一样，但你们都是××的骄傲，都是××的主人翁。

我们通过工作、培训、锻炼，不断学习，不断成长。同时，公司提供给员工成长的平台、表演的舞台、客观公正的评价。现在与大家济济一堂，畅谈感受，我欣喜地看到，在我们车间从小到大成长的过程中，已经培养和造就了大批的精英，你们在车间的各个岗位发挥着越来越重要的作用。

我也代表××××向大家的家属致以衷心的感谢和敬意！正是您们在后面的默默支持，使我们的员工无后顾之忧，努力工作、勇往直前！

2017年，新的一年新的开始，希望大家在各自岗位上扎实工作，为实现全年的计划而努力。在此，送上我诚挚的问候和衷心的祝福，祝愿各位及家人身体健康，工作顺利，事业有成，家庭幸福。

演讲技巧

在茶话会上发言，虽然不限定主题，大家可以敞开心扉来谈，但是，不要忘了，只要是个会，它就是职场生态的浓缩。在这里，人与人的关系，每个人对同一件事的不同解读，以及人们处理事情的不同方法，都会从他们的发言中体现出来。所以，发言的时候，既要阐述清楚自己的观点，也要适当照顾别人的观点。具体来说，就是把握住三个要点。

要点一：不要重复。如果别人刚刚谈自己的方案，一二三四很清楚了，其中有三条与你的想法不谋而合。这时，即便你针对这三条建议做了充分的发言准备，论点论据也更为有力，但无论如何也没必要重复一遍——如果你一定要提到这些观点，可以用三言两语概括一下，并且加上一些“正如刚才××

谈到的那样，我还想补充一点”，或者“在这个问题上，我特别赞同 ×× 的意见”。这种对他人发言的承接，不仅能强化自己的观点，更重要的是，这充分体现出你在会议上有准备、专注、尊重他人、思路清晰和富有创见的良好职场形象。

要点二：有的放矢。发言切忌跑题，或者不明白别人说什么，就站出来反对或赞成。在讨论环节要认真聆听别人的讲话，并适当做些记录，不断调整、理清自己的思路。这样，你在随后的发言中才会有的放矢。

要点三：以和为贵。当别人发言时，就算你再反对、再鄙视、再想辩驳，表面上也要保持克制，不动声色。轮到你说话时，首先要提到的不是“我不赞同……”而是在对方的发言中，寻找你和他可以达成共识的部分。随后再以恰当的方式提出自己的不同意见，既达到了讨论的目的，表达了自己的想法，又不至于伤及别人。

嘉宾在研讨会上的演讲

研讨会是专门针对某一行业领域或某一具体主题在集中场地进行研究、讨论、交流的会议。它对于制定政策、发展战略、方法措施都有巨大作用。所以，研讨会专业性较强，一般由行业或专业人士参加，针对面较窄，参加会议人员数量不多。

行业技术性研讨会的规模通常在 50—200 人间，也有 20—50 人的小规模研讨会，通常小于 50 人的研讨会会采取圆桌式，便于公平交流。在研讨会上，持有不同观点、意见的参会者都有机会发言，但为了保证交流效果，每个人的发言时间不会太长，短的一两分钟，长的也不宜超过十分钟。

范 文

嘉宾在“人才国际化”研究会上的发言

今天我很高兴参加这次研讨会，能同这么多的专家、学者一起交流意见，我认为是一次很好的学习机会。我们这次研讨会的主题非常重要，是关系到当前和今后一个时期人才工作的重大课题，弄清楚这个问题，对提高我国的人才人力资源的管理水平，增强国际人才竞争能力，促进经济社会协调发展都有重要的积极的意义。借此机会，我衷心祝贺本次研讨会顺利召开，并祝参加会议的各位专家学者身体健康，也企盼着各位专家学者的精彩发言。

下面我想就人才的国际化发展谈三点个人看法，作为我参加这次会议的一个发言。

1. 人才国际化是一种趋势

随着改革开放的不断深入和经济社会的快速发展，我国每年都要引进几万名专家，同时也要输出几万名专业技术劳务人员，国内外人才合作培养的形势也在加快发展，我国每年出国留学的学生达到十几万人左右，来我国留学的每年也有六七万人，在经济全球化发展的这样一种情况下，在国内外人才相互交叉使用，国际国内人才交流日益频繁的情况下，我想，人才的国际化趋势已经提上了日程，而且是一种必然的趋势。

2. 人才国际化的科学内涵

现在，对人才国际化的认识上存在着各种各样的观点，最典型的有两种……这两种观点都是对人才国际化的一种误解。真正的高层次的决定国家科技命运的人才不是没有国界的也是不可能引进的；真正的技术，决定国家命运的技术也是不可能引进的。还是要靠我们自己去解决。

我们所说的人才都得要国际化，意思是说要根据我国的实际需要加大对留学人员、外国人才资源的引进力度，适当地扩大这些人才在我国人才队伍当中的比例。我们所说的人才活动空间的国际化，是鼓励人才走出去，参与国际和我们国外科研事业单位管理和研究的活动，参与国际的科研竞争的活动。

3. 要研究制订人才国际化的指标体系

人才国际化既是一个理论问题，也是一个人才管理工作者的实践问题，需要制订具体的指标体系，便于操作，便于评价检查，确保目标的实现。

……

最后预祝大会顺利圆满结束，祝同志们身体健康、事业进步，家庭幸福。谢谢大家。

演讲技巧

研讨会的形式根据会议目的、参加对象不同而有所区别。不同的研讨会，与会者发言的方式，采用的技巧也有所不同，下面就三种研讨会做简单说明。

1. 专家研讨会。这种研讨会是行业领域的专家群体因特殊事件或特殊话题聚集起来，针对特别的或具体问题展开公平、公开的讨论，实现观念交流分享，并商议对策和形成相关决定的一种会议形式。在这类会上，大家知无不言，言无不尽，尽可能阐述自己的观点。

2. 行业研讨会。这种研讨会通常由一个利益主体组织，多个参与方通过演讲，就某些行业或技术问题展开研讨。在这种研讨会上，不是谁都有机会发言，演讲人一般是事先确定的。在研讨会上发言，内容要尽可能全面、系统，有明晰的观点，有一定的深度，不是简单地谈几点看法。

3. 网上研讨会。这是随着互联网的普及出现的一种研讨会形式，与线下的研讨会一样，大家也可以实现面对面交谈，并且发言者可与观众互动。这种形式的发言，相对较轻松，但观点碰撞较为激烈。

领导在培训班上的致辞

培训会议也是专业型会议，通常是企业内部或者教育部门举办。除带有研讨性质外，更多的是技能交流及知识传授。不管是政府机关、事业单位，还是企业，经常会举行一些培训会议，对内部人员进行某种技能培训。

尤其是领导，要想使自己在培训会议，或是培训班上的讲话有分量，能引起大家的足够重视，讲话一定要有点水平，不能走形式。

范文

领导在××培训班开班典礼上的致辞

尊敬的各位同仁：

大家好！

今天××（开班地点）群贤毕至！首先非常感谢这次培训的组织方××

公司，使我们××集团的所有精英能够齐聚一堂！

本次培训班是我们集团又一次关于××（主题）的大型培训，故特邀全国著名的专家为我们授课。在此，我谨代表××集团祝本次培训班取得圆满成功。同时，向在百忙之中不辞劳苦，鼎力相助的各位讲师表示衷心的感谢，并致以崇高的敬意，向风尘仆仆、专程前来参加培训的各位同仁表示热烈的欢迎！

在即将逝去的一年里，我们集团上下协力，众志成城，战胜了各种困难，团结拼搏，创造了一次次好的成绩，这些骄人业绩的取得，离不开在座各位的辛勤付出以及集团全体员工的努力，你们是集团的宝贵财富。请允许我代表集团向你们以及全体员工致以最诚挚的谢意和最亲切的问候。我们举办这次大型的培训班，其目的在于培育现代化的管理人才，充分发挥企业负责人所具有的“业务规划者”“过程管理者”“人才培养者”和“关系营造者”的作用，全力打造和培养一支优秀的高层管理团队。在此，我给大家提出三点希望：

其一：扎实充电。时间虽短，希望各位同仁积极地参与到学习中，全面并深入地掌握所授内容，达到全面提升的目的。

其二：相互交流。此次精心搭建的学习平台，使各位精英齐聚一堂，希望各位同仁相互交流，共同进步。

其三：总结实践。学习只是第一步，培训结束后，希望大家把学到的知识进行归纳总结，转化到实际工作中去，做到学以致用，引领集团蓬勃发展，创造新的辉煌！

最后，预祝此次培训圆满成功！祝大家学习愉快！谢谢大家！

演讲技巧

领导在培训会议上的讲话，许多时候，是即兴讲话。要使讲话有分量，有个人魅力，讲话尽可能简洁、有力、提气。这样才能传递给下属一种信心。如何表现这种技巧呢？

一要培训阐述意义。领导要给出培训的理由，坚定大家培训的信心，当然，在这之前要对大家的工作给予肯定。最好不要传递出“不合格才培训”的意思，而要讲“培训是为了干得更好”。

二要表示感谢。要感谢员工的付出，也要感谢培训老师，以及各方的支持与努力，虽然这是场面话，但还要是把它讲出来。

三要遵循“黄金三点法”。什么是黄金三点法？黄金三点法也叫“一二三法则”，这三点可以是过去、现在、未来，也可以是祝贺、感谢、希望，还可以是认识、做法、思考。多一点不行，少一点欠妥，究竟要使用哪三点，这要根据具体情况来定。

家长在家长会上的发言

家长会是家长和老师之间相互交流和沟通孩子学习、生活以及成长情况的重要渠道。在会上，家长之间要针对孩子在学习和成长过程中的进步或困惑进行及时沟通，共同寻找适合孩子的最佳教育方法和途径。

在家长会上，学生家长的发言是必不可少的。这时，要多谈一些对学生、学校和老师的看法，将自己的要求和想法表达出来，而不要将家长会看作是一场关于孩子学习成绩、闯祸记录等重要信息的发布会。

范文

家长代表在家长会上的发言

尊敬的学校领导、各位老师、家长朋友们：大家好！

首先感谢学校给我们提供这次交流的机会，以及班主任老师对我的信任和支持，同时，我为我的孩子能在该校读书学习，感到无比的高兴！在此，我代表各位家长向校领导及老师们致以最真切的问候和最崇高的敬意！

孩子们的点滴进步都渗透着老师们辛勤的汗水，孩子们能够健康快乐地成长和学习，老师们又给出了多么无私的关怀与爱。相信我们在座的各位家长都会从孩子们进入高中以后的言谈举止和日常学习生活中感受到老师们的辛勤付出。

咱们学校各方面管理规范有序，学生的学习风气浓厚，老师教学作风踏实深刻，譬如咱们班，学生们个个都生龙活虎，勤奋好学，团结友爱，老师爱岗敬业、朝气蓬勃、干劲十足，我相信学校有这样好的领导、有这样好的团队，咱们学校一定会越来越好，我们心中的目标一定会实现！

现在孩子还小，还很不成熟，并且生活还只是迈出了第一步，这需要学校和老师付出更多的心血，更多更高的严格管理教育和帮助。作为家长，我们也将全力配合与支持。

今天借这个机会，跟在座的各位家长共同学习交流一下关于家庭教育方面的三点体会，请大家多多指正。

一、和孩子建立良好的沟通平台和家庭关系。让孩子主动和家长讲心里话，正确引导孩子学会倾诉，学会表达，并做孩子的知心朋友，这样家长才能真正了解自己的孩子在想什么，在做什么。现在孩子是靠着一张试卷走进大学校门的，但是如果光靠着一张试卷是无法走进社会大门的。因此，学会表达很重要。

二、关注孩子的学习成绩，但尽量不给他太多的压力。在关注孩子的总分排名外，更值得关注的是帮他分析原因找差距，力争在以后的考试、作业中不犯类似的错误。望子成龙是每一位家长的共同愿望，每位家长对自己的孩子都寄予厚望。但是，不要把自己的孩子拿去和别人家的孩子比，这是我们大多数家长常犯的一个错误。

三、教育孩子要团结同学。做人首先要严格要求自己，要学会宽容，有矛盾时尽量忍让和理解，要珍惜大家在一起相处的机会，珍惜同学间纯洁的友谊。让孩子明白，只有同学关系处理了，才会更好地学习，才会愉快地学习。

总之，作为家长，我们应多从了解、理解、善解上下功夫，在尊重、严管、关爱上下功夫，在带动、互动、促动上下功夫，使孩子们在各方面都得到健康发展。

各位家长，教育是一份责任，也是一门艺术，孩子的成长离不开学校这片沃土，离不开园丁的辛勤培育，而且还不能缺少家庭的关爱。以上所说只是我个人的一些粗浅看法，不当之处，希望大家批评指正。

最后，预祝各位老师工作顺利！祝各位家长生活美满！谢谢大家！

演讲技巧

在家长会上，要想使发言精彩，有实质内容，且有针对性，在发言之前，家长先要想明白三个问题：

问题一：你了解自己的孩子吗？

有些家长了解孩子的性格，但未必了解孩子的学习情况，以及在学校的生活情况。这时，要多向老师了解这方面的情况。这样，讲出的话才更中肯。否则，过于“美化”或“丑化”孩子，都会影响自己的说话的可信度。

问题二：你和孩子有代沟吗？

父母和子女是生活在不同时期的两代人。由于在生活态度、价值观念、人生信仰和兴趣爱好等方面的差异，父母与子女之间就产生了所谓的“代沟”。作为家长，在撰写演讲稿时，可以从“代沟”这个角度考虑，来客观描述与孩子在沟通、观念等方面产生的问题，这样更说服力。如，孩子不听话，不是孩子出了问题，可能是自己观念出了问题，这样更能激发大家的思考。

问题三：你为孩子付出了多少？

家长在发言中，切忌一上来就历数学校与老师的不是，孩子如何如何，是因为老师如何如何。孩子有问题，要多从自身找原因，以探讨的姿态提出来。如孩子爱上网打游戏，你不能说“老师管教不严”，而要说“作为家长，我也有责任……很想听听大家在这方面都是如何做的”。如果自己平时在孩子身上付出很少，家长会上把问题与责任都归咎于学校，就有失偏颇。

班长在同学会上的演讲

每逢小长假，也是同学聚会的高峰期，老同学见面虽然可以畅叙友情。但一提到同学聚会，有些人会皱眉头：同学会就是名利场，炫富攀比让人不爽。为什么有这样的感受？就是大家说话的方式——情分谈少了，名利谈多了，所以心理距离也就远了。

那在同学聚会中，如何说话受人欢迎呢？既不要过分高调张扬，也不要畏畏缩缩躲在人后，不喜欢说话可以多做事，喜欢说话，就多念旧情，把眼前的名、利、钱、房放一边，不要攀，更不要炫。

范文

毕业十五年周年同学聚会演讲稿

亲爱的老师、亲爱同学们：

大家好！

悠悠十五载，绵绵同学情。在阔别十五年后的这天，我们再次相聚，相聚在冬季的十一月。在此，请允许我代表全班同学，向为本次同学会付出辛劳的同学道一声："辛苦了，谢谢你们！"对在百忙中前来参加这次活动的老师、同学们，表示最热烈的欢迎和最衷心的感谢！同时也感谢你家人的支持。向因事未能参加的同学，用手中的电波送去我们诚挚的问候和良好的祝愿！

十五年的分别，十五年的牵挂，给了我们足够的相约相聚的理由。同学会虽然不能改变你我的命运，但能够让我们感受友情的温馨；同学会虽然不能带来功名利禄，但能够让我们互通南北信息，沟通你我情感。忆往昔，恰同学少年，风华正茂，青春飞扬。曾记否，教室里，我们埋头苦学；操场上，我们奋力拼搏；课间里，洒下我们的欢声笑语；铁五中的校园里，留下我们成长的足迹……这些都是我们完美的回忆。

回首十五年的风风雨雨，回望我们曾一齐走过的青春岁月，冲淡的是我们所经历的人生坎坷、悲欢离合，浓郁的却是我们从容平淡、不拘于功名利禄的同窗情谊。十五年的思念和盼望，酿成了一坛浓香的美酒，这天，让我们大家一齐来共同分享！

同学聚首，有说不完的话题。回忆你我快乐的往事，互诉你我思念的煎熬，描绘你我完美的憧憬。我衷心地期望，在这欢庆的时刻，我们洒下的是笑语，倾诉的是衷肠；珍藏的是友谊，淡忘的是忧伤；收获的是人生经历，放飞的是情绪！

虽然时光能够带走青春韶华，却带不走深厚的同窗情谊。虽然我们分布在四面八方，为生活奔波，为事业忙碌，每个人的经历不尽相同，境况各异，但是请记住："我们永远是同学，我们永远是 ×××× 中 ×× 班的一员，我们都是这次活动的主人！”人近中年、岁月悠悠，在今后的人生道路上，让我们加强沟通和联系，互相激励，互相帮忙，共同健康，一齐创造快乐的健康生活！

海内存知己，天涯若比邻。亲爱的同学们，让我们共同祝愿：友谊长存，激情永在！让我们记住这完美时光，相约来年再相聚！

最后，预祝这次聚会圆满成功！恭祝同学和老师身体健康、合家欢乐、快乐安康！

谢谢大家！

演讲技巧

聚会是十分让人开心的事情，因为可以和许久不见的同学、朋友见面、叙旧，但是千万不要因为不恰当的言辞和动作而让你期待已久的聚会不欢而散。在同学聚上，说话要把握住下面几点。

1. 既要有旧情怀，又要用新眼光。有人说，同学聚会最美好的地方，就是可以回到当初。假如同学聚会变成了以交换人脉为目的的交友会，那就失去了同学聚会的意义。所以，光谈现在而不谈过去，对于很多同学的情感来说，是不体贴的。同时，只谈过去而不谈现在，也是不现实的，因为人总要回到当下，而在当下，生活有了巨大变化，人也变了的老同学，渴望其他同学的认同和接纳，感觉自己依旧是这个集体的一员，被这个集体所喜爱。这样的一种归属感，才能促进更深的情谊，让人觉得有同学真好，聚会真好。

2. 既不能自卑，又要避免高调。聚会不是比较，不要因为自己在某些方面比别人差，就心自卑，也不要因为自己境况好，就说大话，看不起这个，瞧不上那个，言辞中充满鄙夷。如果别人在谈一些很世俗的话题，听不下去，可以借口离开，或者换个话题。

3. 既要带动气氛，又要融入氛围。在各奔东西之后，大家其实已经习惯了分散行动，所以聚会的时候应该把集体的感觉找回来。假如看现场气氛比较冷淡，应该找一些大家都聊得来的话题，带动一下氛围。其他同学聊得热闹，自己别当闷葫芦，没话找话也要参与其中，

⊶ 主持在联谊会上的致辞

联谊会是以情感交流为手段组织起来的聚会。联谊会成员可以是过去的同学、同事、同乡或曾经有过较密切关系的交往人员，也可以是现实的同行、朋友。不论是师生联谊会、战友联谊会，还是行业联谊会，一般都先由德高望重的参会者，或是重要领导致辞、发言。

范 文

主持领导在联谊会上的发言

各位来宾、年青的朋友们：

你们好！

首先请允许我代表联谊会并以我个人的名义，对在座各位能来参加本次活动表示最热烈的欢迎与最衷心的感谢！以前同耘八方土，而今共饮一河水。年轻朋友来相聚，金山银水美如画。我们 ××× 分公司自成立以来，这样的大型活动已举办过多次，深受大家赞赏，参与的人越来越多，参与的面也越来越广。

实践证明，这一形式十分有利大家的交流与互助，也正是借助了这一形式，彼此之间才能更进一步地敞开心扉，吐露心声，分享喜悦，宣泄烦恼，寻觅知音，发现机会，促进合作，共同进取！

我深信，有在座各位的用心参与，这天的“手拉手”联谊活动也必须会取得圆满的结果。

历史是一条长河，绵绵不绝，滚滚流淌。人在河中沉浮，“逝者如斯夫，不舍昼夜”，纵有百年之旅，亦很短很短。岁月流逝，沧海桑田，作为历史的证明人，我们已有幸证明了两个千年。

在上一个千年中，我们的个人命运始终与共和国风雨同舟。在这后一个千年里，虽身边已是新潮涌动，百舸争流，千帆竞发，万象更新，但历史给予我们这代人的机会却并不多。事实证明，我们的脊背仍将承受因社会转型而伴生的巨大压力。

是徘徊于往昔而伤感，还是立足于现实而奋起，这是我们这一代人在新世纪初不可避免的选取。而一生中坚守或者失落的梦想，此刻也正让我们快乐或痛苦地疲惫着。不再年轻的生命，已经由不得我们太多的随意挥洒，像少不更事时的天真无邪，一派张狂。

由此，不知你可曾想过如何使后半生活得更有好处？不知你可曾展望过如何使事业在新世纪能继续辉煌？当然，也包括你是不是还想为你梦中的那片土地再做些什么？

正基于此，我们愿为大家带来一个可供广泛接触的平台，让大家的爱心与奉献，让一代人对昨日的感悟，对这天的执着，以及对明天的追求，都能在此得以真实留驻。

人海茫茫，你我只是沧海一粟。由陌路而朋友，由相遇而相知，不相疑，长相守，“百年修得同船渡”，谁说这不是缘分？

路漫漫，岁悠悠，相聚时，能几何？世上难道还有比这种相互认识、了解、沟通更珍重的吗？朋友们，让我们务必守住这份珍重。让我们再一次荡起双桨，在世纪之春共同去寻觅期望。

此刻我宣布：联谊会正式开始！谢谢大家！

演讲技巧

联谊会是个信息平台，或是感情纽带，有别于一般的会议。所以，在联谊会上讲话的语气、语气，以及内容要符合联谊会的氛围，突出联谊会的特点。也就是我们常说的“看场合说话”。那在联谊会上，怎么张口说话更讨人喜欢呢？

如果是致辞，一定要注意身份，不要开口乱“代表”，有人不注意这点，本来是自己跑去参加“单身联谊会”，在被主持人邀请给大家讲几句话时，非要说：“在此，我代表 ××× 公司……”其实你代表自己就好了。表可以随便戴，但“代表”不是随便来：一要看你是否有资格，二要看你代表谁。

如果是即兴发言，多分享喜悦之情，表达美好祝愿，这是应付场面的老套路，如“希望大家 ××××”“祝愿大家 ×××××”等。即使你的心情再不好，也不要表现出来，更不要讲出来。毕竟，大家来参加联谊会，话说漂亮了，面子自然好看，如果这点道理都不懂，那就不要去参加什么联谊会。

领导在表彰会上的致辞

表彰，是表扬并嘉奖的意思。表彰大会，顾名思义，就是表扬并嘉奖有功人员的大会。每年，不少机关、企事业单位都会召开这样的会议，从精神层面表彰先进，并激励、带动更多的人。作为单位领导，这个时候讲话一定要得体，比如，怎么以领导的身份致辞，该先表彰谁后表彰谁，怎么说话更激励人心等。

范文

公司领导在优秀员工表彰大会上的发言

各位同事：

大家上午好！至此春节即将到来之际，我们欢聚一堂，召开优秀员工表彰大会，我仅代表公司董事会向光临此次会议的全体员工，以及坚守在工作岗位上的同事们致以最真挚的祝福和崇高的敬意。

2016年，全体员工历经日日夜夜和风风雨雨，群策群力，克服了种种困难，取得了不错的成绩，我公司正以崭新的姿态呈现在众人面前。看到今天的成绩，我深感大家没有辜负公司对你们的期待，你们在平凡的岗位上不辞辛苦，展现了你们的聪明才智和创新能力，用双手和智慧创造了一个又一个不平凡的业绩，我为你们的努力而感到自豪。

今天受表彰的优秀员工和优秀中层干部，是全体员工中的佼佼者。我们要号召全体员工向他们学习，学习他们顾全大局，敬业奉献的精神，学习他们爱岗敬业，勤恳钻研的工作态度，更要学习他们善待顾客，细致周到的服务理念。我坚信，我们的团队是一个团结协作的优秀团队，我们有一批敬业奉献的优秀员工，有了大家的努力，在新的一年里，我公司的发展将迈向更高的台阶。

新年新气象，俗话说一年之计在于春，希望全体员工在新的一年里时刻以“敬业乐业、团结进取、分工协作”的团队精神为指导，希望你们在不同的岗位上发挥不同的作用，更希望你们在不同的岗位上都有优异的表现。请你们相信：×××× 美好的将来将是你们迈向成功事业的奠基石。你们才是公司真正的主人，没有你们就没有公司的今天，让我们携起手来，展望未来、放飞理想，为××××的明天共同努力！最后，给各位员工及你们的家人拜个早年。

祝大家春节快乐，家庭幸福，身体健康，万事如意！

谢谢大家！

演讲技巧

在这种场合发言，除了表达敬意、祝贺之外，一定要注意以下三点：

（1）不要夹杂个人喜好。在表彰会要多站在单位的角度说话，体现公平、公正的原则，不要掺杂个人喜好与情感。如“我觉得”“我认为”“我更倾向于”等，这种说法就不妥，类似这些体现个人情感与喜好的字眼尽量不要用。

（2）说话要有根据。表彰某员工，要让其他人看到这位员工的贡献与成绩，这样大家心服口服行才行。如果只是说“小刘这月的表现非常优秀”，这样的说法很笼统，他优秀在哪里，用事实与数据说话，更有说服力。

（3）肯定其他人员。这一点很关键，尤其在公开场合，表彰优秀人员的同时，也要顺带肯定其他人的贡献与付出。许多人都忽略了这一点，表彰完相应的人员后，就没了下文，显得不够完满，也容易影响他人的士气。

第 15 课　宴会演讲

——说话的水平决定了个人的高度

宴会发言是我们日常生活中经常遇到的一种即兴发言，如婚宴、答谢宴会、庆功宴会、欢迎迎会、欢迎宴会等。宴会发言除了要遵循一定的礼仪，发言内容必须与场面气氛相符。有些宴会比较正式，就必须使用规范的致辞方式，有些宴会场面比较轻松活泼，就多使用喜庆的语气。宴会是大家相聚的场所，气氛融洽，发言时应避免冲突和对抗性的语言。

新人长辈婚宴致辞

婚宴也称“吃喜酒”，是婚礼当天答谢宾客举办的隆重筵席。如果说婚礼把整个婚嫁活动推向了高潮的话，那么婚宴则是高潮的顶峰。婚宴礼仪繁琐而讲究，从入席到上菜，从菜品组成到进餐，乃至席桌的布置，菜品的摆放，等等，都有一整套规矩。比这更讲究的，是在婚宴上讲话。在婚宴中，不管是新郎新娘，还是他们的父母，或者证婚人，及参加婚礼的人，说出的话一定要有助于营造喜庆的气氛，体现应有的礼节。

范文 1

新娘父亲致辞

各位亲朋好友：大家好！

首先感谢大家光临小女 ××× 与她先生 ××× 的结婚喜宴，我希望各位亲朋好友在以后的岁月里继续关照、爱护我的女儿女婿，我拜托大家，向大家鞠躬！

其次，我向我的女儿女婿说三句话。第一句，愿你们携手百年，家庭幸福。第二句话，愿你们恩恩爱爱，勤俭持家。”第三句话，愿你们心往一处想，在今后的岁月里，创造、培养、磨合、建设、维护、完善你们的婚姻。

最后，我万分感激爱神的来临，我真诚地祈求爱神永远关照我的女儿女婿！我再一次感谢大家的光临和祝福，希望大家吃得开心、玩得尽兴。

范文 2

新郎父亲致辞

尊敬的各位领导、各位来宾：大家好！

今天是小儿新婚大喜的日子，我和我的家人心情非常激动，感谢各位来宾的光临，使他们的新婚典礼更加隆重、更加圆满。

在这个大喜的日子里，我要感谢在成长过程中付出了艰辛努力的单位领导及亲朋好友，正是你们的辛勤培养，才使他从一个不懂事的孩子成长为一个对社会、对国家有用的人，我代表 ××× 的母亲向各位亲朋好友表示衷心的感谢！

同时呢，今天我还要向亲家表示衷心的感谢，谢谢你们把这么一个好女儿嫁给了我的儿子。尽管今天结婚了，我还是要对我的儿子说几句，以后你要好好工作、好好做人，在外与朋友们好好相处，在家里要好好孝敬双方老人，对 ××× 要好好对待，一定要尽到一个做丈夫的责任，维护好自己的小家庭。

最后，让我再次感谢各位来宾的光临，请大家吃好、喝好、玩得开心，谢谢。

范文 3

证婚人祝酒词

各位来宾：

今天，我受新郎、新娘的重托，担任 ××× 先生与 ××× 小姐结婚的证婚人，感到十分荣幸，在这神圣而又庄严的婚礼仪式上，能为这对珠联璧合、佳偶天成的新人作证致婚辞而感到分外荣幸，也是难得的机遇。

新郎 ××× 先生现在 ×× 单位，从事 ××× 工作，担任 ××× 职务，今年 27 岁。新郎不仅英俊潇洒，而且心地善良、才华出众。新娘 ××× 小姐现在 ××× 单位，从事 ×× 工作，担任 ×× 职务，今年 27 岁。新娘不仅长得漂亮大方，而且温柔体贴、成熟懂事。

古人常说：心有灵犀一点通。是情是缘还是爱，在冥冥之中早已注定，今生的缘分使他们走到一起，踏上婚姻的红地毯，从此美满地生活在一起。上天不仅让这对新人相亲相爱，而且还会让他们的孩子们永远幸福下去。此时此刻，新娘、新郎结为恩爱夫妻，从今天以后，无论贫富、疾病、环境恶劣、生死存亡，你们都要一生一心一意、忠贞不渝地爱护对方，在人生的旅程中永远心心相印、白头偕老、美满幸福。请大家欢饮美酒，祝新人钟爱一生，同心永结。谢谢大家！

演讲技巧

大多数婚宴都有一个主题，就是喝酒。赴宴时，首先要会说一些祝酒辞，和身边人愉快地喝酒、聊天，当然，不要单纯地为了喝酒而喝酒，如果有机会站出来讲两句，一定要知道怎么说更受听，更能送上满满的祝福。对于一般的赴会者，掌握下面两种说话技巧是必需的。

（1)语言得当，诙谐幽默。在婚宴上说话，可以体现出一个人的才华、常识、修养和交际风度，有时一句诙谐幽默的语言，会给大家留下深刻的印象，让人产生亲近感。所以，说话不要一本正经，或板着脸，这是在婚宴中讲话的大忌。当然幽默要有分寸，有些玩笑话，也不适合在这种场合，如，新郎或新娘，以及其他人的隐私、缺点等。

（2）众欢同乐，切忌私语。大多数婚宴宾客都较多，所以应尽量多谈论一些大部分人能够参与的话题，得到多数人的认同。因为个人的兴趣爱好、知识面不同，所以话题尽量不要太偏，避免唯我独尊，天南海北，神侃无边，出现跑题现象，而忽略了众人。

⊶ 公司答谢宴会致辞

答谢会，是一个年度结束举行的一种回馈活动，一般以公司为主题，向各下属公司或分公司，以及客户等进行一种奖励形式的聚会，以不同的方式回馈一年的业绩和表现。每当这个时候，有些公司领导就犯愁，不知在答谢会致辞说什么好——既担心讲得太老套，没新意，又担心烘托不出答谢的主题。但话又不能不说，怎么办？随便找个讲话模板改动一下，作为自己的致辞稿，其实，这样做有撞稿的风险，一旦被人发现，那就糗大了。所以，在答谢会上的致辞稿，最好还是自己来写。如果存在一定难度，可以借鉴一些精彩的范文。

范 文

答谢晚宴致辞

尊敬的各位来宾，女士们、先生们：

晚上好！

值此圣诞来临之际，我们 ××× 工具公司在此举行客户答谢晚宴，以增进我们之间的友谊。在此，我代表 ××× 工具公司全体员工，对各位朋友的光临，表示最热烈欢迎和诚挚的感谢！感谢多年来各位领导、朋友们的支持，期望在今后的岁月里我们能携手并进，为 ××× 腾飞添砖加瓦！使我们各自的企业都有长足的发展。

风雨中，××× 和你们一起走过了许多个春秋，在这时光隧道里，我们不管是喜是忧，是前进中的成功，还是艰难岁月中拼搏，我们企业的身边永远有这么多领导和朋友的鼓励、支持、操心！但我们大家都坚信：××× 工具公司一定会勇敢地往前走，一定会不辜负大家的期望，成为经风浪、克艰难，越战越勇、路越走越远，越走越长的品牌企业。

俱往矣，数风流人物，还看今朝。2017 年是 ××× 工具公司关键发展年，随着我们友谊进步，和谐共处，彼此之间的经济交往和互动越来越紧密。因此，我们热切的期望，在今后的岁月里，各位领导和朋友们能够一如既往地与我们企业友好合作，一如既往地支持和关心我们。

现在，我提议，××× 工具的同志们端起手上的酒杯，向各位领导朋友致敬！祝愿大家新年进步，心想事成，合家幸福！平安夜里祝平安！干杯！

演讲技巧

不管是私人答谢会，还是企业答谢会，最根本的目的只有一个：答谢。答谢不是感谢，表达自己或公司的谢意时，一要发自肺腑，二要带着情感。要发自肺腑，就不能轻描淡写，如“非常感谢刘总的帮助”，像这种感谢就没新意，表达的诚意不足，如果对方对你的帮助很多，可以这样说：“在我最困难的时候，是刘总主动伸出援手，这份恩情让我刻骨铭心。”在说话的同时，要流露出你的感情，只是嘴上说得漂亮，却是一脸的不屑，也会让人不悦。答谢伙伴，答谢企业也是这个道理，一定要诚字为先，让人看到你的诚意，与为之付出的努力。

可以说，答谢会上讲话是个技术活儿，不可小觑，毕竟不能像别人帮你跑个腿儿，送你根糖葫芦后，你说声“谢谢”那么简单。

团队庆功宴会致辞

庆功宴，通俗地讲就是为了庆祝做成某件事，或是达到预期目标，而举行的由亲朋好友和亲密人士参加的饭局。现在，很多企业都会举行庆功宴。既然大家坐在一起吃饭，肯定免不了说话。庆功宴上该说什么？肯定是分享喜悦，肯定一些人付出的努力，送上真诚祝贺。即在这种场面上讲话，大部分内容都是以鼓励、鼓劲、称赞等为主。

范 文

领导在庆功宴上的致辞

各位精英：

大家好！

精英荟萃古御道，欢歌笑语踏春来。今天，来自全市系统的 × 位“×××

尖兵”，带领着与自己并肩奋战的 × 位伙伴欢聚一堂，共享丰收的硕果，共饮庆功的美酒。在刚刚过去的三个月中，为使自己的团队成为“× 强、× 佳”，走上成功创富之路，各位挥汗如雨，携手并肩，共同拼搏，团队上下齐心协力，撰写了 ××××× 活动的华彩乐章，借鸿瑞踅交之契机，将竞赛推向高潮，才有了今日的相聚。

明天，我们又要迈着矫健的步伐，踏入“夏日劲风”的旅程，奏响火热盛夏的最强音，希望在座的各位继续发扬敢打硬仗，勇于竞争，顽强拼搏，决不服输的团队精神，做“绿色泰山勇士”，尽享夏日滨海消夏“休闲”。

下面，让我们怀着喜悦的心情，绽放幸福的笑颜，畅饮庆功美酒。干杯！

演讲技巧

在庆功宴上，说话时要紧紧抓住主题词“贺”，如果庆功宴是为自己办的，要与大家“同贺”，如果是为别人庆功，要送上诚挚的祝贺。如果需要你在会上致辞，那就要把为什么贺，为谁贺，怎么贺讲清楚。如，某人的孩子考上了名牌大学，召集亲朋好友开了个庆功会，那在会上致辞时，除了要和大家分享喜悦之情，还要把邀请大家来的理由讲明白（为什么贺），简单介绍一下孩子的情况（为谁贺），并感谢大家捧场，希望大家吃好喝好（怎么贺）。这是庆功宴上讲话的三个要点。把握住这三点，致辞基本不会走样。

东道主的迎宾致辞

欢迎宴会，一般是为重量级人物的到访准备的，相对比较高端。如各国的领导人出访时，东道国都会设宴款待，表示热情的欢迎。同样，非常有名望的人到访某地时，或是企业的核心客户来访时，东道主也会安排欢迎宴会。按照惯例和程序，在欢迎宴会上，东道主一方会有人出现致欢迎辞，有时也会安排来宾致辞。

范文

东道主在欢迎宴上的致辞

尊敬的各位领导、各位来宾：

宝地迎宾至，秋风送客来。

在这天高气爽、秋意渐浓的美好时刻，我们非常荣幸地邀请来了各位领导和各位书画艺术家。有朋自远方来，不亦乐乎。在此，我谨代表 ××、×× 以及 ×× 对大家的到来表示热烈的欢迎和诚挚的谢意！对“人文 ××，绿色家园”我省书画名家 ××× 采风创作行的顺利启动表示衷心的祝贺！ ×× 是个山清水秀，资源丰富，物华天宝，人杰地灵的好地方，欢迎大家来 ×× 采风、传艺、送宝、做客，欢迎各位领导来 ×× 指导工作，欢迎各位有识之士来 ×× 共谋发展；感谢老朋友对我们一如既往的友谊，感谢新朋友对我们热情有加的厚爱，感谢各位对我们各项事业蓬勃发展的关心和支持！

为了迎接各位的到来，使大家共同渡过这个美好的时刻！现在我提议：

为 ×× 悠久、古老的文明；

为 ×× 美好、繁荣的明天；

为我们今天的雅集、盛会；

为各位工作顺利、万事如意；

干杯！

演讲技巧

撰写一篇合乎规范的欢迎词，是筹备欢迎宴会过程中一项不可忽视的细节工作。欢迎词正文一般要遵循这样写法：

首先，表示欢迎。欢迎词正文的开头部分一般要用简洁的文字交代一下背景，即什么活动开幕了，然后用热情的话语对来宾表示欢迎，也可以向来宾或者有关方面（人士）兼表祝愿或者感谢。其次，阐释意义。为什么要举办欢迎宴会，目的何为，意义何在，这是欢迎词应当交代的。再次，展示优势，也可以说树立形象。这是欢迎词正文的重心所在。当下利益重要，长远利益更重要。最后，表达祝愿。这是欢迎词正文的结尾部分，一般用简洁的句子祝愿活动圆满成功，或者祝愿来宾生活愉快，并另起段落以“谢谢大家！”“谢谢各位！”这样的礼仪结语结束全文。

⊶ 同事调职欢送致辞

欢送是一种礼节，如宾客离别，领导调职，或会议结束，学生毕业，亲友远行时，通常会举行欢送仪式。在仪式上，嘉宾或主办方会讲一段欢送词，以表示惜别之情。欢送词可分为私人交往欢送词和公事往来欢送词两种。

范文

欢送老同事仪式上的致辞

尊敬的各位领导、各位同事、朋友们，大家下午好！

在这春暖花开的日子里，我们欢聚一堂，怀着依依不舍的心情，欢送我们的五位好同事、好朋友。在此，我谨代表全体同仁，向你们致以美好的祝愿！祝愿你们在新的工作岗位上工作顺心、万事如意。

即将分别，一切的一切，点点滴滴仍历历在目，你们无悔地演绎着诗意的人生。你们从普通的教师到学科骨干，从班主任到优秀教师。你们的出色表现全体同仁有目共睹。

说实话，你们的调离对我们来说真是即高兴，又难舍。高兴的是你们即将走上新的工作岗位，另辟一片天空；难舍的是，与我们的朝夕相处，同甘共苦，并肩战斗。你们是我们的好同事、好朋友、好姐妹、好兄弟。我衷心祝愿你们在今后的工作中，越来越辉煌。愿我们诚挚的祝福，编成一束永不凋谢的花环，给你们的生活带来绵绵的芬芳和脉脉的温情。

更希望你们如有时间，如有空闲，常回家看看！让我们再次祝愿你们的生活如诗般精彩，也真诚地祝愿各位老师青春永驻，愿我们携着永恒的祝福，在每一个红红火火的日子里，天天都有一份好心情！谢谢！

演讲技巧

欢送词的基本结构是：首先简要表达热情欢送之意，接着表达自己的惜别之情，然后表达再次相聚、共事的期许，最后，送上美好祝愿。在整个演讲过程中，要特别注意两点：一是惜别性。“相见时难别亦难”，欢送词要表达亲朋远行时的感受，所以依依惜别之情要溢于言表，而且声音不要低沉，要洋溢一点。如果是出于公共事务方面的交往，更应把握好分别时所用言辞的分寸。二是口语性。欢送词的遣词造句也应注意使用生活化的语言，使送别既富有情趣又自然得体。

公益慈善晚会致辞

慈善晚宴可以是政府筹备，也可以是私人筹备，主要是通过举行这个晚宴，进行一些拍卖的活动，拍卖所得扣除费用后，全部用于慈善事业。拍卖所得一般在拍卖前会有一个说明，说明该款项会用在什么方面，也可以通过具有公信力的基金会进行统一调拨与使用。

但有些慈善晚宴不一定是为了筹备钱款，而是为了对在慈善事业方面做出贡献的单位或个人进行表彰。通常，能够应邀参加慈善晚会的人，都是比较高端——有一定的身份与经济实力，一般以企业老板为主。所以，在这种场合讲话，一定也要高端，不能太掉身份。

范 文

领导在慈善晚会上的讲话

尊敬的张书记，各位领导、各位来宾：

大家晚上好！

××××集团作为区内企业的表率，一直以来都十分热心社会公益事业，坚持发扬“义利兼顾、德行并重，发展企业、回馈社会”的精神，积极投身扶贫、教育、体育等方面的各项社会公益活动，推广慈善，践行慈善。他们的义举，体现了奉献社会，回报社会的企业责任感，我们要大力提倡，大力宣传。

元宵佳节送真情，博爱欢乐传万家！善事业是一项取之于民，用之于民的社会公益事业，需要全社会的关心、支持和参与。我们真诚地盼望，在未来的日子里，如 ×××× 集团一样，具有社会责任感，热心公益事业的优秀企业和优秀企业家能不断涌现，弘扬公益精神，共襄善举，推进慈善事业大发展；我们殷切地期待更多的热心人士能关注慈善，投身慈善，为困难人群、困难家庭奉献爱心；我们真诚地盼望像今晚这样的慈善活动能更多地开展，让更多的困难家庭感受到社会大家庭的温暖，让幸福之花开遍社会的各个阶层、各个角落。

最后再次感谢 ×××× 集团对我区困难群众的关心，并祝大家新年吉祥！身体健康！万事如意！

谢谢大家！

演讲技巧

不管是官员、企业家，还是其他机构负责人，在慈善晚宴上致辞，除了欢迎、感谢之类的客套话外，一定要有“干货”，有亮点，简单来说，就是要把握住三个要点。

要点一：阐述慈善的意义。这个不要空谈，要结合实例来谈，如解决了多少人的生活问题，帮助了多少贫穷学生，这对一个家庭、社会意味着什么。这样说话才抓人心，能引起哄鸣。

要点二：慈善让自己或企业收获了什么。不要从广告、赚钱的角度来谈，要多从品牌、企业文化、社会责任角度讲，为了增强说服力，可以举些例子。如“企业形象得了极大提升，客户的流失率由之前的 30% 降为 10%……”

要点三：发出自己的呼吁。呼吁要简洁、通俗、真挚、可信。否则感情虚饰，起不到作用，如“让我们一起 ×××××× 吧”，这样的呼吁没有力度，缺少感染力。

第16课　庆典演讲

——会说喜庆话，庆典场面口吐莲花

庆典是社会组织为了引起公众的关注，扩大自身的知名度，最终获得更大的经济效益和社会效益，围绕重要节日或自身重大值得纪念的时间而举行的庆祝活动。常见的庆典有大会或活动开闭幕式、工程奠基仪式、剪彩仪式、开学典礼、毕业典礼等。在各类庆典中，商务人员参加庆祝仪式的机会相对较多，既有可能奉命为本单位组织一次庆祝仪式，也有可能应邀去出席外单位的某一次庆祝仪式。

正式会议开幕致辞

开幕词是党政机关、企事业单位和群众团体的领导宣告会议开始、交代会议任务、阐述会议宗旨，以及介绍与会议有关事项的致辞。一般出现在表示欢迎的致辞后，旨在阐明本次会议的指导思想、宗旨、性质和重要意义等，提出本次会议的重要任务、议程和要求，在语言上简洁明快、富有激情。开幕词是大会正式召开的标志，一般由主要领导人亲临大会并发表开幕词。

范文

公司答谢会致辞

尊敬的各位领导、各位来宾、各位××××合作伙伴：

上午好！首先欢迎各位嘉宾的到来！

阳春三月，喜泰开来。在这春意盎然的季节里，我们很高兴地邀请到各位领导及合作伙伴来参加首届××××国际防水“2015感恩共赢答谢会”。在此，我代表××××防水向多年来关心支持××××的各位领导及合作伙伴致以亲切的问候和美好祝福！感谢各位领导，是您们的支持与帮助××××得以稳步良性发展；感谢各位合作伙伴，是您们独具慧眼，选择××××防水成为您合作共赢的合作伙伴！感谢您们为公司的发展献计献策，感谢您们在市场第一线奋斗拼搏，感谢您们来到这里，同我公司一起共创美好未来！同时也感谢我公司奋斗在第一线的各地销售精英人员，你们是公司发展的推动者、参与者和亲历者，你们时刻为公司带来市场最新的第一手信息，这为公司创建国际防水品牌具有极为重要意义！

在此，我衷心希望与会的各位领导、合伙伙伴及公司全体员工把此次会议办成一个交流心得，增进了解，开展合作，推动发展的高水平交流会议，同时也希望各位来宾能够开诚布公的向××××提出您的宝贵建议和意见。

再次感谢！

演讲技巧

在向大会致开幕词时，一定要处理好开幕词与大会报告的关系。不要将开幕词变成大会报告。为此，在开幕词中要注意几点。

（1）称谓。一般讲“各位代表”“先生们，女士们”，如有特邀嘉宾，可讲“尊敬的××先生，各位代表，朋友们”等。

（2）正文。向大会介绍参加的领导同志和各方面的来宾，通报到会代表人数和团体名称；回顾过去的工作、成绩、经验及不足；提出本次会议的议题和议程。

（3）结尾。结语部分，一般以“祝愿大会获得圆满成功”做结尾，也可以提出带有鼓动性的口号。

文体活动闭幕致辞

闭幕词是一些大型会议结束时由有关领导或德高望重者向会议所作的讲话，这种致辞具有总结性、评估性和号召性。闭幕词与开幕词一样，有简明性和口语化两个共同特点，其种类与开幕词相同。

闭幕词出现在会议终了，因此，要写得与开幕词前后呼应、首尾衔接，显示大会开得很圆满、很成功。

范文

运动会闭幕式致辞

各位领导、各位来宾，亲爱的 ×××：

紧张、激烈、欢乐的运动会马上就要落下帷幕。为了办好这次运动会，×× 以来，××× 举全 × 之力，精心地策划，周密地安排，认真地筹备；全区各县广泛地动员，有序地报名，积极地参赛；开幕以来，裁判员尽职尽责，公正裁判；运动员敢拼敢赢，奋勇比赛；安保后勤人员用心用力，优质服务；在大家的共同努力下，运动会取得了圆满成功！我们赛出了成绩，赛出了风格，赛出了友谊，赛出了热烈欢乐的气氛！

在此，我代表 ×××、××× 向大会的成功表示热烈的祝贺！向承办单位、组织参赛单位，以及所有裁判员、运动员、服务人员表示衷心的感谢，并致以亲切的慰问！

借这个机会，我想送给大家两份礼物：

第一份礼物，送给所有 ××× 和 ××× 三句话：

第一句话：体育一定要坚持群众化路线。竞技体育可能会成为我们工作的亮点，但绝对不是我们工作的着眼点和落脚点，我们一定要坚持鼓励、引导每一个人都参与到体育锻炼中来，要让每个人都在体育锻炼中提高身体心理素质，提升思想精神境界。

第二句话：体育一定要突出集体性项目。要让大家在集体性项目中培养协作精神、团队精神和集体主义精神。

第三句话：体育一定要注重精神性体验。要让大家在运动中享受快乐，在拼搏中锤炼意志，在成功中感受喜悦，在失败中学会自强！

第二份礼物，送给在场所有人六个“伙伴”。这六个“伙伴”我们在运动中已经握手，已经拥抱；这六个“伙伴”能让我们不断成功，终生幸福；这六个“伙伴”是三对“双胞胎”，他们分别是：健康与快乐、协作与竞争、勇敢与顽强！愿他们伴随大家一生！

最后，再一次祝贺大会圆满成功，谢谢大家！

演讲技巧

与开幕词的一样，闭幕词也由三部分组成，分别是称谓、正文、结尾。除了称谓之外，其他两部分侧重点不同。

在称谓之后，要说明会议已经完成预定任务，现在就要闭幕了；然后概述会议的进行情况，恰当地评价会议的收获、意义及影响。核心部分要写明：会议通过的主要事项和基本精神；会议的重要性和深远意义；向与会人员提出贯彻会议精神的基本要求，等等。这几方面内容都不能少，而且顺序是基本不变的。

结尾部分一般先以坚定语气发出号召，提出希望，表示祝愿等；最后郑重宣布会议闭幕。

开工奠基仪式致辞

奠基仪式是各类庆典活动的形式之一，在一些建筑物动工修建之初，采用完整无损、长方形石料作为搭建材料而举行的庆贺性活动。在奠基仪式现场，一般由主要领导人发表奠基讲话，以及来宾致辞道喜。

范 文

领导在迁建工程开工奠基仪式上的讲话

各位领导、各位来宾、同志们、朋友们：

今天，我们在这里隆重聚会，举行 ××× 小学迁建工程开工奠基仪式。在此，我代表 ××、×× 向 ××× 小学迁建工程的开工奠基表示热烈的祝贺！向辛勤工作在教育战线上的广大师生表示崇高的敬意！向学校工程建设、监理人员致以亲切的问候！

百年大计，教育为本，教育是民族振兴的基石。启动 ××× 小学迁建工程是 ××、×× 全面贯彻落实党和国家教育方针的具体体现，是 ××、×× 着眼优化教育布局，整合教育资源，推进城镇化进程的一项德政工程、民心工程，是我 × 教育事业发展进程中的一件大事。它的开工建设，标志着我 × 十大重点项目工程、校舍安全工程又迈出了新的步伐。同时对加快 ×× 新区建设，提升城区文化品位和文明程度，满足人民群众对优质教育的需求，促进我 × 经济发展和社会进步都具有极其重要的意义。

今天，××× 小学迁建工程正式开工奠基，借此机会，就工程建设问题，提几点希望和要求：

一要确保工程质量。要严格按工程建设基本程序办事。工程建设和监理单位要坚持“百年大计，质量第一”的方针，建立严格的质量管理制度。要坚持“政府监督、社会监理、企业保证、公众评价”的质量监督体系，实行质量领导责任制、项目法人责任制和质量终身追究制，确保工程质量。

二要突出安全施工。安全责任重于泰山。要时刻绷紧安全施工这根弦，加强日常检查，严禁违规作业，发现安全隐患及时整改，确保安全施工无事故。

三要加快工程进度。按进度服从质量的要求，在保证质量的前提下，抢时间，争速度，保证项目如期竣工。

四要强化优质服务。涉及工程建设的相关单位，特别是工程的责任单位，要各司其职，积极配合，全力为工程建设提供优质高效的服务。

最后，祝 ××× 小学迁建工程开工大吉！早日竣工！祝同志们身体健康，事事如意！

谢谢大家！

演讲技巧

在奠基仪式上，包括施工方、建设方、监理方，以及政府相关部门的负责人都可能到场讲话，他们讲话的角度不同，侧重点不同，但是讲话的思路都是相同的。

（1）热烈祝贺。首先要对奠基仪式表示祝贺，如“我们举行隆重的奠基仪式，热烈祝贺工程胜利开工建设”。这是必不可少的内容。

（2）郑重承诺。如果是施工方，可以这样讲“我公司将严格遵守国家工程建设规范、技术规范和政府的有关规定，我方愿意根据招标文件的规定，承担此项工程的施工任务……”如果是其他单位，在承诺时根据自身承担的责任调整一下角度。

（3）衷心祝愿。在讲话临近结束时，要送上美好祝愿，如“希望这项工程早日高标准完工”。

项目剪彩仪式致辞

剪彩，是指在仪式上剪断彩带。剪彩不仅是买卖开张时要搞的仪式，而且连工程开工、落成等许多事情也都要剪彩。近年来，隆重的剪彩仪式在我国也随处可见。剪彩仪式开始后，主持人应向全体到场者介绍到场的重要来宾。接下来，就是来宾发言，发言的顺序依次应为：东道主单位的代表、上级主管部门的代表、地方政府的代表、合作单位的代表，等等。剪彩仪式档次的高低，往往也同来宾的身份密切相关。

范 文

镇领导在剪彩仪式上的讲话

尊敬的 ×× 先生、各位来宾、老师同学们：

今天，我们与 ×××× 有限公司在这里隆重举行援建 ×× 中学沼气项目剪彩仪式活动，这是我镇教育事业上的一件喜事，对于振兴我镇教育事业，推动我镇农村精神文明建设以及更好地宣传发展沼气，保护生态具有十分重要的意义。在此，我谨代表 ×× 镇党委、政府对这个项目的成功启用表示热烈的祝贺！向长期以来关心支持我镇经济和教育事业发展的 ×××× 有限公司表示衷心的感谢！并向前来参加仪式的各位来宾表示热烈地欢迎！

捐资助学是一项功在当代，利在千秋的事业，是中华民族扶危济困传统美德在新形势下的发扬光大。保护生态，利国利民，这也是社会主义市场经济条件下经济行为同道德行为相结合的一个善举，它所产生的积极影响是广泛而深远的。×××× 有限公司秉承“可持续发展”理念，以科学方式管理，促进了当地的福利水平，并保护了本地的生态系统，得到了广大群众的支持与厚爱。×××× 有限公司在做大、做强自己事业的同时，情系山区，情系教育，捐资助学，用实际行动真心回报社会，为贫穷地区教育的发展献爱心、做实事。用实际行动，继承和发扬了中华民族扶贫济困的传统美德，也为光大教育事业树立了榜样。

我们希望能有更多的企业及仁人志士像 ×××× 有限公司的领导和员工们一样，关心我镇的教育事业和扶贫帮困工作，为加快我镇经济发展给予更多的关心与支持。

最后，我们真诚地祝愿 ×××× 有限公司在市场经济的大潮中，一帆风顺，兴旺发达！

祝各位领导、各位来宾工作顺利，身体健康，万事如意！

谢谢大家！

演讲技巧

剪彩仪式由许多环节组成，来宾发言只是其中的一个环节，所以，发言时间不宜过长，以两三分钟左右为宜。讲话的内容要侧重三个方面：介绍、道谢与致贺。介绍，就介绍这次剪彩活动的来宾，以及剪彩的缘由，如“开张剪彩”“大厦落成解彩”等。道谢，就是感谢合作伙伴，以及其他提供支持与帮助的人员或单位。致贺，即庆贺开业，或庆贺圆满完工等。如果讲话者的身份很显贵，也可以再提出一些希望。

新学期的典礼致辞

对于学生而言，新学期开学典礼意味着一个新的开始。因此，新学期开学典礼在一定程度上象征着起点。而开学典礼通常选在新学期第一天举行，本身就具有一定的仪式性。在典礼仪式上，通过领导讲话、师生发言的形式对新学期提出希望，并以此激励学生不断进步，同时，也让学生们为新的学期和新的生活做好准备。

范 文

校长在开学典礼上的讲话

同学们，大家好！

今天，我们又回到了学校，看到了熟悉的面孔，我很高兴。让我们以热烈的掌声迎接新学期的到来……在新的学期里每个同学都带着新的希望，踏上新的旅程。

俗话说：一分耕耘，一分收获。成功的结果来源于点滴的过程，也许昨天的你曾经辉煌，曾经得到过多次的奖励，享受过成功所带来的喜悦。也许你曾经受到了挫折，在失败的路上流下了一次又一次的眼泪。不管以前是成功还是失败，我们都要忘记，只需把经验和教训铭记在心。

在新的一学期，首先，我希望大家要做好“五个心”：

一是收心。开学了，我们该把玩的心收起来了，投入到以学习为主的生活方式。玩的时候，我们就玩个彻底，学习的时候就不能惦记着玩了。

二是决心。不管你以前的成绩怎么样，新学期里每个同学都要下定决心，努力使自己做得更好，每天都在进步。

三是信心。自信心对我们的学习很重要。前进的路上布满了荆棘的，我们要有信心战胜一个个困难。相信自己，我能成功！鼓励自己，天天成功！超越自己，一定成功！

四是爱心。我们在学校不但要把学习学好，品德非常重要，对同学要谦让，不要太计较，主动去帮助需要帮助的同学，要做一个热爱集体诚实文明的学生。

五是用心。读书做重要的是要用心，只有用心才能学到学问，才能有所成。

其次，我希望同学们记住以下两点：

第一、“态度决定一切”：有一句话说得好：我们不能选择生活，但是可以选择生活的态度。成功和失败往往取决于两种态度：一种是积极向上，一种是消极悲观。一个人的态度决定了他的将来，态度是通往成功之门的钥匙，它始终会影响一个人学习和生活的质量。

所以，我希望我们每一位同学都能发扬积极进取、意志坚定、刻苦学习的精神，要有责任心、要经得起挫折，要乐观坚强，要胸有大志，要用积极的态度创就我们人生的辉煌。

第二，“人格影响一生”：我们不但要有优异的成绩，而且要有高贵的品质，要从生活的点滴中体现我们的品格。要继续完善自身形象，使每一位同学真正成为人格健全、道德高尚的祖国建设栋梁。

最后送大家三句话：“相信自己，我能成功！鼓励自己，天天成功！超越自己，一定成功！”

谢谢。

演讲技巧

学校通过开学典礼可以让每一个回归校园的学生，重新认识、感悟、体会校园生活。所以，校领导或其他人员在进行致辞时，也应从回顾上学期、总结上学期成绩、展望新学期这些角度来讲。内容要多以德育教育为主，避免领导陈词滥调，如可以对学生提一些要求与希望，一二三讲出来。最后，表示衷心的祝愿。大多数开学典礼致辞都遵循这样一个逻辑。

学校毕业典礼致辞

毕业典礼是一定年级学生学习期满，达到规定要求、结束学习并即将离校时，由学校主持举行的一种比较隆重的离校仪式，也是学生离校前接受思想熏陶的一次重要活动。有意义的毕业典礼，对升入高一级学校或将要踏上社会的学生很重要，会给他们留下美好、难忘的印象。不同的学校举行毕业典礼的步骤和内容不同，但都包括校领导，或教师代表、学生代表致辞这样一个环节。

范 文

校长在毕业典礼中的致辞

亲爱的同学们、老师们、朋友们：

大家上午好！

今天我站在这里，看着同学们一张张充满喜悦和激动的脸庞，不禁想起4

年前的我，和你们一样，内心涌动着收获的喜悦和激动、激荡着对未来的无限憧憬，也夹杂着离愁别绪。今天是你们毕业的日子，你们又是我在 ×××× 大学送走的第一批毕业生，作为校长我有很多很多话想跟大家讲，但十余分钟的时间使我只能把最重要、最想表达的话对你们说。

首先我要表达我的祝贺。

正所谓“天道酬勤”，通过几年的付出和努力，你们在 ×××× 大学顺利完成学业，你们的收获也是学校的收获，所以今天的欢聚一堂就是在庆祝我们共同的丰收。在此，我谨代表全校全体师生向 2017 届毕业生表示最热烈的祝贺和最美好的祝愿！

其次，我要表达我的谢意。

谢谢你们选择了 ×××× 大学，并一直信任、支持和热爱这所学校，你们让学校更具活力；谢谢你们将勤勉、欢乐和朝气播洒在了教学楼、运动场和清水河畔，你们让学校更添魅力；谢谢你们在学业、在科研、在社会实践、在创新创造等方方面面取得的不俗成绩，这让学校更有实力。正如我经常强调的，学生是学校的根本，学校的声望和影响力来源于学生，没有你们的卓越就没有 ×××× 大学的发展。所以我要衷心地感谢你们，谢谢大家。同时，请同学们不要忘记，你们每一点滴的成功，除了自身的努力之外，都离不开老师的悉心教导、家长的无私爱护和同学朋友的热心帮助，所以，请你们和我一起，用最诚挚的掌声向你们的老师、家长和朋友们，表示最衷心的感谢！

演讲技巧

以上是一篇校长在毕业典礼上的讲话稿，与许多领导讲话的特点相类，都是站在相对较高的角度与层次来谈问题，虽然有时显得空洞、客套，但是在那种场面，也只能追求这种效果。如果是学生代表致辞，就要避免大而全，从学生的角度说话。不管是谁在毕业典礼上讲话，都要把握住以下三点。

（1）紧扣主题。短短的几分钟时间，不宜泛泛而谈，要抓住一个点来组织语言，这个点就是主题。如，可以围绕“感恩和励志”为主题进行演讲，也可以围绕“同学缘”、“师生谊”、“母校情”等主题演讲，这样才会让人印象深刻。

（2）语言不用很华丽，但要有共鸣。致辞不是演讲比赛，不需要刻意展现演讲技巧，字斟句酌，但在这个时候一定要能引起大家的情感共鸣。如可以回忆一下过去最感动的人与事等。

（3）送上美好祝福。最后，除了要说一些感谢的话，还要送上满满的祝福，如“祝愿老师们身体健康，祝愿同学们工作生活顺利，梦想成真，祝福母校兴旺发达，祝福电气学院蒸蒸日上。再创辉煌！”

第 17 课　礼仪演讲

——礼貌周全是尊贵与教养的重要体现

中国历史是一部礼仪的历史，我们自古以来也都有“礼仪之邦”的美誉，早在春秋时期，儒家学说中就曾提到“礼为天下先”，强调以礼治国、以礼治家，孔子也曾说过“不学礼无以立事无礼则不成”，可见无论从国家的角度还是从个人的角度来看，礼仪都发挥着至关重要的作用。如今，礼仪演讲已成为在公众场合调节人际关系的重要演讲，如我们常见的庆贺、祝寿等活动的演讲，都可是算为礼仪演讲。

同事晋升祝贺词

人生有三喜:“金榜题名时，洞房花烛夜，他乡遇故知。”其实应该再加一喜，就是“升迁晋升时”。当同事、领导，或是朋友升职加薪时，要及时送上自己的祝福，或发个微信，或打个电话，简短的问候可以让人感到一丝温暖。如果许多人在一起祝贺同事或朋友的晋升，你就需要提前打好腹稿，或是准备一份演讲稿，以备不时之需。

范 文

同事晋升欢送词

各位同事：大家好！

今天是一个既让我们非常高兴而又非常伤感的日子。高兴的是，我们的同事 ×× 荣升为我公司 ×× 分公司的经理。而伤感的是，这样一位优秀的人才和亲密的同事，因为工作上的调动就要和我们分开了。

回首往事，我们不难发现，×× 以他的才华和能力，在工作中为我们做了很多。而我们部门今天之所以能够取得这样的成就，与他的付出是分不开的。

可以毫不夸张地说，×× 的离开，是我们部门的巨大遗憾。不过，每当想到他将在更为重要的位置上去发挥才干，我们也深深地为他感到高兴。

“苟富贵，勿相忘”，我们相信 ×× 必定会如此。而在今后的日子中我们都会想念他，希望他也能记着大家。

最后祝愿 ×× 前程似锦、万事如意、更上一层楼！

谢谢大家！

演讲技巧

同事间的关系较为敏感、微妙，尤其在恭祝他人晋升这件事情上，说话一定要拿捏好分寸。在公开场合恭祝同事晋升时，要注意三点。

（1）真诚恭喜。语气要诚恳，表情要真诚，如可以说“听到你被升职的消息，我好高兴，祝愿以后再多多的升，薪水多多的拿！福气东来，鸿运通天！否极泰来时重伸鲲鹏之志，惜时勤业中展君无限风采祝你步步高升”。

（2）略表感谢。为了让自己的祝福更真诚，可以说“你给了我很多提点与帮助，让我在工作中有了很大提升，真的很感谢”。

（3）适度赞美。谁都爱听好话，可以赞美他人好，办事能力强，如可以说“你人缘儿好，工作能力强，希望以后能多向你学习”。

升学宴会祝酒词

中国人的礼数很多，但凡遇到什么喜庆的事都喜欢操办几桌。如子女升学，或考入理想的学校，少则请三五好友欢聚一堂，多则大摆升学宴，与朋同乐。虽然大家都很反感这种做法，但是当身边的好友、同事，或是领导告诉你：“我儿子考上了清华，明天来喝酒！”你要不去？去的话，要不要准备一点礼金，要不要准备一套说辞？即使不去，也得口头表示一下祝贺吧。

作为家长，如果请亲朋好友来聚餐，除了要让大家吃好喝好，还得把该说的话说好，尤其是场面较大，人较多时，有必要准备一份演讲稿。

范文

家长在升学宴会的祝酒词

尊敬的各位领导、亲爱的朋友们：大家好！

今天的宴会大厅因为你们的光临而逢苹生辉，在此，我首先代表全家人发自肺腑地说一句：感谢大家多年以来对我的女儿的关心和帮助，欢迎大家的光临，谢谢你们！

这是一个秋高气爽、阳光灿烂的季节，这是一个捷报频传、收获喜讯的时刻。正是通过冬的储备、春的播种、夏的耕耘、秋的收获，才换来今天大家与我们全家人的同喜同乐。感谢老师！感谢亲朋好友！感谢所有的兄弟姐妹！愿友谊地久天长！女儿，妈妈也请你记住：青春像一只银铃，系在心坎，只有不停奔跑，它才会发出悦耳的声响。立足于青春这块处女地，在大学的殿堂里，以科学知识为良种，用勤奋做犁锄，施上意志凝结成的肥料，去再创一个比今天这季节更令人赞美的金黄与芳香。

今天的酒宴，只是一点微不足道的谢意的体现。现在我邀请大家共同举杯，为今天的欢聚，为我的女儿考上理想的大学，为我们的友谊，还为我们和我们的家人的健康和快乐干杯！

演讲技巧

恭祝同事、朋友子女升学时，语言要轻松幽默，尽可能营造一种轻松的氛围，如可以说“恭喜你，你终于‘生’了，别误会，我说的是你升上了大学，然后学业有成，找到个好工作，不就‘生’财了吗？”如果是长辈恭祝晚辈升学，祝福的时候要语气要轻松一点，同时，还要严肃地提一点要求，如“考入理想的大学，只是你新的人生的开始，现在社会竞争非常激烈，你不能就此满足啊”，这才能显出对晚辈的关心。如果是同学、朋友之间送祝福，那就要适当流露出羡慕之情，如“你圆了自己的梦想，真是太羡慕你了”。

乔迁之喜祝福语

乔迁，在中国人的传统中，是一大喜事。过去，人们用来做祝贺用语，贺人迁居或贺人官职升迁之辞。现在，也经常用在商业的搬迁时使用，尤其是办公室搬家等。比如，朋友搬入了新家，你可以送一些礼物，同时送上贺语："搬新家，好运到，入金窝，福星照，事事顺，心情好，人平安，成天笑，日子美，少烦恼，体健康，乐逍遥，朋友情，忘不了，祝福你，幸福绕。"对方听了，是不是觉得既温馨，又体贴？

许多时候，礼物送不出来的效果，仅凭一张嘴就可以办到，关键要看你怎么说。对于每个人而言，乔迁是一种值得开心与满足的事情。在亲朋好友乔迁的日子，为他们送上关于乔迁之喜贺词，这是必不可少的。

反过来，你要搬入新家，或是公司要迁入新的办公地点，送祝福的人来了一大堆，你也要会当众讲一口漂亮的祝酒词。

范文

东道主在乔迁家宴上的感谢词

女士们、先生们：晚上好！

首先，我要代表我的家人，对各位的光临表示由衷的谢意！谢谢、谢谢你们。俗话说，人逢喜事精神爽。本人目前就沉浸在这乔迁之喜中。

以前，由于心居寒舍，身处陋室，实在是不敢言酒，更不敢邀朋友以畅饮。因那寒舍太寒酸了，怕朋友们误解主人待客不诚，委屈了嘉宾。今天不同了，因为今天我已经有了一个能真正的家了。这个家虽然谈不上富丽堂皇，但它不失恬静、明亮，且不失舒适与温馨。更重要的是，这个家洋溢着、充满着爱！有了这样一个恬静、明亮、舒适、温馨的家，能不高兴吗，心情节严重能不舒畅吗？特意备下这席美酒，就是要把我乔迁的喜气分享给大家，更要借这席美酒为同事、朋友对我乔迁的祝贺表示最真诚的谢意，还要借这席美酒，祝各位生活美满、工作顺利、前程似锦！各位请举杯。

演讲技巧

同事朋友，或公司有乔迁之喜，我们只需送上短短的一两句祝福语即可，这没有多少难度，也体现不出个人口才，如果你有乔迁之喜，要在公共场合致贺词，这就需要讲究一点了。一般来说，如果是家庭乔迁，致辞不宜太长，三分钟为宜，重点谈感谢和分享。如果是公司乔迁，除了感谢与分享，还要简要回顾一下公司的发展历程。致辞的语气要和缓一点，表情要喜庆一点，能脱稿尽量脱稿。致辞结束，要尽可能多地与到场的人寒暄。

长辈生日祝寿语

祝寿是一种活动，一般指晚辈对长辈或亲友之间的敬重之举，在古代指在老人过生日时为他祝贺，现代已发展成庆祝生日的代名词。或设寿庆宴席、或敬献书画艺术品等等，祝愿人长寿。

祝寿时，较为普遍的做法是：在老人生日当天，子女或亲友携带寿糕及食品等给老人祝寿，午间共餐，晚辈及亲友向老人敬酒、祝辞，有的唱《祝您生日快乐》歌曲，也有的在寿糕上点燃与年龄相同数量的蜡烛，以表示老人健康长寿。

如果是参加场面较大的祝寿宴会，如为许多老人集体过生日等，往往需要较正式、庄重的致辞。这种致辞通常由活动组织方的领导来进行。

范 文

在百岁老人生日上的祝寿贺词

各位来宾、各位亲朋好友大家好：

花甲又添四十岁月，古稀更添三十春光，在今天这个特别的日子里，我们欢聚一堂，共同庆贺 ×× 老人一百岁生日。今日南极星辉，光照寰宇，彭祖含笑，喜满华堂。自古道寿登期颐，喜称人瑞，年到百岁，松青鹤唱。老人笑口常开，心情舒畅，吉星高照，四世同堂。真可喜蟠桃三千仙翁献果，百岁高龄，椿庭增光；全家庆高寿喜在心间，笑上眉梢，亲友贺松龄，欢声笑语，亲情满酒店。在此，我们祝xx老人寿比南山青松不老，全家福禄祯祥。

活百岁松钦鹤羡，数一生苦尽甘来。“百岁老人”是一本活着的历史，“百岁老人”是一部无言的巨著，“百岁老人”是一个可亲、可敬、可爱的称呼。经历了二十世纪的军阀割据，抗日的硝烟弥漫，解放战争的烽火连天，走进了新中国的 ×× 老人亲身经历了两种社会制度、两种军队的更迭，更增添了新中国当家做主的自豪感，更加感谢共产党的恩情，全身心投入到新中国社会主义建设的火热劳动中，被树为新疆兵团“十面红旗”之一和兵团二级劳模。风风雨雨跨越两个世纪，风风雨雨走过一百年，个中酸与甜、苦与辣、荣与辱，唯有 ×× 老人体会最深。在家中，您是一根不断的梁，撑起家中一片天。在单位，您是一颗螺丝钉，无论在何岗位，都一丝不苟、兢兢业业。您是一根笔直的标杆，您是一展鲜明的旗帜，您是一炬光辉的火把，您是我们永远的楷模。

夕照桑榆晚景好，时逢盛世老人安，今天，让我们共同举杯，开怀畅饮，愿福、禄、寿三吉星永远为 ×× 老人高照，愿他生命之火长燃，生命之树常青，生命之水长流。最后，让我们再次恭祝老人身体健康，福寿延年！

演讲技巧

在日常的生活中，送上祝寿词是一件既简单，又头疼的事。简单，是因为我们几乎可以张口就来，如：祝您身体健康；祝您寿比南山，福如东海；祝您生日快乐……随便可以讲出一大堆。头疼，是因为这些话大家谁都会讲，如果别人抢先把这些话讲完了，那你再复重就没有多大意思，所以，你得动脑子想一些新鲜的祝寿词，既要新颖，还要符合场面，当然是件头疼的事。为了少让自己头疼，可以提前做一点准备。

首先多想一些最适合老人，或过生日者的祝寿语句，并根据对方的年龄等进行必要的修改，如30岁的人过生日，就不能说“祝您30大寿快乐”。

其次，要通俗一些，不要文不文，雅不雅，让人一时摸不着头脑。

再就是，一定要说吉利话，说出的话中听，让场面好看。如，有人打碎了盘子，要说“碎碎（岁岁）平安”，不要抱怨“哎呀，怎么这么不小心”等。

⊶ 生日聚会祝福语

过生日与祝寿有区别的。祝寿是各族群众普遍的习俗，过去和现在没有多大变化。民间素以进入60岁为寿年，50岁以下或有父母健在者均不能称寿，只以过生日相称。未足60岁的人，每年在出生之日过生日。过生日这天，除了要吃生日蛋糕、长寿面，还会收到许多生日祝福。尤其是为父母、老师、领导举行的生日聚会上，吃什么并不重要，说什么才是关键。

范文1

父母生日聚会致词

尊敬的各位长辈、亲朋好友：大家好！

在这喜庆的日子里，我们高兴地迎来了敬爱的父亲（母亲）××岁的生日。今天，我们欢聚一堂，举行父亲（母亲）××华诞庆典。这里，我代表我们兄弟姐妹和我们的子女们，对所有光临寒舍参加我们父亲（母亲）寿礼的各位长辈和亲朋，表示热烈的欢迎和衷心的感谢！

父亲（母亲）几十年含辛茹苦、勤俭持家，把我们拉扯长大成人。常年的辛勤劳作，他们的脸留下了岁月刻画的年轮，头上镶嵌了春秋打造的霜花。在今天这个喜庆的日子里，衷心感谢二老的养育之恩！相信，在我们弟兄姐妹的共同努力下，家业一定会蒸蒸日上，兴盛繁荣！父母健康长寿，老有所养，老有所乐！再次感谢各位长辈、亲朋好友光临！再次祝愿父亲（母亲）晚年幸福，身体健康，长寿无疆！干杯！

范文2

领导生日祝酒词

各位朋友、各位来宾：你们好！

今天是×××先生的生日庆典，受邀参加这一盛会并讲话，我深感荣幸。在此，请允许我代表×××并以我个人名义，向×××先生致以最衷心的祝福！

××× 先生是我们公司的重要领导核心之一。他对本公司的无私奉献我们已有目共睹，他那份“有了小家不忘大家”的真诚与热情，更是多次打动了我们。

他对事业的执著让同龄人为之感叹，他事业有成更令同龄人为之骄傲。

在此，我们祝愿他青春常在，永远年轻！更希望看到他在步入金秋之后，仍将傲霜斗雪，流香溢彩！

人海茫茫，我们只是沧海一粟，由陌路而朋友，由相遇而相知，谁说这不是缘分？路漫漫，岁悠悠，世上不可能还有什么比这更珍贵。我真诚地希望我们能永远守住这份珍贵。

在此，请大家举杯，让我们共同为 ××× 先生的 ×× 华诞而干杯！

范文3

恩师寿宴祝酒辞

各位领导、老同学们：

值此尊敬的老师 ×× 华诞之时，我们欢聚一堂，庆贺恩师健康长寿，畅谈离情别绪，互勉事业腾飞，这一美好的时光，将永远留在我们的记忆里。

现在，我提议，首先向教师敬上三杯酒。第一杯酒，祝贺老师华诞喜庆，第二杯酒，感谢老师恩深情重；第三杯酒，祝愿老师百岁高龄！

一位作家说：“在所有的称呼中，有两个最闪光、最动情的称呼：一个是母亲，一个是老师。老师的生命是一团火，老师的生活是一曲歌，老师的事业是一首诗。”那么，我们的恩师——尊敬的教师的生命，更是一团燃烧的火，教师的生活，更是一曲雄壮的歌，老师的事业，更是一首优美的诗。

老师在人生的旅程上，风风雨雨，历经沧桑 ×× 载，他的生命，不仅限血气方刚时喷焰闪光，而且在壮志暮年中流霞溢彩。

老师的一生，视名利淡如水，看事业重如山。

回想——恩师当年惠泽播春雨，喜看——桃李今朝九州竞争妍。

最后，衷心地祝愿恩师福如东海，寿比南山！干杯！

演讲技巧

上述三篇在生日聚会上的致辞范文有以下几个共同的特点，这也是把握这类致辞的关键。其一，通篇谈及的主人翁，只有一个，那就是过生日者，不涉及其他的人物；其二，言辞中要怀有敬意，或敬仰之情，如适当回顾他们的过往，述说他们的不易；其三，表达感恩之情，尤其是为父母、领导、恩师等过生日时，这份感情一定要表达出来。

满月酒宴答谢辞

满月酒，是指婴儿出生后一个月而设立的酒宴。中国古人认为婴儿出生后存活一个月就是度过了一个难关。这个时候，家长为了庆祝孩子渡过难关，祝愿新生儿健康成长，通常会举行满月礼仪式。现如今，人们为庆祝宝宝出生一个月而设立酒宴，这个仪式便称为“满月酒”。

现在，越来越多的年轻爸妈不满足于传统的满月酒形式，只宴请几位亲戚朋友，而是经常把场面搞得很隆重。在这种场合，若简单地说上三五句，显然无法应付场面，而必须准备较规范的满月宴答谢词。

范 文

主人在满月宴上的答谢词

尊敬的各位长辈、领导、同事，亲爱的亲戚朋友们：

大家上午好！欢迎光临小儿的百日喜宴，对于你们的光临，我感到万分荣幸，在此，我谨代表我的家人对各位的到来表示衷心的感谢和热烈的欢迎。

对于我的人生呀，回头看看，我总结了四大喜事。

第一喜是我的出生。感谢我的爸爸妈妈，十几年含辛茹苦不辞辛劳，即使在我成家以后也无时无刻不挂念我的工作、生活和健康。在这里，我给您二老鞠一躬，感谢你们，你们辛苦了！

第二喜是我结婚。感谢我的老婆，一路走来几多坎坷，有争吵也有欢乐，我没能给你风光的婚礼，也没能给你宝马香车，但是，从结婚到现在，你始终不离不弃，感谢你，亲爱的老婆！

第三喜是我的孩子。他的出生让我感受到了当父亲的甜蜜和男人的责任，让我真正体会到了生活中的担当和勇往直前的勇气，感谢小家伙，恕你天真烂漫，茁壮成长，成为一位顶天立地的男子汉！

第四喜是认识了在座的你们。因为有了你们，才让我这个乡下来的游子内心不再孤单，让我在事业上实现了从无到有的转变，在我最困难的时候是你们无私地伸出了援助之手，我感谢你们！没有什么能表达我此时此刻的心情，没有什么能表达我对在座各位的无限感激。在这里，我唯有敬大家一杯，祝各位家庭幸福，事业兴盛，身体健康，万事如意！

请大家吃好，喝好，玩好，务必心情好！

演讲技巧

主人在满月宴上的致辞，其实就是一种答谢辞，它属于会议礼仪文书范畴。所以，在写作上，它要遵循一定的礼仪文书规范。在表达上，需要体现以下几种说话技巧。

（1）内容要精练。在讲话时不要涉及具体的事务性内容，更不要针对某件事展开来谈。篇幅要简短，语言要精练，尽可能将可有可无的字、句、段删掉，努力做到“文约旨丰”，言简意赅。

（2）以“谢”字为中心。开始要感谢大家的光临，结尾再一次表示感谢。

（3）感情要真挚。既然要“答谢’，就应该动真情、吐真言，不要讲客套话，使人产生虚伪之感。虚情假意、言不由衷或矫揉造作，只能引来对方的反感。

第 18 课　感恩演讲

——感恩之言饱含着世上最美的良知

感恩是一种处世哲学，也是生活中的大智慧。感恩可以消解内心所有积怨，感恩可以涤荡世间一切尘埃，感恩是一种歌唱方式，感恩是一种处世哲学。从小时候起，每个人就领受了父母的养育之恩，等到上学，有老师的教育之恩，工作以后，又有领导、同事、客户的关怀、帮助之恩，年纪大了之后，又免不了要接受晚辈的赡养、照顾之恩。所以，在社会生活中，不但要心怀感恩，而且要善于表达感恩之情。

个人获奖感言

谈到获奖感言，我们最熟悉的场面就是：在一些颁奖晚会上，获奖演员谈获奖感言时，会说一连串的“感谢”，凡是他们能想到的人都要一一感谢。虽然获奖感言毫无特色，但是，粉丝们还是喜欢。其实，粉丝们喜欢的不是他们说什么，而是想看到他们获奖。

对普通人而言，你没有那么高的关注度，获奖后可以适当“感谢”，这是礼节，不是老套，礼节是没有老套的。但也不能像欠了大伙似的，句句离不开感谢，那就落入了俗套，缺少新意。

范文

企业员工获奖感言

各位领导、同事：

大家好！

这次，能被评为公司“2016年度优秀员工”荣誉称号，我感到非常高兴与荣幸，感谢公司对我的厚爱与信任，感谢领导对我的关爱，感谢同事们对我的认可。

加入公司近五年来，我从一个门店的理货员、店长、盘点员、信息员到今天财务部的一员，整个过程离不开上级领导的认真教导和资深同事们的热心帮助，在这里我特别感谢王总和陈经理，是他们培养了我，给予我机会和自我发挥的空间！同时，也要感谢与我一起走过五年多的风风雨雨的同事，与你们在一起，我通过不断的学习、实践与提升，得到了快速的成长！在工作当中，我把公司当做自己的家，把公司的工作当做自己的事业来做，与所有同事同甘共苦！看到公司不断地发展壮大，我感到很骄傲和自豪。

这次能够当选优秀员工，更是对我以后工作的一种鞭策，我更应该严格要求自己，把自己的工作做得更好，维护好优秀员工的形象。

谢谢大家！

演讲技巧

获奖感言中，虽然核心内容离不开“谢”，但也不能只在“谢”字上打转，要让自己的感言更精彩、受听，在“谢”字之外，要多一些表达技巧。

（1）自我介绍，适当自嘲。你获了奖，也不是众人皆知的明星，还是需要介绍自己的。在自我介绍的时候，可以从自己的名字或是身体特点来调侃自己，这样不会给人一种得了奖就趾高气扬的感觉。

（2）谈成绩，也要讲付出。不要怕肉麻，只要语言平实中肯，没有人会觉得你的获奖感言是肉麻的，相反，将自己努力过程中的辛酸吐露出来，反而能获得一种致敬般的尊重。

（3）获奖感言的结尾，一定要再次感谢激励你的人，感谢组织方，同时也要感谢一直努力的自己。最后，以深鞠躬完美收场。

感恩企业致辞

有句话叫“永远不要说发你薪水人的坏话”。对我们许多人来说，是企业发给我们薪水，是企业养活了我们一家人，是企业为我们提供了成长的平台。所以，即使我们有一天离开了企业，也要怀着感恩之心，而且要善于将这份感恩之情深切地表达出来。

范 文

公司周年庆感恩企业演讲词

尊敬的各位领导、同事：

大家好！

我在咱们企业工作已经10年了，从一个懵懵懂懂的小姑娘到今天一个富有思想、意志坚强的职业女性，是分公司培养塑造了我，是分公司成就了我的人生。

今天能站在这里，我感谢分公司举办这次活动，感谢分厂领导让我借这一平台，向培育了我的分公司表达多年来积聚在我心底的感激之情。

我感激分公司领导的舵手力量；感激同事们的辛勤劳作；感激全体员工的齐心协力，是你们的付出换来了产品产量的节节攀升，换来了产值、利润的不断增长。

10年来，我不但从这里领取薪酬，改善生活，还收获了诗歌、摄影等十几个奖项和其他的个人殊荣，感谢这里让我的人生价值五彩纷呈。

10年了，这一路走来，我承载了太多领导的关怀和同事们的帮助，以致我心中有千言万语，却不知从何说起：忘不了领导送我去大专院校深造时那期望的目光；忘不了在我负债累累被讨债的人堵在办公司门口喝骂恐吓时，同事的宽慰理解和倾力相帮；更让我深深感怀的是——分公司还成就了我女儿学画的梦想，在女儿两岁时，我就发现了她的绘画天分，可是那时的企业效益低迷，收入微薄又负债累累的我，因拿不出绘画班的学费，只得眼巴巴地看着女儿的潜能被埋没。可是幸运的女儿却赶上了分公司快速发展的好时机，前年企业改制以来，以刘经理为核心的分公司领导班子开拓进取，锐意改革，带领全体员工奋力拼搏，使分公司经济效益连连增长，员工收入大幅度提升，也让我有能力送女儿去了绘画学习班，实现了她梦寐以求的学画的向往。可以这么说：没有分公司，就没有我女儿能 ×××× 大学深造的今天；没有分公司，就没有一个单亲妈妈开发了女儿潜能的这份甘甜。

饮水思源，当我享受着今天这安逸快乐的生活；享受着女儿无比感激的挚情，我怎能忘记公司？我怎能不感激我们的公司？这万千的感激已化作我无比的热爱和动力；已融汇在我尽职尽责的工作中；已凝聚在我分公司明天更美好的祝福里！

演讲技巧

感演企业的演讲词没有固定的模板，规定必须这样说，或那样讲，但演讲要有脉络，要有中心内容，简单来说，要把握好这么三点：

一是要感谢企业选择自己。即根据自己的情况，简单地谈谈自己是如何进入企业的。

二是要讲讲自己获得的成长。可以对比着来谈：在没进入企业之前自己的状况、状态；进入企业之后，得到了哪些改变或是成长。

三是讲一下自己的打算。即为了感谢企业，接下来自己打算以什么样的行动来回报企业。

感恩领导讲话

感谢领导演讲，是向帮助、关心和支持过自己的上级领导公开表示感谢的一种方式。这种演讲有感谢和表扬双重意思。在演讲中，既要表达出真切的谢意，又要起到表扬先进，弘扬正气的作用。

范 文

感恩曾经的领导讲话稿

郭总：

你好！

还记得品牌管理部那个辞职的经理吗？2017年，我已经是毕业六年的社会人了。由于2012年考研，未果，2013年工作一直不稳定，就这样，我认识你时，已经是毕业四年了。面试，我推门进去，你坐在阔达的老板椅内，瘦小的身体不是很明显，我说，你好，我是来应聘培训讲师的。

我不得不说，你是一个不拘一格降人才的老板。为了不辜负你的信任，在那半年里，我把自己放在了高压锅里，快速的成长起来了。最后，成了所有老资格的经理里最年轻的领导。你说过“我阅人无数，我看好你，相信我不会看走眼，你还会不相信自己吗”

于是，我一路走来，逐渐升职为经理，督导部经理，到最后成了品牌管理部经理。我从一个从来没有出过门的小女生，锻炼成了一个可以走南闯北，独立承担一个部门的女职业经理人。公司几乎所有的大型活动，你都让我去参加，说这是给的我最大的成长机会。我的见识、能力、自信以及收入在那四年里得到了最大限度地提升。这些，我明白，都是因为我遇到了一个好的老板。

如今，我自己创业了。你的一言一行依然影响着我，你过人的智慧和用人不疑的作风，都是我如今事业起步的助力器，从你的身上我学到了做老板的涵养和素质。

在此，我再一次对你表示深深的谢意！

演讲技巧

感恩领导的演讲，与其他演讲一样，主体由三个部分构成。第一个部分是开场，这时要做三件事：一是问好，二是自我介绍，三是表示感谢。第二个部分是内容，它要突出三个特点：首先感谢对象要明确，感谢演讲都有确切的感谢对象，以便让大家都清楚是在感谢谁；其次，述事实要具体，感谢领导最好要结合具体的事例来谈，否则会显得抽象空洞；再次，感情色彩要鲜明，感动和致谢的色彩要强烈鲜明，言语里充满感激之情。三是结尾，要说好三句话：分别抒发感情，致以敬意，表示感谢。

感恩父母演讲

在我们的一生中，要说最应该感恩谁，肯定是我们的父母。从只会在襁褓中哇哇啼哭，到我们喃喃学语叫出第一声爸妈，到第一次踩着小脚丫跌跌撞撞地走路。第一次背着书包走向学校，第一次拿回考试成绩，第一次离开父母……也许你从没注意到在这无数次的第一次中，在这漫长的成长道路上，父母付出了多少心血，倾注了多少爱。所以，感因父母不需要理由，需要的是学会表达这种感恩之情。

范 文

“感恩父母”主题演讲词

尊敬的各位领导，老师，同学们：

大家好！

今天是父亲节，让我不由自主地想到了“感恩”二字。每年秋天，候鸟勇往直前地寻着心中的路，朝南方温暖的湿地飞去时，我总望着天空发呆，总在想：南方的候鸟，它是否忘记了那片出生的树林和那片遗落在巢中的羽毛。可是，来年的春天，它又出现在枝头呼朋引伴。难道候鸟的回归不是对树林的感恩吗？

是的，鲜花感恩雨露，因为雨露滋润他成长；苍鹰感恩长空，因为长空让他飞翔；高山感恩大地，因为大地让他高耸。因为感恩才会有这个多彩的世界，因为感恩才会有真挚的亲情，因为感恩才让我们懂得生命的真谛！

从婴儿的“呱呱”坠地到哺育我们长大成人，父母的关心和爱护是最博大最无私的，父母的养育之恩是永远也诉说不完的：吮着母亲的乳汁离开襁褓；揪着父母的心迈出了人生的第一步；在甜甜的儿歌声中酣然入睡，在无微不至的关怀中茁壮成长。父母为我们不知花费了多少心血，流了多少汗水，编织了多少个日日夜夜，才使我们在这个五彩缤纷的世界里，体会着人生的冷暖，享受着生活的快乐。父母的爱柔柔如水，轻轻如烟，深沉如海，恩重如山。对这种比天高，比地厚的恩情，我们又能体会到多少呢？我们又报答了多少呢?

翻开历史的画卷，感恩的故事举不胜举：古有子路养亲远负米，陆绩念母怀丹橘……今有田世国为母捐肾脏，邹尊喜背父上大学……

朋友们，从现在起，让我们感恩父母吧！

演讲技巧

感恩父母的演讲多为主题演讲，每个人的演讲内容与形式都不相同，为了使自己的演讲更有特色，在演讲过程中，要把控好三点：

首先内容要充实。内容充实不是说演讲时间长，而是要多一些干货，少一点水分；多一些具体内容，少一些空话套话。怎么操作呢？一个重要方法，就是凸显事件的细节。如你父亲的一个眼神，母亲的一声叹息都是细节，放在特定的环境中，它会传递最真实的信息，拥有最感人的力量。

其实情感要真实。人间自有真情在，要在自己的演讲里面诉诸更多情感，多说一些心里话，这样会让演讲更有感染力。

再次追求以理服人。一篇好的演讲既要动之以情，更要晓之以理。这里的道理要在事实的基础上自然地生发，给人启迪，而不是凭空喊出来的。所以，在演讲时要把什么感恩，怎么感恩这个道理讲清楚。

感恩客户致辞

每逢年终岁末，许多公司都会答谢自己的客户，虽方式各不相同，但都要送上一份浓浓的感恩之情。真挚地表达自己及公司的感恩之情，能增进与客户之间的感情与信任，使双方建立起更长久、稳定合作关系。

范 文

客户答谢会致辞

各位嘉宾大家好！

非常感谢大家今天来参加 ×××× 股份有限公司的年终客户答谢会。我谨代表我们公司，并以我个人的名义向出席今天活动的领导、嘉宾、新老客户朋友们表示热烈的欢迎和衷心的感谢！

×××× 股份有限公司在各级领导领导和广大用户的关怀下，已经走过了 ×× 年的风雨历程，不断发展壮大，现在，总资产已经突破 × 百亿元，到今年为止，年销售额已经达到 ×× 亿元，取得了令世人瞩目的成绩。尤其是2016 年，我们公司取得了辉煌的业绩。

为了答谢一直以来关注和支持 ×××× 股份有限公司发展的广大客户，我们公司今天特在此举办客户答谢会，为的是向长期给予我们支持和信赖的嘉宾们表达一份诚挚的感恩之情，希望通过今天的答谢会，能够让到场的每位朋友都有所收获。借此机会，我也代表公司的全体员工郑重承诺，我们将会提供更好好的产品，选派最专业人员为大家服务！在未来的日子里，我们将一如既往提供最优质的服务，以拳拳之心回报所有客户长期以来的支持和帮助。

各位嘉宾朋友：感谢您们多年来对我们的支持与信任。同时也感谢各位事业同仁，几年如一日的辛勤付出。今天我们举办这样一个活动，目的是增进了解、加深友谊、更好地服务客户，创造双赢。我们坚信，有各位嘉宾一如既往的支持，有全体同仁不懈努力和广大用户的支持，我们的事业一定会更加美好，我们的前景也一定会更加广阔。

最后，恭祝大家身体健康，工作顺利，家庭幸福，万事如意！

谢谢大家！

演讲技巧

感恩客户的演讲，与一些宴会上祝酒词有一点相似之处，即为了烘托场面氛围，但如讲好“感恩”这个主题，除了态度要恳切，举止要得体，还要把握好这么几点：

（1）叙述对方对自己或本单位的帮助，一定要把人物、时间、地点、原因、结果，以及事情经过叙述清楚，说大家听得明明白白。

（2）演讲中要洋溢着感激之情。在阐述事实的过程中，除了要始终饱含着感情强调对方的支持、厚爱，还要表示衷心的谢意。表达的感情要真挚、热烈，使所有看到信的人都受到感染。

（3）表示谢意的话要得体。每句话既要符合被感谢者的身份，也要符合感谢者的身份。

第19课　节日演讲

——语言有特色，节庆更增色

所谓节日演讲，是指在各种节日的重大活动中发表的公开演讲。中国的节日较多，既有传统节日，也有非传统节日。传统节日承载着神话、传说、天文、地理、术数、历法、等人文与自然文化内容。每个中华传统节日都有自己的来源之处与形成的必要条件。非传统节日是近现代有纪念意义的节日，以及一些受西方文化影响而过的节日。例如：元旦、五一劳动节、六一儿童节、七一建党节、八一建军节、十一国庆节等等。

元旦演讲

“元”是第一或开始的意思，“旦”是太阳升起或白天的意思。元旦，就是新年的第一天。从字面上看，“旦”字上面的日就是太阳，下面的一横表示广阔的海面，表示一轮红日从海上喷薄而出，放射出灿烂的光芒，生动地反映了旭日东升的形象，它蕴涵着一种蓬勃的生机，表明一种美好的开始。所以，元旦演讲要尽可能体现朝气蓬勃的新气象，以及辞旧迎新的祝福等。

范文

学校领导元旦致辞

尊敬的各位老师：大家下午好！

一元复始，万象更新。值此辞旧迎新之际，我谨代表学校行政向您并通过您向您的家人表示热烈祝贺和衷心祝愿：新年愉快、心想事成、万事如意！

向一年来为学校发展勤勉工作、默默奉献的全体教职员工致以最崇高的敬意和最诚挚的问候！并致以新年的祝福！

2016 年，是我校发展史上的一座里程碑。这一年是充满创业激情与艰辛的一年，是充满收获的喜悦与振奋的一年。我们始终牢牢把握优质、均衡、和谐主题，强化创新意识、质量意识、服务意识、安全意识，坚持以德立教、以学定教的基本策略，努力办好人民满意的教育。坚持“一切为了孩子的快乐”的办学理念，紧紧围绕学校管理工作的规范化、制度化、科学化这一主线，更新观念，拓宽思路，强化队伍，提升素质；推进课程改革，构建高效课堂，注重养成教育，提升人文素养；树立服务意识，打造优秀教师团队，实现了办学条件好、管理水平上台阶、教学质量稳中求升、学生行为规范的奋斗目标。全体教师众志成城，克难攻艰，与时俱进，创优争先，锐意进取，成绩显著：2016 年被评为 ×× 街道先进完小；2016 年 12 月通过了 ×× 级完小督导评估验收；后又通过了“平安校园”的复验。

老师们，教育事业功在当代，利在千秋。你们的丰功伟绩将彪炳史册，永远成为南湖持续发展的不竭的力量源泉。在此，我想再说一声——谢谢你们！

再次祝愿大家马年愉快，合家欢乐，身体健康，万事如意！谢谢大家！

演讲技巧

较之春节，人们对元旦的庆祝，气氛要稍差一些。一般机关、企业、学校会在元旦前后举行年终集体庆祝活动。所以，元旦演讲许多时候也是领导在年终总结上的发言，它的核心内容主要体现在三个方面。

一是表达祝福。在演讲的开头，要表达自己的问候，并送上节日的祝福，如“新年愉快”，或者“我谨代表 ×××× 向全体员工和家属致以节日的问候和美好的祝愿！对大家在过去一年里的辛勤工作、无私奉献表示衷心的感谢！在这里给大家拜年了！”

二是总结往年。元旦是新的一年的开始，在表达完祝福后，要对过往的工作进行简要地总结，回顾发展历程及做出的成绩等。

三是展望来年。一是表达对来年的美好祝愿，如“我们一起互相祝愿吧！一年更比一年好，祝愿 ×××× 的明天将会更加美好”，或者，“最后，让我们共同举杯，同饮庆功美酒，祝愿各位新年快乐，身体健康，家庭幸福”。二是提出新的要求或希望，如“争取在新的一年里，实现 ×××× 的目标”等。

新春演讲

在中国，上至国家领导人，下到一个企业老板，几乎每年春节都会对全国，或是本企业的员工发表新春致辞。一提到领导致辞，很多人首先联想到的就是官本位、形式主义、假大空等。为了避免给人留下这种印象，不管是书面致辞，还是口头演讲，新春致辞一定要有内容、上层次、有水平。

范文

公司领导春节致辞

各位领导；各位同事：

大家好！

春花含笑意，爆竹增欢声，在这样的一个喜庆的节日里，我们汇聚在此，共同庆祝新一年度2017年的到来。值此佳节之际，我代表领导班子，向全体员工和一直支持我们的新老朋友们，致以新年的问候和祝福，祝愿大家在新的一年里，身体健康，工作顺利，万事如意！

过去的2016年，属公司的创业阶段，我们面临着重重困难，如外部市场的激烈竞争，内部设备短缺等，这都让我们举步维艰，但是我们所有的员工能够紧紧地抱在一起，坚持我们自己的理想及信念，用我们的坚强毅力，和不怕苦、不服输的工作作风，在新老朋友的支持配合下，还是取得了不俗的成绩！为公司打开了市场大门，这就是我们的胜利，我为全体员工感到自豪，并向所有支持和配合我们的朋友们致以最崇高的敬意！

新的一年，新的气象，还有一个新的征程。我们的未来是光明的，是喜人的。春敲起了战鼓，年吹响了号角！我们把愿望写在今天，听事业的口哨响起，和祖国一起在明天的跑道上冲次！不管汗能流多少，也不怕血可洒许多，我们在今天铭刻下人生的理想，并为此奋斗到底！

最后，再次祝愿全体员工、宾客新年快乐，合家幸福！祝福我们的公司业绩三阳开泰，更上一层楼！

演讲技巧

机关、企业领导在发表春节致辞时，除了要突出节日的喜庆气氛，营造友好而和谐的“画面”，还要让致辞或演讲尽可能有料，避免空洞，走过场。

（1）祝福大家。新年祝福也是有讲究的。如果你面对的听众是多个群体，有特殊对象，那就要一一点到，一个都不能少！不能以“大家”这样泛泛之词含混过去！因为在你的致辞中，你点到谁，谁心里乐开花。你落下谁，谁就不开心。

（2）总结过去。在总结过去的时候，既要有一定的高度，又要条理清晰，有一定的逻辑性。在内容组织上，可以分模块进行。如果你不太确定，那就按照“第一、第二、第三”的方式梳理。

（3）期待未来。也就是对新的一年提出新的希望，既要对大家提希望，也要对自己提希望。在这之后，当然是号召与感谢了，并再次送上节日的祝福。

五一演讲

国际上把每年的5月1日定为“五一国际劳动节”，简称“五一”。我国于1949年12月做出决定，将“五一”确定为劳动节。劳动节这天，许多企事业单位会举行各种庆祝集会或文体娱乐活动，并对有贡献的劳动者进行表彰，同时，一些政府、企事业单位的领导也会发表演讲，另外，有些单位还会举办与“五一”相关的主题演讲。

范 文

企业领导五一讲话

同志们：

大家好！

今天，我们迎来了五一国际劳动节，这个光荣的日子，在这里我要向公司职工祝以节日的祝愿，向奋战在公司劳动生产线上的劳动模范和先进工作者致以崇高的敬意！

为了纪念这个伟大的日子，公司在今天举行的第一届职工运动会隆重开幕了，我代表公司领导对运动会的举办表示最热烈的祝贺！向精心组织这次运动会的公司工会人员表示最诚挚的感谢！

职工是社会物质财富的创造者，也是先进文化的传播者，举办运动会就是加强企业文化建设，传播先进文化的好途径之一，它能激发广大职工的热情，凝聚职工的力量，为企业的三个文明建设增光添彩。公司成立几年来，公司党政非常重视和支持工会工作，工会一班人团结战斗，锐意进取，职工文体活动丰富多彩，工会工作开展得有声有色，各项工作都取得了可喜的成绩。

我相信：这次运动会的举办，对进一步动员广大职工加强体育锻炼，提高全面健身意识，发动大家以强健的体魄、振奋的精神、饱满的激情，积极投身于公司的各项工作，实现联通公司健康快速发展，必将起到积极的推动作用。

祝运动员取得好成绩，祝比赛圆满成功。谢谢大家！

演讲技巧

“五一”致辞或演讲与元旦、新春致辞或演讲类似，只是主题有所不同。首先，都要表达节日的祝福与问候，烘托节日的气氛。其次，要特别赞颂劳动者这一对象，感谢他们为企业、社会的付出，可以结合事例来讲，之后表达敬意。最后，提出号召、希望，并再次送上节日祝福。以上三点，是机关、事业、企业单位领导“五一”致辞必须把握的要点。

五四演讲

五四运动，是 1919 年 5 月 4 日发生在北京以青年学生为主的，广大群众、市民、工商人士等中下阶层广泛参与的一次示威游行、请愿、罢工及暴力等多种形式对抗政府的运动。是中国人民彻底的反对帝国主义、封建主义的爱国运动。

为了纪念五四爱国运动，现在许多企业、学校都会在“五四青年节”举行主题演讲活动，以丰富员工、学生的文化生活，弘扬爱国主义教育。

范文

优秀青年代表“五四”演讲

各位领导、同事：

大家下午好！

首先做一下自我介绍，我叫×××，在××××工作。今天能够在这里发言，向在座的各位领导和同志们汇报自己的思想和工作情况，我感到非常荣幸。

2011年9月，我从×××调配到×××工作，在这里学习工作我感到非常高兴。因为总公司领导对青年员工的成长非常重视，时刻以耐心、热情的态度关心着我们这些青年人在思想和工作方面的每一点进步。在这里请允许我借此机会向在座的领导和同志们表示衷心的感谢。下面我来谈一下作为青年人如何从以下几个方面做好自己的本职工作，不妥之处，还请大家多提宝贵意见。

一是打好能力基础。我们要想适应不断发展变化的工作环境，在大浪淘沙中实现提升，就必须持之以恒地学习、锻炼、积累、提高，不断为自己的人生增加重量，增强底气，不断打牢自身成长进步的根基。

二是拿出青年人应有的开拓进取的胆量和“闯”的精神。善于给自己压担子，充分发挥作为青年人思路新颖、富有冲劲儿的特点，使自己的执行、协调等各方面能力得到提升。

三是多学习。少一些轻浮急躁，多一些笔墨书香；向书本学、向实践学，在实践中不断地磨炼自己，提升自己的业务水平。少一些吃喝玩乐，多一些读书看报，真正做到“眼勤”“手勤”“脑勤”做好自我调整、注重强化自我改造。

工作岗位是走好人生旅途的支点，青年时代是实现人生价值的舞台。我庆幸自己能够融入这个温暖的大家庭里，我将一如既往地踏实工作、诚恳待人、扎扎实实走好自己的青年时代。

谢谢大家！

演讲技巧

五四主题演讲，是以学生、青年为主要参与者的演讲，在这类演讲中，演讲者往往需要展示出一种活力四射的青春风采，与“爱国”这一主体思想。

首先，思想内容要紧紧围绕“爱国主义”主题，观点正确、鲜明，见解独到。内容充实具体，生动感人，少喊空洞的口号。尤其是观点，不能为了追求新颖而有悖常理，或是出现价值观偏差。

其次，所讲的故事要真实、典型、新颖，事迹感人。其反映出的道理要能体现时代精神，及当下年轻人的良好精神风貌。

再次，演讲要有激情，要体现年轻人的活力。最好是脱稿演讲，声音要洪亮，口齿清晰，普通话标准，语速适当，表达流畅，始终给人以激情昂扬之感。

六一演讲

国际儿童节，又称儿童节。为了悼念 1942 年 6 月 10 日的利迪策惨案和全世界所有在战争中死难的儿童，反对虐杀和毒害儿童，以及保障儿童权利，1949 年 11 月，国际民主妇女联合会在莫斯科举行理事会议，决定将每年的 6 月 1 日定为国际儿童节。在中国，这天初中或小学一般会组织一些集体活动，并且会安排教育局领导、校长、教师代表、家长代表及学生代表发言。

范文 1

领导在“六一”大会上的致辞

老师们、小朋友们：

今天是“六一”国际儿童节，我们欢聚一起，用愉快心情，用嘹亮歌声，用优美舞蹈，共同庆祝“六一”国际儿童节。我代表 ××× 教委，向你们表示热烈的祝贺——祝小朋友们节日快乐！

小朋友们，你们沐浴党的阳光下，生长祖国母亲温暖怀抱里，在老师的教诲下愉快地成长。为了你们幸福生活，×××× 人民发奋图强、艰苦创业，省吃俭用增加对教育投资，改善办学条件，优化育人环境，使同学们能坐宽敞明亮教室里学习，能在鲜花盛开校园里成长。我们应该首先感谢党委、政府关怀，感谢父老乡亲对教育大力支持。小朋友们，我们生活在一个崭新时代，祖国未来，靠我们去建设，×××的宏伟蓝图需要我们去描绘。建设祖国，建设家乡，重任将落我们肩上。我希望你们，从小开始，从现开始，勤学苦练、全面发展，热爱祖国、热爱人民，树立全心全意为人民服务思想，明确学习目的，扎扎实实地学好文化知识，努力把自己培养成“有理想、有道德、有文化、有纪律”社会主义事业接班人。

最后，祝大家身体健康，学习进步。

祝大会圆满成功！

范文2

儿童代表在“六一”节上发言

尊敬的各位领导、各位来宾、敬爱的老师、同学们：

大家好！

六月里，阳光明媚、绿树成荫、鲜花盛开。在这个美好的季节里，我们再一次迎来了自己的节日——“六一”国际儿童节，这是属于我们每一个少年儿童的节日。今天，我们欢聚在一起，用愉快的心情，用嘹亮的歌声，用优美的舞蹈，共同庆祝“六一”国际儿童节。

首先我代表我校全体少年儿童向与我们共同欢度节日的各位领导、各位来宾表示热烈的欢迎，对大家对我们的关怀爱护表示衷心的感谢，真挚地说一声，老师，您辛苦了！同时，真诚地祝福同学们，节日快乐！

作为新世纪的少年儿童，成长在这个美好的时代，我们是无比幸福的。在家里我们得到父母无微不致地照顾，在学校我们得到老师的精心呵护、同学的关心帮助。学校是我们热爱的家园，在这里我们健康成长，快乐无比。校园中的我们，总是无忧无虑，因为在这里老师能解开我们所有的好奇，告诉我们很多奥秘，教我们做人的道理，带给我们生活的乐趣，让我们真正懂得爱的真谛。

同学们，我们是新世纪的雏鹰，今天，我们磨炼羽翼；明天，我们将搏击长空！我们是祖国的未来，明天要担负起建设祖国的重任，我们必须使自己的臂膀坚强有力，能把重担挑起。同学们，让我们一起努力吧！

再次感谢大家与我们共度这快乐的节日，祝同学们节日快乐！

演讲技巧

在“六一”儿童节上演讲，一定要把握住自己的身份，如果是学生代表，就要学会用儿童语言说话，少用成人语言，讲一些很“官方”的话，如“明确 × 希望”“树立 ×× 意识”等。除此之外，在演讲内容上，要将过、现在、将来串起来，以突显庆祝儿童节的意义。如，可以遵循这样的逻辑：阐述幸福生活如何来之不易；提醒自己要珍惜当下的幸福生活；继承 ×× 遗志，为了 ××，将来要 ×××××。接下来，向辛勤栽培学生的老师表示最诚挚的慰问和感谢（学生代表也可以从自己的角度来表达这份感激之情）。最后，祝所有少年儿童度过一个健康、快乐、有意义的“六一”节！

大部分“六一”演讲稿都体现了这种脉络，在实际发言中，可以根据自己的角色，选择的适当案例，组织、润色自己语言，并拿捏好说话的口气，以尽量衬托出的节日氛围，那“六一”主题演讲，基本就把握到位了。

七一演讲

把 7 月 1 日作为中国共产党的诞辰纪念日，是毛泽东同志于 1938 年 5 月提出来的。当时，毛泽东在《论持久战》一文中提出：“今年七月一日，是中国共产党建立的十七周年纪念日”。这是中央领导第一次明确提出“七一”是党的诞生纪念日。这天，许多单位都会举行入党宣誓，或是迎“七一”主题演讲活动。

范 文

机关领导“七一”讲话

同志们：

今天，我们在这里隆重召开纪念建党 ×× 周年全体党员大会，刚才我们的老党员和新党员一道面对党旗进行了宣誓。机关党委还向全体党员发出了倡议，这是新形势下践行党的誓言、牢记党的宗旨的集中体现。现在，我提几点要求，与大家共勉。

首先，全体党员要在学习贯彻“××××”中起表率作用。

一定要以政治责任感和使命感，学在前面，用在前面。我们坚持××××样的文化建设、要带头养成优秀的品格。毛主席说，“一个人能力有大小，但只要有这点精神，以他人利益为重，以人民利益为重，就是一个高尚的人”。所以党员，特别是领导干部学习“××××”一定要身先士卒，学在前，用在前。

二是，要加强组织领导，切实抓好广大党员干部的学习贯彻。

各支部必须高度重视，认真研究，着手部署，确保学习贯彻工作顺利开展，要立即行动起来，认真组织学习贯彻，做到认识到位、组织到位、工作到位，使学习贯彻“××××××”重要思想深入持久地开展下去。同时，要联系实际，学以致用。要通过学习贯彻“××××”重要思想，把智慧和力量进一步凝聚到推动×××工作和发展的各项任务上来，使广大党员干部真正在思想上有所提高，使各科所的工作切实得到改进。

最后再强调一点，我们学习贯彻“××××”重要思想，一定要记住，关键是与时俱进，核心是保持党的先进性，本质是执政为民。

我们要抓住当前的大好时机，乘势而上，站在新的起点上，凝聚新的动力，重塑新的形象，促进新的发展。要发挥机关党委和各支部在落实××××思想中表现出的政治优势、组织优势和密切联系群众的优势，以及广大党员在关键时刻站得出来，冲在前面的先锋模范作用，在把××××建设成为一流机关的目标指引，以一流的工作业绩向党的××周年献礼。

最后，让我们共同祝愿伟大的中国共产党永葆生机，青春常在！祝愿我们的祖国蒸蒸日上，繁荣富强，祝愿我们的农场明天更美好！

谢谢大家。

演讲技巧

“七一”演讲要有很强的针对性，要突出为党庆生这一主题。在演讲过程中，多以思想、感情、事例和理论来晓谕听众，打动听众，“征服”群众，多讲典型的身边事身边人。“七一”演讲不同于一般的知识讲座，或是研究会，要体现出一种激情，一种感染力，故演讲者的表达要生动、形象，有一定的气势。如果演讲不谈无味，就体现不出“庆祝”的氛围。也可以说，庆祝建党 ×× 周年的演讲，演讲者的观点不一定新、奇、特，但是一定要烘托一种节日氛围，宣扬一种爱国爱党的精神。

八一演讲

每年的 8 月 1 日是中国人民解放军建军纪念日，因此也叫八一建军节。1949 年 6 月 15 日，中国人民革命军事委员会发布命令，以“八一”两字作为中国人民解放军军旗和军徽的主要标志。中华人民共和国成立后，将此纪念日改称为中国人民解放军建军节。

建军节这天，一些机关、事业或企业单位的领导会到当地驻军部队表示慰问，并发表致辞。

范文

八一慰问部队发言稿

首长、全体指战员、同志们：

今天，我们欢聚一堂，共叙军民鱼水情深，共同欢庆“八一”建军节到来，意义非常特殊而重要。我谨代表全体职工向全体消防官兵致以节日的祝贺！消防平安工作事关经济的发展、社会的稳定，事关国家和人民生命财富的安全。在座的全体消防官兵始终以强烈的政治责任感和忧患意识，全面贯彻落实“听党指挥，能打胜仗，作风优良”要求，大力加强部队建设，不断提高部队防火、灭火的战斗力，坚强战斗在第一线，不辱使命，扎实工作，无私奉献，为当地的经济发展和社会稳定做出了积极的贡献。在此我代表全县父老乡亲向全体消防官兵致以崇高的敬意！

你们秉承“成功自我，服务社会”价值观来到 ××，有幸和你们共同开展军民共建活动。在你们无私的支持和帮助下，大家认真落实消防责任制，切实把本单位的消防平安工作抓紧抓好，使本单位形成了齐抓共管、人人参与的良好局面，确保了工程建设消防平安形势的稳定。在此，向你们表示衷心的感谢！

现在工程建设已进入关键时期。在抓好工程建设的同时，我们当前应始终把支持部队建设作为自己的神圣职责，视子弟兵为亲人，以后，我们还将继续紧密地和你们站在一起，精诚团结，真抓实干，广泛开展双拥共建活动，谱写军民共建新篇章。

最后，衷心祝愿全体消防官兵以及家人节日愉快。阖家幸福！

祝大家身体健康，万事如意！

演讲技巧

庆祝建军节演讲的主旨，是继承、发扬“八一”精神。如果是部队领导讲话，或慰问驻地部队，除了表达节日祝贺外，还要强调“八一”精神，以及对社会稳定做出的积极贡献。如果是地方领导慰问部队，开头可以说代表 ××× 表示慰问，然后回顾军队这些年走过的历程，取得的成绩，接着再介绍本地军队的情况，以及当地政府、群众对军队事业的关心。这之后，再谈谈今后军队与当地之间建设美好社会要共同努力这一点，说说自己的构想，谈谈要为和谐社会、小康社会做出哪些努力。最后，表示对关心和支持人民子弟兵的所有人的感谢。

教师节演讲

1985 年 1 月 21 日，第六届全国人大常委会第九次会议做出决议，将每年的 9 月 10 日定为我国的教师节，以此感谢传道授业解惑的教师。建立教师节，是为了进一步提高人民教师的政治地位和社会地位，在全社会形成尊师重教、尊重知识、尊重人才的社会风气。每年的教师节，全国各地的教师都以不同方式庆祝自己的节日。

范文

教师代表在节日大会上的发言

各位领导、各位老师：

大家好！

天高云淡的九月，花香阵阵，硕果累累。伴随着新学期的钟声，我们又迎来了一年一度的教师节。在这里，我首先祝各位老师节日愉快，身体健康！向关心、支持我们教育事业的乡党委、政府领导、社会各界，以及给予我个人关怀、帮助、培养的领导和老师们，表达最诚挚的感激和最衷心的祝福！

作为一名普通的人民教师，能作为教师代表在庆祝大会上发言，表达我们的心声和对未来的憧憬，深感荣幸，同时也很忐忑。因为我实在不知道说些什么。思来想去，恐怕只能说说心里的点滴感受了。

作为教师的我们，为了祖国的未来，坚守在教书育人的岗位上。虽说我们在经济上并不富有，但我们是精神上的富翁。因为我们能获得学生的崇敬和爱戴，因为我们教育过的学生正在成为栋梁，因为我们正在为国家的繁荣昌盛献出自己的青春和力量。

老师们，雄鹰用翱翔回报蓝天，骏马用驰骋回报草原，我们唯有把激情与梦想奉献给祖国的教育事业，才无愧于教师这个光荣的称号。才对得起各级领导的关怀，才对得起父老乡亲。学校腾飞，我们责无旁贷；爱洒桃李，我们无怨无悔！老师们，让我们携起手来，把新学期作为一个新的起点，在各自岗位上，齐心协力，奋发进取，为柳杜教育事业更美好的明天而共同努力吧！

最后再次祝领导、老师们节日快乐，谢谢大家！

演讲技巧

在教师节的演讲，要突出几个“合适”。首先合适自己，即演讲主题要适合自己的年龄、身份、气质以及特长等。如，你是学生，就要以学生的角色去演讲，如果是领导，就以领导的角演讲，否则，学生带着一种教训口吻演讲就会让人啼笑皆非。其次，内容要适合教师。因为这是教师的节日，演讲的内容要以歌颂、感谢教师为主题，而不是把其他职业作为歌颂对象。再次，要适合场合与时间。如果是在几个人的会议室演讲，气氛就没必要搞得那么隆重，如果是面对上千人演讲，一定要充满激情。最后，观点要适合。赞美教师时感情表达要真挚，阐述的立场、观点要正确，杜绝一些带有个人好恶，或较偏激的观点，否则不但影响说服力，不影响自己的形象。

国庆节演讲

国庆节是由一个国家制定的用来纪念国家本身的法定假日。每逢国庆节，各国都要举行不同形式的庆祝活动，以加强本国人民的爱国意识，增强国家的凝聚力。各国之间也都要相互表示祝贺。从1950年起，我国将每年的10月1日定为国庆日，又称十一。临近国庆，许多单位都会举行庆祝活动，有些单位或学校还会组织迎国庆主题演讲活动。

范文

国庆企业高管致辞

尊敬的各位领导、各位来宾，同志们：

大家好！

今天，我们在这里举行隆重的升国旗仪式，热烈庆祝中华人民共和国成立××周年。

××年前的今天，第一面五星红旗在天安门广场冉冉升起，毛泽东主席庄严地向世界宣告了中华人民共和国的成立，中国人民从此站起来了，中国历史开始了新的纪元。

建国××年来，在中国共产党的领导下，全国各族人民团结一心，艰苦奋斗，励精图治，各项事业不断推进，中华大地发生了翻天覆地的变化。尤其是改革开放以来，我们坚定不移地以经济建设为中心，抓住机遇，深化改革，扩大开放，取得了举世瞩目的伟大成就。我国的经济实力、国防实力和民族凝聚力不断增强，物质文明、精神文明、政治文明建设取得了显著成绩，科技、教育、文化、卫生、军事、外交等各项事业蓬勃发展。

伴随着祖国改革开放的步伐，我们的 ×××× 工业在不断发展，不断前进，我们公司也已走过了 20 年的创业发展历程。公司成立以来，广大干部职工始终保持昂扬向上的精神状态，开拓创新，锐意进取，团结拼搏，无私奉献，在 ×× 油田开发建设史上写下了不平凡的一页。公司的生产规模不断扩大，经济效益持续增长，生产建设稳步发展，企业管理水平大幅提升，科技进步成果显著，基础设施建设和职工的工作生活环境得到了明显改善，精神文明、政治文明建设取得了丰硕成果。

回顾历史，我们心潮澎湃；展望未来，我们豪情满怀。明年一月，我们将迎来公司成立 20 周年，广大干部职工要把满腔的爱国热情投入到实际工作中，同心同德，励精图治，真抓实干，努力提升专业化管理水平，确保安全生产，坚决完成今年的各项生产经营建设任务，进一步增强打好改革攻坚战的信心和决心，努力夺取改革和发展的新胜利，为我国的社会主义现代化建设做出新的更大的贡献！

最后，让我们共同祝愿我们伟大的祖国更加繁荣昌盛，祝公司广大职工、家属节日愉快、身体健康！

我的讲话完毕，谢谢大家。

演讲技巧

国庆节演讲稿的格式和写作方法，以及演讲方式与其他节日演讲类似。归纳起来，国庆演讲主要有这么几个特点。一要了解听众，了解他们的思想状况、文化程度、职业状况，以及他们所关心的问题等，根据听众的特点，采用相应的演讲方式，使演讲更受听。二要感情真挚，整个演讲要体现浓浓的爱国之情，把说理与抒情结合起来，既有冷静的分析，又有热情的鼓动，既有所憎，又有所爱。三要通俗易懂。进行爱国主义主题方面的演讲，绝不能像做报告，要尽量口语化，通俗易懂，坚决抛弃晦涩难懂的术语和外来的字眼。四要有思想高度。演讲再有激情，只有干巴巴的语言，没有思想高度，也会缺少感染力。还有一点很重要，就是要注意控制篇幅。如果是即兴发言，一两分钟为宜，不要长篇大论。如果事先有安排，要根据发言（演讲）的人数，国庆（演讲）活动持续的时间，来确定自己的演讲时间。

第 20 课　商务演讲

——在商言商，展现个人魅力

商务演讲，顾名思义就是在一些商务活动上的讲话、发言、陈述。由于管理工作或者业务拓展的需要，越来越多的职业人士需要在公众场合演讲。高超的演说技巧，可以更好地展示自我，或是企业形象。商务演讲的范畴很大，比较正式的商务活动有商务研讨会、政府招商会、产品订货会、产品推介会、交易洽谈会、签约仪式等。

研讨会演讲

商务研讨会，是指由企业或行业协会举办的一些讨论，在会议上，业内领导、专家、企业面对面，就国内外典型案例解剖分析，现场针对具体问题进行研讨，谋划解决方案。可以说，商务研讨会是企业、专家、政府平等对话的平台。

范 文

在商务研讨上的致辞

尊敬的各位领导、各位来宾，女士们、先生们：

今晚，我们欢聚一堂，共同祝贺中国民营企业 ×××× 研讨会胜利召开。值此良辰美景，请允许我代表 ×× 市委、市人民政府，向出席宴会的各位领导、各位来宾表示热烈的欢迎！

近年来，×× 经济社会快速发展，市场繁荣，经济发达，社会安定，人民富裕。2016 年经济社会发展综合水平位居全国县市第 ×× 位，综合竞争力列 ×× 省县级市第 × 名。一年一度的 ×× 博览会已连续举办 × 届，先后被评为 2016 年度中国会展业十大新闻事件，展会规模和外商参会人数跃居国内经贸类展会第 ×。这些成就的取得，与在座诸位长期以来的关心、支持和参与是密不可分的。借此机会，我谨代表全市人民向大家表示衷心的感谢！

今天在这里举办民营企业 ×××× 研讨会，必将为民营经济的发展和提高起到极大的推动和促进作用。衷心希望莅临大会的各位领导、各位专家在会议期间多到 ×× 走走、看看，深入了解了解 ××、为 ×× 的发展献计献策。

现在，我提议：

为中国民营企业 ×××× 研讨会圆满成功，为各位领导、各位来宾身体健康，事业顺利，干杯！

演讲技巧

在研讨会上发言，不能想到一句说一句，或是别人讲话时，自己不时插一句。通常，发言时要完整地阐述自己的观点，要有连贯性。首先，要提出自己的观点，如你支持什么，反对什么，或是想讨论什么。如“在 ××× 问题上我持的观点是……”。其次，要分条、分层论述自己的观点，论据要合理，道理要讲的清楚，故事要讲的明白。做到有针对性、中心突出、层次分明、语言通俗易懂、少陈词滥调。当然篇幅不要太长，因为是研讨会，要给更多人发言的机会。如果有别人明确反对自己，心态要平和，反驳的言辞不要太激烈，尽量营造一种就事论事，“有事好好说”的氛围。

招商会发言

招商是每个企业最关注的一个话题，招商会也是企业开拓网点的最快方法之一。一家优秀的企业，它总会在全年规划当中有计划地举办或是参加一些招商会。举办招商会，可以提升企业的美誉度与影响力，美誉度又是提升销售最好的引擎，也是营销的最好的拉力。参加招商会，并在会上进行精彩的发言，可以瞬时提升个人魅力与企业形象，并为企业赢得更多合作伙伴。

范文

企业代表在招商会上的发言稿

尊敬的各位领导，在座的各位朋友们，大家好！

首先感谢区委、区政府四大班子盛情邀请 ×××× 公司参加这次座谈会。

2010 年，区委、区政府抢抓机遇，乘势而上，不断提高招商引资的层次、质量和效益，着力于打造 ×× 市的商业贸易中心，实现 ×× 区领跑全市，领跑 ×× 的宏伟目标，推进科学招商、理性招商，坚持招商引资与转变经济发展方式相结合，坚持经济效益与社会效益相统一，坚持招商引资与招才引智相促进，不断开创招商引资工作新局面，牢牢把握本区区位优势、经济优势、开发开放态度等多种投资潜力，招商引资工作成绩喜人。

×××× 公司遵循“×××××××××”的理念，我们最大的心愿，就是希望能为 ×× 的城市经济建设尽一份力。最近几年，我公司从小小的个体经营到私营连锁化规模发展进程，从务实勤奋的 ×××× 再到西部乃至中国，将完成全国连锁化经营的整体战略布局。未来我们将进一步推动公司文化建设，完善公司文化和管理体制。加强员工福利的等级化、制度化、透明化和工资定级基本标准建设，从而走向股份制管理模式。我们将发展第三产业，转移产业结构，寻找新的利润增长点，同时我们将以完成自身品牌建设为目标，加快公司蜕变的进程。我们争取在短期内成为 ××× 地区同类行业的优秀企业、全国驰名商标、民营企业的优秀代表。×××× 公司坚持以政策为导向，联系企业自身实际，整合资源，完善管理，打造适合公司发展的商业模式，以使得公司能够稳定、健康、持续的发展。

为此，我郑重地向区委区政府请求，希望你们能一如既往地支持我们。期望能在大力招商引资的同时，加大对本土民营企业的扶持力度。为了提升 ×× 商业市场的整体形象，实现外资品牌和本土品牌相融合以达到运营规模化，我公司希望政府能支持在×××新城规划修建“××××城”。

承蒙关切，有幸参加区委、区政府四大班子精心组织的“招商引资工作座谈会”，我们今天的发展和明天的强大，归功于区委、区府和各级领导对招商引资的重视，归功于政策的多元化与科学合理性。我谨代表××××有限公司向您们表示衷心感谢。天时人事日相催，冬至阳生春又来。展望新年，前景无限美好。在此，我祝愿各位领导、各位企业家们来年财源广进，心想事成！祝同志们、朋友们新年愉快，合家幸福！我们在守法经营的同时，积极投身到××市经济复兴和发展的行列，开创和实现互惠共赢新局面，共同见证××文明城市的腾飞。

谢谢！

演讲技巧

在招商会上发言，和在其他会议上发言相比，形式上没有太多差别，但是在内容上要突出“招商”这一主题。发言技巧可以概括为三点：首先表示感谢，如果是主办方，就感谢来宾与参加招商会的企业，如果是受邀参会，就感谢主办方的邀请。这不是客套，是礼节。其次，要介绍公司的概况，如主营业务，公司规模实力，合作伙伴，发展前景等，让人对企业有一个初步的了解，建立起一个好的印象。再次，阐述参会的目的，或为了推广新品，或为了赢得新的合作伙伴等。最后是祝愿，及再次感谢。

订货会致辞

订货会是以产品实物吸引消费者购买的一种形式，可以是一个企业，也可以是企业联合举办。订货会的交易方式主要有期货交易、现货交易、易货交易、补偿交易、样品定购交易、以进带出交易等。订货会议上，主要讲解被推销产品的相关知识和市场支持政策，以及本次订货的优惠措施。中间可穿插领导、客户代表讲话等。

范文

企业代表在订货会上致辞

各位来宾，各位同仁：

今天是个喜气洋洋的日子，看到这么多销售界的同行、朋友们欢聚在一起，心里非常高兴，今天我也很荣幸受邀在这个场合发表感言，那么首先让我们向健康饮品界又一“新宠”的隆重上市表示祝贺，祝愿××××系列产品的上市销售“开门红”，祝愿今天的订货会圆满成功。

我从事卖场销售管理工作也很多年了，饮品市场每年上市的新品不少，但从去年开始，随着国内相继出现食品添加剂的问题，什么“塑化剂”“乳化剂”“工业用奶”相继被曝光，人们对食品饮料的安全是越来越关注了，饮品市场的消费结构正在潜移默化地发生着变化，以前是碳酸饮料销量增幅很快，过年过节人们发福利发的饮料，基本都是碳酸类的，但是随着大家收入的提高，生活水平越来越高，消费意识也越来越强，也越来越注重健康、养生。所以说，我对××××系列产品100%纯天然健康饮品这个概念是非常看好的，我相信未来饮料市场的格局，一定是纯天然无添加剂产品占据主导地位，一定是健康饮品的天下。

我认为，××××系列产品的上市迎合了市场需求，引导了消费导向，这个决策是英明的，产品定位是准确的。在这里我也表个态，我们卖场一定会支持××××，为××××提供最好的展示平台，我非常期待双方今后来的合作，我也相信通过××××公司的规范管理和我们大家共同的支持，××××系列产品一定会有广阔的市场空间和骄人的销售业绩！

让我们大家为着自己和家人的健康一起支持健康饮品的发展，一同分享健康理念市场带给我们的满意回报！

演讲技巧

订货会上，主办方演讲的主要目的是介绍、宣传产品，寻找更多可靠的合作伙伴，获得更多的订单。同时，也是力求用良好的精神面貌感染客户，进而树立良好的企业形象。所以，从这个角度出发，演讲者在发言时要把握好这么几点：一是感谢经销商的参会，以及长期以来的支持；二是介绍公司所取得的成绩，以及品牌的知名度、美誉度；三是阐述公司的优惠措施与政策，及售前、售中、售后等方面的服务。最后，送上祝愿，如“祝各位财源广进，生意兴隆，万事如意”等。

如果是经销商发言，也遵循这个流程，即感谢邀请，介绍自己和自己的公司，对供货方的产品或服务给予适度褒奖，最后也送了美好祝愿。

推介会演讲

产品推介会是一项重要的商务活动。在推介会上，除了推销企业的产品，获得投资者或是合作伙伴的认可，增强他们的信心，消除顾虑，而且也是展示企业文化、形象的一个平台。通过推介会上的演讲，可以吸引行业或媒体的注意力，与他们达成良好的合作关系，为企业以后的发展奠定一定的社会基础。

范文

董事长在产品推介会上的发言

尊敬的各位来宾，各位朋友：

大家好！

在这春意盎然、万物生长的季节，×××× 科技有限公司举办 ××× 产品推介会，有幸邀请到 ×× 等地区的业界精英汇聚于此，首先我代表 ×××× 科技有限公司向各位的到来表示衷心的感谢和热烈的欢迎。

承蒙各位朋友的关爱与支持，×××× 品牌经过多年的发展壮大，保持了在同行中稳步不移的地位，我们的产品在市场竞争中越来越受到农民朋友们的欢迎，知名度和销售量逐年上升，×××× 严格的质量把关和周密的销售终端控管使得产品在市场中竞争力日渐强大起来。“××××，××××”的企业使命；“××××、××××、××××”的经营理念，先进的管理技术，雄厚的人才实力，完善的质量保证及售后服务体系，成就了 ×××× 在农资行业的稳固地位。

引用墨子的话，“国有贤良之士众，则国家之治厚。”在全国各地区，××××得到如此多优秀的经销商和农民朋友的支持，××××销售业绩节节攀升，前景喜人。一分耕耘一分收获，这些成绩的取得，离不开广大经销商的支持，是与广大经销商的辛勤劳动和各位××××人的忠诚敬业分不开的，我们用智慧和汗水共铸了今天的辉煌。在此，我向大家再一次表示衷心的感谢！

让我们团结协作，同舟共济，奋力开拓，共同创造美好的明天！最后，祝各位财源广进，生意兴隆，万事如意。谢谢！

演讲技巧

推介，在某种意义上讲也是销售，在推介会上介绍自己的产品或服务，无非就是为了一个字“卖”。那如何演讲打动人心，直击销售的准心呢？关键有三点。

（1）熟悉产品的卖点。任何时候不要讲这样的话，“我不清楚”“我不能够”“我不确信”，不知道，不确信的事可以不说，但一定不要“实话实说”，或是胡说。

（2）熟悉你的听众。不管你要把产品推介给谁，你都得先了解对方的特点、爱好、需求等，并针对这些来组织演讲的内容，这样说话才有的放矢。

（3）要能引起共鸣。推介最终目的是为了成交，成交的一个重要前提，是让客户或听众认可你的服务与产品。这就需要你在演讲时要尽可能引起他们的共鸣，说他们想说的话。

洽谈会致辞

洽谈，即接洽商谈，一般是指在商业活动中对商业、商品交易、买卖的交谈行为。采购洽谈会指具有采购需求的企业通过举办会议洽谈的形式，与具有供应资质的企业进行沟通合作。洽谈会可以由政府部门或第三方机构组织，也可以由企业组织，它为采购与供货方搭起一个交流平台。常见的洽谈会有招聘洽谈会、经贸洽谈会、投资洽谈会、交易洽谈会等。

范 文

企业领导在商品交易洽谈会上的致辞

女士们、先生们，朋友们：

值此 ×× 集团公司商品交易洽谈会开幕之际，我谨代表本集团公司向远道而来的各国来宾、港澳同胞、海外侨胞表示热烈的欢迎和良好的问候！

前年金秋，在庆祝本集团公司产品研发中心落成典礼时，我们曾在这里举办过一次商品交易洽谈会。今年这次洽谈会，规模和内容比上一次洽谈会更大和更丰富。本次洽谈会，将进一步扩大本集团公司和有关国家、港澳地区的经济技术合作和贸易往来，增进相互了解和友谊。

本集团公司地处我国沿海经济发达的 ×× 省，对外经贸事业的发展有着广阔的前景。目前，本集团公司已同世界上近 30 个国家和地区建立了贸易往来和经济技术合作关系，这种合作关系正在日益巩固和发展。

本次洽谈会，本集团公司将推出包括轻工、机电、陶瓷、电子及食品等百余种商品，供各位来宾选择。所展出的商品不少是我国或我省的名牌产品和新开发的出口产品。欢迎各位来宾洽谈贸易，凭样订货。

今天在座的各位来宾中，有许多是我们的老朋友，我们之间已建立了长久的良好的合作关系。对于各位真诚合作的精神，良好的信誉，本集团公司表示由衷的赞赏和感谢。同时，我们也热情欢迎来自许多国家、地区的新朋友，我们为有幸结识新朋友而感到十分高兴。我们欢迎老朋友和新朋友发展相互间的友好合作关系。

最后，预祝本集团公司商品交易洽谈会圆满成功！谢谢！

演讲技巧

洽谈是一门综合性的科学，它涉及社会学、行为学、心理学、管理学、逻辑学、语言学，以及众多经济、技术科学方面的知识。以一宗出口交易洽谈为例，要求洽谈者不仅要熟悉了解交易产品的技术性能、生产工艺，还要了解进出口国有关贸易的各项规定、法令和政策，甚至各民族习俗、消费特点、购买心理。所以，不是谁都能在洽谈会上把话说好的。把话说得让人舒服了，除了要善于沟通，还要懂市场，既能看到机会，也能看到风险，再就是，还要掌握一定的法律知识。所以说，洽谈生意是个技术活儿。

签约会致辞

在商务礼仪中，签字仪式虽不算是一种纯礼仪活动方式，却是一项非常重要的内容。各种商务活动签字仪式都有比较严格的程序及礼节规范。这不仅显示出签字仪式的正式、庄重、严肃，同时也表明双方对缔结条约的重视及对对方的尊重。

范文

领导在签约仪式上的致辞

各位来宾，同志们，朋友们：

在这辞旧迎新的日子里，×× 市与 ×× 集团投资 × 亿元的 ×× 项目正式签约了。首先，请允许我代表省委、省政府向项目的正式签约表示热烈的祝贺！同时，向应邀参加签约仪式的各界朋友、各位来宾表示热烈的欢迎！

×× 地处中原，是中华民族的主要发祥地之一，有着悠久的历史和灿烂的文化，自然条件优越，区位优势显著，交通通讯发达，物产资源丰富。××集团能够看好 ××、投资 ××，充分说明集团决策者们具有远大的战略眼光和宏大的气魄。项目的签约，是我省招商引资工作的一件大事，在此，我谨代表省委、省政府向促成项目正式签约的 ×× 集团的各位领导、各界朋友、各位来宾表示衷心的感谢！

我国是能源消费大国，国家大力提倡和鼓励煤化工技术的开发和利用。×× 是国家能源重化工基地，有较好的工业基础，这次 ×× 市整合资源优势，和 ×× 集团成功合作，投资 × 亿元建设煤化工项目，是双方审时度势，准确把握国家产业政策，发挥各自优势，精诚合作的结晶。煤化工项目有着广阔的发展前景，我相信，项目的建设，不仅仅对 ×× 集团的长远发展具有重要的战略好处，而且对拉长我省煤化工产业链条，改善我省能源结构，推动相关行业发展，乃至优化调整全省工业经济结构都具有重要的好处。

各位来宾、同志们，今后几年，煤化工行业将是我省发展的重点之一，×× 在这方面先行一步，开了一个好头。期望 ×× 市委、市政府要抓住机遇，乘势而上，不断将这一行业做大做强。期望各相关部门要站在全省工作大局的高度，通力合作，全力以赴，无论在资金、土地、环境等各方面都要给予帮忙、支持，确保项目尽快投产见效，为 ×× 的经济发展做出更大贡献。也期望 ×× 集团能够以这个投资项目为起点，进一步发展在 ×× 的事业，尽快把这个产业做精、做强、做大，与 ×× 人民携手开创更加完美的未来。最后，祝愿项目合作取得圆满成功。

谢谢大家！

演讲技巧

在签字仪式上致辞，需要明确“合作”这个主题，讲话也要围绕这个主题展开。首先，对应邀参加签约仪式的嘉宾及合作方表示欢迎，这几乎是所有致辞都必须要讲的一句话，是一种礼节。接着，要对双方或多方签约的项目进行简单介绍，如项目的规模、投入、产出、效益等，以及对各合作方的重要性与意义。最后，表达加深合作，或长久合作的意愿，并送上美好祝愿，如“祝双方的合作成功”等。通篇致辞要体现积极、和谐、喜庆的氛围，篇幅不过长，二三分钟为宜。

第 21 课　媒体演讲

——言谈亲和，树立良好形象

媒体是指传播信息的媒介，包括传统媒介与新媒体，传统媒体有诸如报纸、电视、广播、杂志等，新媒体主要指网络媒体。现在，人们面对媒体演讲的机会越来越多，产生的影响力越来越大。为了与媒体形成良性互动，展示自己或单位良好的形象，不管是单位领导，还是负责宣传工作的“发言人”，一定要掌握在媒体面前说话、演讲的技巧。

广播电台演讲

广播，是指通过无线电波或导线传送声音的新闻传播工具。通过无线电波传送节目的称无线广播，通过导线传送节目的称有线广播。广播的优势是对象广泛，传播迅速，功能多样，感染力强。现在网络很发达，通过网络可以在线收听许多广播节目。

通过广播演讲，有一个优势，就是可以声情并茂地读演讲稿，或者拿着稿子接受采访，整个讲话过程流畅、自然，很少会出现卡顿。而且，通过广播演讲，不用面对许多观众，压力不会太大，加之有主持人在场，即使出了一点小状况，也能有效控场。

范文

嘉宾作客电台接受采访

主持人：各位听众朋友大家好，今天我们请来的嘉宾是 ×××× 公司的常务副总王 ×× 先生，王总您好！

嘉宾：主持人好，各位听众朋友们，大家好！

主持人：王总，您好，听说××××公司10月1至10日将举行一场大型的十周年店庆活动，您能否简单给我们介绍一下？

嘉宾：好的。我们××××公司是以“家”为中心，集家具、建材、家电、家居用品、房产展示以及休闲、餐饮、观光、娱乐等综合功能为一体，让消费者在居家生活领域里享受“一站式购全”的服务平台。

进入××市场三年来，得到了××市众多消费者与商户的广泛好评。为了感谢××人民的大力支持，我公司于10月1至10日举行十周年店庆促销活动，以此来回馈消费者。本次活动我们公司从集团领导至员工都非常重视，国庆节前就已开始筹备，而且这次活动的促销力度很大，可以预见活动现场将会异常火爆。

第一，我××××公司推出超低折扣商品，在店庆10月1至10日，会以超低价回馈消费者，这是一般情况下享受不到的优惠。

第二，购物满额有多款家电礼品赠送，比如满8万送苹果手机，满5万送品牌手机，满3万送自行车，满1000元送苹果10斤。

第三，参加消费者还可以进行幸运转盘转好礼活动，礼品更是琳琅满目。

第四，抽奖送现金，消费者仅消费五百元就有机会享受三百元的返现，再加上送的小礼品，几乎是不花钱就能得到商品，而且能够享受到购物的乐趣。

第五，我们设置了秒杀活动，消费者只要眼疾手快，就可以不花钱得到好礼品。这些正是××××公司活动的目的所在，通过这个产业集群的一站式平台，消费者不必在置家安家过程中再四处疲劳奔波，可以实现集中采购，减少采购时间，降低采购成本，并能享受到购物的乐趣，感受我们的贴心服务。

主持人：从您的活动介绍中，我们能深切地感觉到××××公司这次活动的诚心和决心，确实是做到了让消费者得到实实在在的实惠。

……

嘉宾：谢谢主持人，也谢谢××广播电台“××××”栏目给予了我这次机会。我想说的是，××××公司将一如既往地坚持以顾客需求为导向的经营策略，以提升消费者的居家生活品味为己任，践行“以一流的设计、一流的商品、一流的服务，为顾客营造时尚温馨之家”的服务承诺，带动银座家居行业管理和服务水平的升级，让消费者在快乐中享受服务，在服务中体验快乐。

主持人：非常感谢王总今天能光临我们演播室，预祝 ×××× 公司这次十周年店庆活动会圆满成功。听众朋友们，今天的节目就到这里……

嘉宾：谢谢，再见！

演讲技巧

广播是通过有声语言进行传播的，其最大的特点就是“我讲你听”，要让受众听得清楚、听得明白。所以，通过广播电台做演讲，不仅要观点明确，逻辑严密，层次清晰，分寸恰当，还要浅显易懂，深入浅出。这种“浅”恰就是广播评论最基本的特征。除此之外，还要注意互动。现在广播媒体越来越注重与听众的互动，所以，要少自说自话，适当与主持人、听众互动。

平面媒体演讲

在传统的平面媒体中，报纸是最具代表性。它是以刊载新闻和时事评论为主的定期向公众发行的印刷出版物，是大众传播的重要载体，具有反映和引导社会舆论的功能。现在，许多企业内部也会主办一些报纸，供内部职员阅读。在报纸上发表的演讲稿，一般会体现这么几个特点：反映时事热点，引领社会新风尚，体现较高的学术水平，群众喜闻乐见的名人逸事等。下面的范文是一篇发表于企业内刊的演讲稿，体现的主题思想也很明确。

范 文

报载“企业在我心中”演讲稿

十九岁参加工作，十二年过去了。从当年不谙世事的学子，到现在为了明天不找工作而努力工作着的我，见到“企业在我心中”的题目时，首先想到的是工作。学生时代，当别人感叹“让读书的日子永驻，让工作离我们再远一点”时，我不禁想，工作真有那么累吗？社会真有那么复杂吗？既然人生下来都得学习，长知识，随着年龄的增长，又将利用积累的知识来从事体力或脑力劳动，这便是工作。它是一种付出，也是一种获得，它是人成年以后生存的基本方式。

2008年，我毕业了，我找到单位了，我心里庆幸极了，也高兴极了。从此，我有工作了，我的单位是××××公司。都说人是集体的，是社会的。读书的时候，班级像个大家庭，而今，单位又成了我的另一个大家庭。想在这个大家庭里快乐生活的秘诀是团结、互助、友爱、忍让，如同在自己的家里。

有人说工作是“敲钟上班，盖章拿钱”。也有人说工作是“一张桌子，一把椅子，一张报纸，一杯水”。这样的工作经历我有过。那时，我们工作悠闲，薪水不高，荒废着青春，忘记着自己的专业知识。而公司，她缺乏凝聚力和战斗力，缺乏开拓进取的精神，她债务垒垒。我们的经济效益在同行业中越来越低，职工的待遇也不如同行业人员。

2015年，公司实行了以财务管理为核心的改革。条例多了，纪律严了，人自律了，努力了，劲往一处使了，工作和效益挂钩了，有人笑了。

2016年就业的形势更加严峻，公司内退的政策出了，待岗下岗的规定有了，以竞争上岗为手段的人事制度改革开始了。许多同事提出了“以人为本”的理念，喊出了“开拓创新”的口号，明白了“岗位靠竞争，收入靠奉献”的道理。我们的公司丢掉了包袱，我们的员工住进了新房。我们众志成城，我们努力工作，我们不再惧怕夏雨和冬雪，我们笑迎春花和秋实。

今年，绩效工资考核政策的出台，再次体现出按劳分配，多劳多得的分配原则。各个科室、站之间你追我赶，相互学习，相互比赛的，除了工作还是工作。

再回首，我们的企业不断创新进步，我们的经济效益和社会效益稳中有增。这让我们更加懂得，自己与企业唇齿相依、荣辱与共、同舟共济。可以说，企业是我们不断努力奋斗的强大后盾，是我们的衣食父母，精神寄托。

演讲技巧

对于公开发行的报纸等平面媒体，一般的新闻稿是不接受的，除此之外，发表的演讲稿要么具有一定的专业性，有一定的深度，或者是某方面的科研成果。企业或单位内部的报纸，侧重于刊登一些生动有趣，情节感人的事迹。所以，在大众报纸上发表文章，要体现自己的专业性、权威性，在单位内部报纸刊上发表文章，或口述你的故事，一定要具有典型意义。需要注意一点，为了增强在平面媒体上的表达效果，可以适当配一些图表。

⊶ 电视节目演讲

电视媒体包括电视、录像机、影碟机和摄像机等，是指以电视为宣传载体，进行信息的传播的媒介或是平台，是现代社会生活不可缺少的一部分。现在，越来越多机关、企业单位喜欢通过电视媒体宣传政府政策，或树立企业形象，相应地，领导的上镜率也越来越高。

但是，很多人在面对电视媒体时，会比面对台下的听众更紧张，仅仅摄影灯的强光一照就会让他们六神无主。加上记者的表情难以捉摸，摄像、摄影师不停地走来走去、快门的声音不绝于耳……在这样紧张的气氛中，很多人不由自主就讲错了话。

范 文

俞敏洪在北京卫视《我是演说家》的现场演讲

当有人站在这么一个舞台上，我们很多同学都会羡慕。也会想，也许我去讲，会比他讲得更好。但是不管站在台上的同学是面对失败还是最后的成功，他已经站在这个舞台上了。而你，还只是一个旁观者。

这里面的核心元素，不是你能不能演讲，不是你有没有演讲才能，而是你敢不敢站在这个舞台上来。我们一生有多少事情是因为我们不敢所以没有去做的。

曾经有这么一个男孩，在大学整整四年没有谈过一次恋爱，没有参加过一次学生会班级的干部竞选活动。这个男孩是谁呢？他就是我。在大学的时候，难道我不想谈恋爱吗？那为什么没有呢？因为我首先就把自己看扁了。我在想，如果我去追一个女生，这个女生可能会说，你这头猪，居然敢追我，真是癞蛤蟆想吃天鹅肉。要真出现这种情况，我除了上吊和挖个地洞跳进去，我还能干什么呢？所以这种害怕阻挡了我所有本来应该在大学发生的各种感情上的美好。

其实现在想来，这是一件多么可笑的事情，你怎么知道就没有喜欢猪的女生呢？就算你被女生拒绝了，那又怎么样呢？这个世界会因为这件事情就改变了吗？那种把自己看得太高的人我们说他狂妄，但是一个自卑的人，一定比一个狂妄的人还要更加糟糕。因为狂妄的人也许还能抓到他生活中本来不是他的机会，但是自卑的人永远会失去本来就属于他的机会。因为自卑，所以你就会害怕，你害怕失败，你害怕别人的眼光，你会觉得周围的人全是抱着讽刺打击侮辱你的眼神在看你，因此你不敢去做。所以你用一个本来不应该贬低自己的元素贬低自己，使你失去了勇气，这个世界上的所有的门，都被关上了。

……

回过头来再想一想，最近这几天正在全世界非常火爆的我的朋友之一马云，他就比我伟大很多。马云跟我有很多相似之处，当然不是长相上相似，大家都知道，这个长相上还是有差距的，他长得比较有特色。我们俩都高考考了三年，我考进了北大的本科，他考进了杭州师范学院的专科，大家马上发现，从这个意义上来说，无论如何，我应该显得比他更加的优秀。但是一个人的优秀并不是因为你考上了北大就优秀了，并不是因为你上了哈佛就优秀了，也并不会因为你长相好看而优秀。一个人真正优秀的特质来自于内心想要变得更加优秀的那种强烈的渴望和对生命的追求那种火热的激情。马云身上这两条全部存在。

如果说在我们那个时候，马云能成功，李彦宏能成功，马化腾能成功，俞敏洪能成功，我们这些人都是来自普通家庭，今天的你拥有的资源和信息比我们那个时候要丰富一百倍，你没有理由不成功。

当我们有勇气跨出第一步的时候，我们首先要克服内心的恐惧，因为这个世界上，只有你往前走的脚步你自己能够听见。

所以我希望同学们能够认真地想一下：我内心现在拥有什么样的恐惧，我内心现在拥有什么样的害怕，我是不是太在意别人的眼光，因为这些东西，我的生命质量是不是受到影响，因为这些东西，我不敢迈出我生命的第一步，以至于我生命之路再也走不远。如果是这样的话，请同学们勇敢地对你们的恐惧和勇敢地对别人的眼神，说一声 NO！

演讲技巧

接受电视台采访，或是在电视台做直播节目，在说话方面要掌握三个要点：一是要以正确的态度对待媒体。在采访中避重就轻、推三阻四、敷衍了事、顾左右而言他，都会自己或单位在社会舆论中的公众形象。二是要控制好情绪，在被问及一些敏感问题时，应理性应对、审慎回答，决不能因个人情绪或情感好恶等原因，对媒体要态度、发脾气、出言不逊、当众失态。三是说话要掌握好分寸，不说过头话、出格话、撒气话、伤人话，始终保持不卑不亢的态度及亲和友善的语态。

掌握了在镜头前的说话技巧，才能掌握采访的主动权，从而合理引导媒体，通过自身“气场”，使新闻媒体对本单位产生良好印象，继而站在本单位的立场上思考问题，从而间接掌握媒体提问与报道的走向。

个人微博演讲

如今，微博已经是我们生活中必不可少的一部分。与传统媒体相比，微博具有影响力大、受众广泛、互动性强等特点。越来越多的人，包括明星大腕儿、企业家、学者、专家，等都开通了自己的微博，来宣传自我、塑造自我。甚至许多机关、事业单位也有自己的微博。

在使用这微博这个网络平台展示自己的同时，也要有纠错意识，避免卷入网络事件，成为网络舆论焦点。尤其是一些单位的“新闻发言人”，不但要学会运用网络媒体，也要会与网络打交道。

范文 1

一位数学老师的微博：我们为什么要学数学?

开学在即，相信不少人都有过被数学支配的恐惧。数学是研究规律的科学，我们学习它来训练逻辑思维，思辨能力，创造力。但学校里的数学却激不起我们的兴趣。每当问起“为什么要学?”得到的答案往往是“考试要考”。有没有可能，哪怕只有一小会儿，我们研究数学仅仅因为兴趣，或是数学的优美?

范文2

2016年9月21日马云发布的新浪微博

两年前的今天,阿里巴巴在纽约上市。我今天正好在纽约,感慨万千。两年，经历了很多该发生的和不该发生的事情，一直在践行两年前的信任之旅，一直在信任和误解中挣扎，一直在相信相信。感恩所有给予阿里信任的同事和朋友们。因为信任，所以简单；因为信任，唯恐辜负；因为信任，才有勇气；因为信任，还会不断折腾自己……

演讲技巧

在微博上发言，要突出三个特点：短、浅、软。短，就是篇幅要小，一百多字为宜，简要描述事情，或是发布通知、消息等，让人一目了然。浅，就要是通俗易懂，少用一些生涩的词，或是容易让人产生歧义的句子，使表达准确无误。软，就是语言轻松、风趣，要有亲和力，要能贴近听众，当然，最好是柔中蕴刚。为了使微博的表达更生动，可以图文并茂，或者加入一小段视频，使内容更丰富、形象，更吸引人。

视频会议演讲

视频会议，是指位于两个或多个地点的人们，通过通信设备和网络，进行面对面一样交谈的会议。根据参会地点数目不同，视频会议可分为点对点会议和多点会议。在日常会议中，一般个人对谈话内容安全性、会议质量、会议规模没有要求，可以采用一些视频软件来进行视频聊天。而政府机关、企业事业单位的商务视频会议，要求有稳定安全的网络、可靠的会议质量、正式的会议环境等条件，则需要使用专业的视频会议设备，组建专门的视频会议系统。由于这样的视频会议系统都要用到电视来显示，也被称为电视会议、视讯会议。

范文

家长视频会议校领导发言稿

各位家长：

下午好，大家辛苦了！寒假来了，一年将尽，我们的孩子又大了一岁。今天，我们在这里召开××年级××班家长会，欢迎大家来学校指导工作。

我总认为作为家长，不管你有多忙，能抽出时间参加这次家长视频会议，同老师交流一下教育孩子的心得。这实在是一件很有意义的事情。所以今天我对大家的参与不说感谢，只表示欢迎。

今天，我们第一次召开视频会议，目的是为了介绍××年级××班的教育教学现状和目标，加强班级任课老师与家长朋友们之间的联系，共同探讨教育孩子对策与发展方式，同时促使家长参与到学生的教育管理中来，以便老师能够及时调整工作方法，形成家庭教育与学校教育的合力，提高教育教学质量，完成我们共同的目标。

之前，班主任老师就班级管理理念，本学期取得的成绩及存在的一些问题给各位家长朋友作了详细的汇报，各科任教师也就本学科学习情况，学习存在的问题和各位家长作了深入的分析。下面我仅就学校、年级与××班在管理上的一些要求，和各位家长谈谈，希望在今后的工作中得到你们更多的支持与配合：

第一，家长要积极参与到孩子们的教育中来。

第二，对班级组建情况提一些建议。

第三，有效参与班级的管理。

第四，帮助孩子安排假期生活。

家长朋友们，一个学生没教好，对教师来说，可能是几十分之一的遗憾；但对家长来说，将导致整个家庭百分之百地失望。我们不敢有半点马虎，我们将竭尽全力，将自己满腔的热情和无私的爱倾注到工作中去，但是孩子的父母们，你们是孩子成长的第一任教师，是孩子的第一责任人和监护人，你们要保障孩子上学所需，科学合理的安排好他们的生活，关注孩子的喜怒哀乐，帮扶孩子顺利走好人生每一步。如今家庭教育已成为一门学问，希望家长能学习家庭教育知识，掌握科学的教育方法，做一名优秀的家长。学校坚信，有了您的配合，有学校这一批爱岗敬业，乐于奉献，充满活力，有爱心、有事业心的教师队伍，您的孩子一定会健康地愉快地成长。

最后，我祝愿大家在新的一年里万事顺绪，安康吉祥！

演讲技巧

与电话会议“只闻其声不见其人”不同，在视频会议上发言，可以产生一种面对面、实时互动的效果，缩短了时空距离。在视频会议中讲话，要把握住这么几点：一要记录各个参会者的发言，在自己发言的时候，可以适当强调他们当中某些人的发言，来吸引他们的注意力。二要扣题，说话不要绕圈子，尤其是主持人，在别人说话离题时，要适当介入，要求所有人谨守议程。三要自然大方，视频会议也有可能让人觉得不自然，不要躲避视频，或是做一些小动作，影响形象。另外穿着也不要太随便了。

第 22 课　主题演讲

——论点有新意，主题更鲜明

所谓主题演讲，其实就是命题演讲。尤其是一些知名人物应邀出席某个活动，会被安排一些演讲。演讲主题可以自己定，也可以由主持人出，还可以根据活动现场的情况临时决定。但大多数情况下，主题演讲都有相对确定的主题，这类演讲包括爱国演讲、安全演讲、国防演讲、奉献演讲等。

⊶ 道德演讲

道德演讲是人们日常生活中不可缺少的一类演讲。道德是约束人们行为的一种约定俗成的规约，它没有强制性，靠的是人们的自觉。在生活节奏越来越快的今天，道德演讲可以起到提醒人们自觉遵守社会道德的作用。一般道德演讲由一些德高望重、受人尊敬的人来进行，这是因为这样的人本身就是一个道德楷模，所以，他们的演讲很有说服力。

范 文

大学生的道德主题演讲

亲爱的老师和同学们：

我是 ×× 班的 ×××，我演讲的题目是《×××××》。

同学们，记得意大利诗人但丁曾说过这样一句话：“一个知识不健全的人可以用道德去弥补，而一个道德不健全的人却难于用知识去弥补”。这句话让我深深体会到了道德的重要性。道德，就好似一个人的灵魂，一个没有灵魂的人就无生命可言。道德其实无处不在，它就在我们身边，近得触手可得！道德是最美丽的花朵，最圣洁的心灵，它让人问心无愧，心胸坦荡。

在家里帮父母干点力所能及的家务事是有道德的表现，因为这是一片孝心；帮助同学理解一道题目是有道德的表现，因为那是一份真诚的友谊；捡起地上的一张纸是有道德的表现，因为那是一颗环保之心；为贫穷地区的孩子贡献一份力量是有道德的表现，因为那是一片爱心；在公交车上为年迈的老人让座是有道德的表现，因为那是一份敬老之心；劝阻同学不要欺负别人是有道德的表现，因为那是一份仁义之心……

一滴水蕴藏着大海的本质，一束光反射了太阳的光辉，一件小事也能折射出一个人的修养。“勿以善小而不为，勿以恶小而为之”，我们要从自己做起，从小事做起，学会尊重自己，尊重他人，懂得什么是正确的，什么是错误的，提高分辨是非、区分善恶的能力，才能有正确的道德选择与正确的道德行为，成为真正有道德的人。

道德，是一种美德，是一种财富，更是一种智慧；道德是最美的花儿，隐藏在人们的心底散发出它那迷人的清香；道德是一种爱心，当别人在需要帮助时，给予最真诚的帮助！道德有时是渺小的，多做一个动作，多说一句话，你就已经获得了道德。

我们播下一个动作，便会收获一个习惯；播下一个习惯，便会收获一种品格。每个人在举手投足之间都会传递着丰富的道德信息，让我们从现在做起，从自己做起，从举手投足的事做起，养成文明的习惯。这样我们的道德水平就会一次次地得到升华，积跬步，以至千里；汇小溪，以成江湖。

同学们，做一个有道德的人吧，向着人生的前方大步前进！

演讲技巧

道德是一个很大的范畴，演讲前，首先要确立一个明确而精简的主题，不能漫天撒网，最好从大的主题当中选取一个具体的切入点，作为你自己的演讲核心。明确了主题后，要列一个逻辑框架，让演讲内容层次分明。演讲的故事与案例，最好讲生活中自己经历的，或是发生在身边人身上的故事，这样亲切、自然、真实，更有说服力。再就是对演讲语言进行润色，重点突出两个特点：一是用观众的语言与观众对话，少用文绉绉的句子；二是运用事例、类比、比较。在演讲中，多采用一正一反的事例，或者层层递进的事例，更能给观众留下更深的映像。

学术演讲

学术演讲，指演讲者针对某些专业性比较强的内容进行演讲。这类演讲多在学校、科研机构，或是企业内进行，主要包括学术报告、专题讲座、学术评论、学术发言、科学报告、学位论文答辩等。学术演讲要求有很强的专业基础，且要有深刻的论证、严密的逻辑推理与严谨的语言风格。

范文

医院领导在某学习班上的致辞

尊敬的各位专家、各位领导、各位同仁：

大家下午好！和风送暖，阳光明媚。在这充满希望的美好季节，××××学习班今天在我院隆重开班，来自省内的专家教授和同仁欢聚一堂，共叙友谊，共同交流学术成果，我们很荣幸能够承担这次活动的举办和服务工作。这对于我们是一次极为珍贵的学习机会。让我们用热烈的掌声欢迎各位专家、领导，各位同仁的到来！向一贯关注、支持我院发展的各位专家、领导表示衷心的感谢！

我院是综合性国家二级甲等医院和国家爱婴医院，××××医学院教学医院，是全县医、教、研中心。医院开放床位1200张，年住院病人4万人次，年门急诊量60万余人次。投资5亿元的我院新城区医院作为全县十大重点工程之一，按三级综合医院规划设计，内设病床1500张，是我院建设的一项重要工程，目前工程正在紧张有序施工，全面建成启用后，将全面提升我院的综合服务能力和诊疗水平。

多年来，我院始终坚持“人才强院，科技兴院”的发展战略，坚持以学科建设为龙头，以人才培养为重点，凝心聚力，积极作为，科教和人才工作都取得了较快发展。与 ×× 医院等医疗机构建立了科研合作关系，与北京 ×× 医院等结为合作伙伴。

继续医学教育是我们医务人员在职进修教育的重要内容。多年来，我院始终以全员教育为基点、以技术发展为目标、以强化管理为手段，承担多项省、市、县继续医学教育项目，均圆满完成课时教学。

他山之石可以攻玉，继续医学教育是一个取石攻玉的平台，各位专家教授将在本次学习班上带来国内外消化肿瘤专业领域的最新动态，为大家进行精彩的学术演讲。大家通过这个难得的交流对话平台，可以就医学实践中的体会和困惑求教于专家学者，彼此之间开展真诚而务实的畅谈。我们基层卫生技术人员可以学到更多新理论、新知识，新技术、新方法，希望大家都能珍惜这次学习机会，积极参与，力争达到融会贯通，并学以致用。

最后，预祝本次活动圆满成功！祝大家在培训期间学习生活愉快！谢谢！

演讲技巧

在进行学术类演讲时，不但要求演讲者能够将自己的学术理念表达得淋漓尽致，还需要让现场听众能够始终保持对演讲主题的注意力。所以，学术演讲需要做好这么几件事。首先要分析听众，清楚听众的专业水平、兴趣，以及关注的焦点等。其次，要选一个有新意的演讲主题，既要考虑自己的能力，也要照顾到听众的兴趣。再次，演讲的内容要有深度，要能反映自己的学术成果或是独特的见解，切忘泛泛而谈，或是东拼西凑，四处抄袭。

经济演讲

经济演讲服务于经济，其所传递的经济理念与和信息在经济领域起着重要作用。这类演讲大致可分为公关型、总结型、动员型、经验介绍型几种。公关型是指企业家洽谈贸易，阐述本企业的对外政策，宣传本企业的发展形势和产品特色等。总结型就是指企业领导向被授权的大会汇报工作，并分析评工作成绩等。动员型就是指企业领导向职工解释生产计划以及计划实施的意义与效果，以便最大限度地调动员工的积极性。经验介绍型就是指围绕产品质量、销售、管理等经济活动所进行的科研探讨等。

范文

公司动员大会发言稿

全体同事，大家好！

今天我就简单地说几句不简单的话。我的话是有价值的。

谈到价值，我说一下。其实我们每个人都是一块宝玉，都是待价而沽的。每个人要认清自己的价值，既不能看扁自己，也不能高估自己的价值。每个人要清楚自己为公司创造了多少价值。比如你一个月能为公司创造一万的价值，公司没理由只给你一千的工资，是吧？我们现在实行的计件工资，就是最好的证明自己价值的方法，直接有效。

每个人都有自己的想法，如果你们对公司有意见或建议就跟我们提出来。不要憋在心里。有时候想不通的时候，就要换个角度和方式去想。不要动不动就辞职。当然铁打的公司，流水的员工，员工的变动是在所难免的。认识你们很高兴，很羡慕你们这么年轻，也羡慕你们这么年轻就认识了我。如果你们辞职了，我会想你们的。希望有些员工在离开××公司后，会偶尔想起这里的花花草草和同事们。现在是年中，辞职再去找工作也有点难度，而且××在我市也是数一数二的。在这么好的公司里工作，出去炫耀也有资本。

……

我们工作的时候追求快乐。我们在人生的旅途中也要以追求快乐为终极目标。如果你觉得在哪里工作都闷了，那么你就跳槽吧。人生最重要的不是你站的位置而是你所朝的方向。我们要朝着快乐的方向。所谓面朝大海，春暖花开就是这样的一种境界。××公司的进步是有目共睹的。像去年的伙食和今年的比，那是天壤之别啊。温饱问题解决了，接下来大家就要努力工作了。工作中遇到什么问题要提出来。我们能解决的一定会帮忙解决，不能解决的也要找人帮忙解决。

好了。如果你们听了我的演讲以后，有加班的冲动，那么说明你们在用心听。

谢谢！

演讲技巧

经济演讲涵盖的范围比较广，但大多与企业经营活动有关，企业家、老板、员工、培训师既是演讲的主体，又是主要听众。所以，演讲的主题要迎合这些人的兴趣、关注的焦点，如行业热点事件、管理的变革与创新等。如果不是研讨会，在阐述观点时，肯定什么，否定什么，赞颂什么，贬斥什么，要讲得清清楚楚，明明白白，不要模棱两可。

除此之外，要做到三个“不要”：在面对你的员工演讲时，站在平等地位上的沟通，不要采用“训话式”；在面对政府工作人员演讲时，说你要说的话，不要采用“汇报式”；面对社区公众演讲时，多说你与社区间的共同利益，不要采用“政治报告”式。

政治演讲

政治演讲顾名思义，凡是为了一定的政治目的，出于某种政治动机，就某个政治问题以及与政治有关的问题而发表的演讲。它包括外交演讲、政府工作报告、各种会议上的总结报告、政治评论、集会演讲、宣传演讲等。

范 文

2013年奥巴马就职演说

谢谢，非常感谢大家。拜登副总统、首席大法官先生、国会议员们、尊敬的各位嘉宾、亲爱的同胞们。

每一次我们集会庆祝总统就职都是在见证美国宪法的持久力量。我们都是在肯定美国民主的承诺。我们重申，将这个国家紧密联系在一起的不是我们的肤色，也不是我们信仰的教条，更不是我们名字的来源。让我们与众不同，让我们成为美国人的是我们对于一种理念的恪守。200 多年前，这一理念在一篇宣言中被清晰阐述：

“我们认为下述真理是不言而喻的，人人生而平等。造物主赋予他们若干不可剥夺的权利，包括生存、自由和追求幸福的权利。”

今天，我们继续着这一未尽的征程，架起这些理念与我们时代现实之间的桥梁。因为历史告诉我们，即便这些真理是不言而喻的，它们也从来不会自动生效。因为虽然自由是上帝赋予的礼物，但仍需要世间的子民去捍卫。

……

我们知道，我们已然陈旧的项目不足以满足时代的需要。我们必须应用新理念和新技术重塑我们的政府，改进我们的税法，改革我们的学校，让我们的公民拥有他们所需要的技能，更加努力地工作，学更多的知识，向更高处发展。这意味着变革，我们的目标是：国家可以奖励每个美国人的努力和果断。

这是现在需要的。这将给我们的信条赋予真正的意义。

我们，人民，仍然认为，每个公民都应当获得基本的安全和尊严。

……

我们，人民，仍然相信，我们作为美国人的义务不只是对我们自己而言，还包括对子孙后代。

……

我们，人民，仍然相信持久的安全与和平，不需要持续的战争。

……

我们，人民，今天昭示的最明白的事实是——我们所有人都是生而平等的，这是依然引领我们的恒星。

……

我的美国同胞，我今天在你们面前宣读的誓词，如同在国会山服务的其他人曾宣读过的誓词一样，是对上帝和国家的誓词，不是对政党或是派别的，我们必须在任期内忠实地履行这些承诺。但我今天宣读的誓词与士兵报名参军或者是移民实现梦想时所宣读的誓词没有多少差别。我的誓词与我们所有的人向我们头顶飘扬的、让我们心怀自豪的国旗所表达的誓言没有多大差别。

这些是公民的誓词，代表着我们最伟大的希望。

你和我，作为公民，都有为这个国家设定道路的权力。

你和我，作为公民，有义务塑造我们时代的辩题，不仅是通过我们的选票，而且要为捍卫悠久的价值观和持久的理想发声。

现在让我们相互拥抱，怀着庄严的职责和无比的快乐，这是我们永恒的与生俱来的权利。有共同的努力和共同的目标，用热情与奉献，让我们回应历史的召唤，将珍贵的自由之光带入并不确定的未来。

感谢你们，上帝保佑你们，愿上帝永远保佑美利坚合众国。

演讲技巧

在各类政治演讲中，演讲的内容不同，听众对政治的敏感度不同，使用的语言技巧也应不同。如果听众是专业的，就多使用专业名称；如果听众不是专业的，就尽量使用一些简单易懂的词汇，讲的有趣生动点。再就是，对时事有自己的见解和评论，这样才显得很有深度很专业。如果对一些实事进行点评，要能清晰地阐述政治道理与自己的政治观点。

军事演讲

军事演讲是每个国家都会经常进行的一种演讲活动，它主要针对平时不怎么了解、接触国防军事的大众进行的一种演讲，告诉他们军事方面的一些信息和现状。最常见的军事演讲，就是学校或企业组织的主题为“国防教育”的演讲比赛，以及部队举行的专题性活动或集会上发表的演讲。

范文

校园国防演讲稿

尊敬的各位老师，亲爱的同学们，大家好!

今天我演讲的题目是《××××，××××》。翻开中国近代史那长长的画卷，几多哀怨，几多屈辱，几多痛苦。我们似乎听到，圆明园的残柱在哭泣；我们似乎看到，巍巍太行在哀鸣。我们忘不了虎踞龙盘的南京城，三十万无辜生命的鲜血；我们永远记得太行山下的石家庄，“梅花惨案”后的坟堆。屠刀所指，江山血染；山河破碎，国将不国。

每当想起这些惨不忍睹的画面，我都会潸然泪下，引发无限的思索。为什么？为什么有那么多的仁人志士大声疾呼“上下一心开创中华”，但中华民族的强国梦依然难以实现？为什么林则徐龚自珍的无限憧憬只是一场虚梦？为什么戊戌变法最后只落得“引颈受戮”的下场？或许这个问题的答案有很多很多。但是最为主要的就是国防。

没有强大的国防，我们只能被动挨打。古往今来，抚今追昔。我们庆幸，庆幸我们现在所处的时代是一个和平年代，庆幸我们的国防力量已经不可同日而语。神舟飞天、蛟龙探海、航母列装已经让世界对我们刮目相看。但这并不代表我们可以高枕无忧，如今的世界，依然存在着不安全因素，霸权主义、强权政治依然在威胁着我们的祖国。因此，作为新时期的一代青年，我们就要为国防建设贡献自己的青春和力量。一个国家要自立于世界民族之林，既要有雄厚的经济实力，又要有强大的国防力量做后盾，富国和强军，如车之两轮，鸟之两翼，不可或缺。强国梦就包含着强军梦，强军梦支持着强国梦，没有国家富强，强军就无从谈起，没有强大的军队，国家安全和发展也无法保障。

现如今，中华民族伟大复兴的历史使命落在我们这一代肩上，我们一定要牢记居安思危的古训，努力学习文化知识，努力丰富自己的头脑，争取为我们的国防建设贡献自己的力量。

演讲技巧

不管是部队指挥员，还是普通的演讲者，要想提高自己的军事演讲能力，必须要掌握一定的方法与技巧。

首先，要掌握表达技巧。演讲是一种没有专业、业余之分的文化实践活动，一般不需要过多的条条框框，普通话讲得纯正固然好，讲方言也未尝不可。但是，作为一种用有声语言来沟通和征服人的文化实践活动，演讲的有声语言要让官兵们听得明白、听得懂。

其次，要善于运用体态语。即通过演讲者的表情、手势、姿态及其他动作，来增强演讲的效果，弥补有声语言表达的不足，使得有声语言表达得更准确、更生动、更形象。

再次，要注重仪态树正气。一个演讲者能不能让听众感到亲切、可信，其仪表体态起了很大的作用。特别是军人，往讲台上一站，可以立正，可以稍息，可以表情严肃，可以面带笑容，但应透着一种庄重、一种阳刚、一种威严、一种亲和，给人以肃然起敬之感，为演讲营造一个很好的气场。

法律演讲

法律演讲，即与法律相关的演讲，演讲人主要是公诉人、辩护代理人、律师等。法律演讲主要包括检察官的演讲、律师的演讲、社会起诉词、社会辩护词、被告的自我辩护等。除此之外，还有校园法律知识普及，以及一些单位或部门组织的法律宣传，都属于法律演讲。这类演讲针对性强，有明确的指向性。

范文

校园法律知识演讲

尊敬的各位领导，各位老师，亲爱的同学们：

大家下午好！我是来自 ×××× 的学生代表，非常荣幸能有机会站在这个舞台上，今天我在这里为大家演讲的题目是：法律就是秩序。

有人说：每个人从摇篮到坟墓，时时刻刻都离不开法律。的确，法律和我们每个人的社会生活息息相关，小到个人的衣食住行，生老病死，大到企业的生产运营、国家的政治经济，社会生活都离不开法律。法律约束着人们的行为，似乎它给遵守者带来诸多“不便”，但从长远和整体的角度来讲，却给整个社会包括遵守者本人带来的好处是毋庸置疑的，正如交通公益广告中说的那样：“没有红灯的制约，便没有绿灯的畅通。”

作为一名普通中学生，一个普通的公民，我认为我们唯有懂法才能守法，唯有让守法成为一种习惯，人生才能更平安，社会才能更加和谐。所以，无论是什么目的，无论是什么身份，都必须守法。我们敬爱的周总理就是守法的典范。有一次，总理去开会，在路上，司机违反了交通规则。交警批评司机却耽误了总理开会的时间，同去的干部想和交警交涉，总理却严厉制止说：“这怎么行？交通规则是政府颁布的，政府总理应该带头遵守，总理不遵守，就是带头不遵守，就是带头破坏制度”。直到交警放行，总理一行才离开。守法必先严于自律，这是一种行为操守，更是一种道德修养。

在现实生活中，就让我们反思一下自己。每次过马路，我们是否都走斑马线，每次开车，我们是否都能做到不超速，不抢行？“国无法不治，民无法不立”。我们生活在法治国家，处处需有法，处处需遵法，而作为一名中学生，我们应当让法律在心间长驻，遵守法律知识和宪法是我们每个公民应尽的义务。

俗语：“没有规矩，不成方圆。”法律的制定是维护社会秩序的根本途径，所以为了社会的安定，更为了我们自身，我们必须自觉守法，而且法律所规定的内容，必定着眼于公民的利益。因此，我们没有理由反对，没有道理不遵守，更没有理由背道而驰。虽然我们有追求个性的自由，但这并不意味我们能标新立异，无视法律的存在，无视法律的结果只有一个：自毁前程，在我们身边，知识犯法的例子不胜枚举，而为了灿烂的明天，我们能不守法吗？

法律：大到家、社会，小到学校、家庭。无一不有它的身影。那么，我们既然学习了法律。就要善于运用。以法律之矛，攻违法之盾。敢于与黑暗势力斗争，为社会尽自己的一份力量。

法律是和谐之基，有了法律社会才能发展进步，法律是文明之花，有了法律公民才能提高素养。法律是实践之果，有了法律国家才能长治久安。所以同学们请拿起法律的武器。让法律在我们心间长驻。

最后，我想用亚里士多德的一句话来结束我今天的演讲。那就是“法律就是秩序，有好的法律才有好的秩序。”我们没有理由拒绝好的秩序，所以我们没有理由拒绝法律。

演讲技巧

法律演讲虽枯燥乏味，当你运用技巧后，一样可以做一次完美的讲座。如，事先可以搜集一些当地人引以自豪的人和事，结合自己的演讲主题，把它们糅合到演讲内容中，再就是学一些当地的方言。演讲要结合 PPT 来进行，以增加演讲的趣味性，更好地吸引听众的注意力，如在 PPT 中多使用图片，减少文字使用，适当使用动画来达到有趣的效果。当然，语言要适当追求轻松、幽默，可以多记一些幽默的例子，把生活中的小幽默讲成大智慧，并把他们与法律有机地联系起来，突出演讲的主题。